Göç Üzerine Yazın ve Kültür İncelemeleri

Göç Üzerine Yazın ve Kültür İncelemeleri

Yayına Hazırlayanlar
Ali Tilbe & Sonel Bosnalı

TRANSNATIONAL PRESS LONDON
2016

Göç Üzerine Yazın ve Kültür İncelemeleri

by Ali Tilbe & Sonel Bosnalı

First Published in 2016 by TRANSNATIONAL PRESS LONDON in the United Kingdom, 12 Ridgeway Gardens, London, N6 5XR, UK.

www.tplondon.com

Paperback

ISBN: 978-1-910781-34-0

Cover Design: Gizem Çakır

Cover Image: Dalila Özbay

İçindekiler

Yayına Hazırlayanlar iii
Katılımcılar Listesi iii

Önsöz
Ali Tilbe - Sonel Bosnalı. v

Bölüm 1. Göç Kültürü ve Çatışma Modeli Bağlamında Latife Tekin'in *Sevgili Arsız Ölüm*'üne Bir Bakış
Ali Tilbe 1

Bölüm 2. Öznenin Arada Bir Yerde Kayboluşu: Bilinmeyene Göç
Ayşe Kıran 21

Bölüm 3. Doğu'dan Uzakta Öteki Adam
Duygu Öztin Passerat 31

Bölüm 4. Çağdaş Türk Resim Sanatında Göç Teması: Ramiz Aydın Örneği
Ferhunde Küçükşen Öner 41

Bölüm 5. Fransız Çocuk Yazınında Göç Örneği: Buranın Çocukları Başka Yerlerin Anne-Babaları
İrfan Atalay 55

Bölüm 6. Türk Sinemasında 'Dış Göç'ün Temsili
Levent Yaylagül - Nilüfer Korkmaz Yaylagül 79

Bölüm 7. Çatışma ve Göç Kültürü Modeli Bağlamında Bir Roman Okuması: Le Clézio'nun *Göçmen Yıldız*'ı
Kamil Civelek 87

Bölüm 8. Göç ve Sürgün Olgusunun Kültür Aktarımında ve Kültürlerarası / Karşılaştırmalı Edebiyatta Yeri ve Önemi
Medine Sivri 101

Bölüm 9. Aykırı Bir Yazarın Göçmen Oğlu: Vadim Andreyev'in "Bir Yolculuk Hikâyesi"
Mehmet Özberk 109

Bölüm 10. Sürgünlük Edebiyatı Bağlamında Bir Sürgün, Şakir Bilgin ve "Sürgündeki Yabancı" Romanı
Nesîme Ceyhan Akça 119

Bölüm 11. Edebiyat ve Göç Yanılsaması
Semran Cengiz 133

Bölüm 12. Bulgaristan Türk Göçmenlerinde Dil Değinimi
Sonel Bosnalı - Zehra Şafak 141

Bölüm 13. Araf'taki Edebiyat
Şahbender Çoraklı 151

Yayına Hazırlayanlar

Ali Tilbe, Namık Kemal Üniversitesi'nde Edebiyat Doçentidir. Paris'te INALCO ve Sorbonne Üniversitesi (2002-2004) ile Londra Regent's Üniversitesinde (2014-2015) doktora sonrası araştırmalar yapmış, Tunus Manuba Üniversitesinde (2005-2007) konuk öğretim üyesi olarak ders vermiştir. *Çağdaş Fransız Yazınında Özkurgusal Roman* (2010) adlı inceleme yapıtının yanında, Albert Camus, Marguerite Duras, Jean-Paul Sartre ile Jean-Echenoz, Jean-Philippe Toussaint gibi değişik çağcıl Fransız yazarları ile Türk yazınından Tahsin Yücel, Nedim Gürsel, Orhan Pamuk başta olmak üzere değişik yazarlar üzerine çok sayıda bilimsel makale yayınlamış, bildiriler sunmuş, dergi ve kitap yayın yönetmenliği yapmıştır. İngiltere'de Transnational Press London bünyesinde yere alan *Göç ve Edebiyat Özel Sayısı*'nın (Cilt 2, Sayı 1, 2015) yayın yönetmenliğini yaptığı *Göç Dergisi* ve *Border Crossing* ile Namık Kemal Üniversitesine ait olan *Humanitas – Uluslararası Sosyal Bilimler Dergisi*'nin yayın yönetmenliğini yürütmektedir. Bunun yanında 2015 ve 2016 yıllarında, Londra Regent's Üniversitesinden Prof. Dr. İbrahim Sirkeci'nin başkanlığını yürüttüğü *Türk Göç Konferansı*'nın Düzenleme Kurulu Üyeliği ile *Göç ve Edebiyat* Oturumlarının başkanlığını yürütmüştür. Halen 23-26 Ağustos 2017 tarihleri arasında Yunanistan'ın Atina Harokopio Üniversitesinde Prof. Dr. İbrahim Sirkeci tarafından düzenlenecek olan *The Migration Conference 2017*'nin *Göç ve Edebiyat* oturumlarından sorumlu düzenleme kurulu üyesidir. Çağdaş Fransız Romanı, Göç/Göçer Yazını, Özyaşamöyküsü/Özkurmaca, Küçürek Roman, Roman Türleri, Yazın Eleştirisi ve Kuramları ilgi alanlarını oluşturmaktadır.

Doç. Dr. Sonel Bosnalı, Lisans, Yüksek Lisans ve Doktora öğrenimini Paris'te (INALCO) tamamlamıştır.1999-2001 yılları arasında IFRI bünyesinde Burslu-Araştırmacı olarak görev yapmıştır. 2003-2010 yılları arasında Boğaziçi Üniversitesinde görev yapan Bosnalı, aynı zamanda Yeditepe Üniversitesi Antropoloji Bölümünde Dil Antropolojisi dersini vermiştir. 2010 yılından beri Namık Kemal Üniversitesi Fransız Dili ve Edebiyatı Bölümünde çalışmaktadır. *HUMANITAS - Uluslarası Sosyal Bilimler Dergisi*'nin editörlüğünü yapmakta olan Bosnalı'nın, *İran Azerbaycan Türkçesi: Toplumdilbilimsel Bir İnceleme* başlıklı bir kitabının yanında; Fransızca, Azerbaycan Türkçesi ve Halaçça üzerine çok sayıda makalesi yayınlanmıştır. Ayrıca, *Contact des langues II: Les mots voyageurs et l'Orient* başlıklı kitabın editörlüğünü yapan Bosnalı; Dilbilimin farklı alanlarında araştırmalarını sürdürmektedir.

Katkıda bulunanlar

Ali TİLBE (Namık Kemal Üniversitesi, Fen-Edebiyat Fakültesi, Fransız Dili ve Edabiyatı Bölümü, Tekirdağ, atilbe@nku.edu.tr)

Ayşe KIRAN (Hacettepe Üniversitesi, Eğitim Fakültesi, Fransız Dili Eğitimi Bölümü, Ankara, aysek@hacettepe.edu.tr)

Duygu ÖZTİN PASSERAT (Dokuz Eylül Ünivesitesi, Eğitim Fakültesi, İzmir, doztin@yahoo.fr)

Ferhunda KÜÇÜKŞEN ÖNER (Bartın Üniversitesi, Eğitim Fakültesi, Güzel Sanatlar Eğitimi Bölümü, Bartın, ferhundekucuksen@hotmail.com).

İrfan ATALAY (Namık Kemal Üniversitesi, Fen-Edebiyat Fakültesi, Fransız Dili ve Edebiyatı Bölümü, Tekirdağ, iatalay@nku.edu.tr)

Kamil CİVELEK (Atatürk Üniversitesi, Edebiyat Fakültesi, Fransız Dili ve Edebiyatı Bölümü, Erzurum, ckamil@atauni.edu.tr)

Levent YAYLAGÜL (Akdeniz Üniversitesi, İletişim Fakültesi, Radyo, Televizyon ve Sinema Bölümü, lyaylagul@akdeniz.edu.tr)

Nilüfer KORKMAZ YAYLAGÜL (Akdeniz Üniversitesi, Edebiyat Fakültesi, Gerontoloji Bölümü, Antalya, niluferyaylagul@akdeniz.edu.tr)

Medine SİVRİ (Eskişehir Osmangazi Üniversitesi, Fen Edebiyat Fakültesi, Karşılaştırmalı Edebiyat Bölümü, medinesivri@gmail.com)

Mehmet ÖZBERK (Artvin Çoruh Üniversitesi, Fen Edebiyat Fakültesi, Batı Dilleri ve Edebiyatları Bölümü, Rus Dili ve Edebiyatı Anabilim Dalı, Artvin, m.ozberk@hotmail.com)

Nesime CEYHAN AKÇA (Çankırı Karatekin Üniversitesi, Edebiyat Fakültesi, Türk Dili ve Edebiyatı Bölümü, Çankırı, nesimeceyhan@hotmail.com)

Semra CENGİZ (Bartın Üniversitesi, Eğitim Fakültesi, Türkçe Eğitimi Bölümü, Bartın, semran@bartin.edu.tr)

Sonel BOSNALI (Namık Kemal Üniversitesi, Fen-Edebiyat Fakültesi, Fransız Dili ve Edabiyatı Bölümü, Tekirdağ, sbosnali@nku.edu.tr)

Şahbender ÇORAKLI (Namık Kemal Üniversitesi, Fen-Edebiyat Fakültesi, Alman Dili ve Edebiyatı Bölümü, Tekirdağ, scorakli@nku.edu.tr)

Zehra ŞAFAK (Namık Kemal Üniversitesi, Sosyal Bilimler Enstitüsü, Fransız Dili ve Edebiyatı Anabilim Dalı, Tekirdağ, 777zehra@gmail.com)

Önsöz

Ali Tilbe & Sonel Bosnalı

İnsanlık tarihinde hep var olagelmiş olan göç, genel anlamıyla; insanların toplumsal, ekonomik, siyasal ve doğal nedenlerden dolayı yerleşmek amacıyla bir yerden başka bir yere gitmeleri anlamına gelir. Bu tek bir kişinin gerçekleştirdiği bireysel hareketliliğin yanında, çok sayıda insanın toplu olarak gerçekleştirdiği toplumsal hareketliliği de kapsar. Bununla birlikte, söz konusu eylem, farklı ölçütler temelinde farklı biçimleriyle karşımıza çıkmakta ve bunlar çoğu kez birbiriyle karıştırılan farklı terimlerle nitelenmektedir.

Herşeyden önce, bir yandan göçebelik ile göç, öte yandan göçebe veya göçer ile göçmen arasında bir ayrıma gitme gereksinimi vardır. Türk Dil Kurumu *Büyük Türkçe Sözlük*'teki tanıma göre göçebelik (İng. nomadism); "yaşamak için gerekli koşulları bulmak amacıyla hayvanları ve diğer araçları ile birlikte sürekli yer değiştiren, belirli bir konutu olmayan kabileler veya insan topluluklarının yaşam biçimidir". Bu yaşam biçimini benimseyen topluluklar ise, eşanlamlı olan "göçebe", "göçer" ve "göçkün" (İng. nomad) terimleriyle adlandırılmakta ve "değişik şartlara bağlı olarak belli bir yöre içinde çadır, hayvan ve öteki araçlarla yer değiştiren, yerleşik olmayan (kimse veya topluluk)" olarak tanımlanmaktadır. "Göçmen" (İng. migrant / immigrant) için ise, "muhacir" sözcüğünün eşanlamlısı olarak, "kendi ülkesinden ayrılarak yerleşmek için başka ülkeye giden (kimse, aile veya topluluk)" tanımı benimsenmektedir. Göçü sadece yurt dışına yapılan bir hareket olarak gören TDK'nın aksine, Adıgüzel, (2016:5) "maddi ve sosyal koşullarını iyileştirmek, kendileri ve ailelerine ilişkin beklentilerini geliştirmek amacıyla başka bir ülkeye veya bölgeye hareket eden kişiler ve aile fertleri" olarak iç göçü de kapsayacak bir tanım önerir. Dış göç veya uluslararası göçü ise: "Kişilerin sürekli olarak yerleşmek ya da belirli bir süre yaşamak üzere kaynak ülkelerinden veya düzenli olarak ikamet ettikleri ülkeden ayrılarak bir başka ülkeye geçici ya da kalıcı olarak gitmeleri" olarak ayırt eder (Adıgüzel, 2016:3-4). Ayrıca, belli bir toplumsal gruba mensubiyet veya siyasi düşüncelerinden dolayı baskıya uğradığı veya uğrayacağı gerekçesiyle vatandaşı olduğu ülkenin dışında bir ülkede bulunanlar farklı bir grupta iki ayrı ulamda değerlendirilmektedir. Bunlardan ilki, bu durumlarının o ülke veya uluslararası kuruluşlar tarafından onaylanıp resmiyet kazandığı bireylerdir; bunlar "mülteci" (İng. refugee) olarak adlandırılmaktadır. İkinci kategoride ise, "sığınmacı" (İng. asylum seeker) olarak adlandırılan, iltica talebinde bulunup henüz mülteci statüsünün resmileşmediği kişilerdir (Adıgüzel, 2016: 5-6).

Görüldüğü gibi çok karmaşık bir konu olan göç olgusunu, çok sayıda farklı terimle açıklamak bir zorunluluktur. Öyle ki zamanın akışına koşut olarak göç olgusu da değişikliğe uğramakta, yeni durumları açıklamak için de yeni kavramların kullanımı gerekli olmaktadır. Son dönemlerde özellikle ulusötesi göç eden topluluklar için kullanılan göçmen sözcüğü üzerinde önemli kavramsal ve anlamsal tartışmalar yapılmaktadır. Özellikle ulusötesi göçerler için Latin dilerinde kullanılan göçmen sözcüğü üzerine, bir takım ötekileştirici olumsuz çağrışım ve yan anlamlar yüklenmiştir. Bu anlam kaymasını göz önünde bulunduran İbrahim Sirkeci ile Jeffrey Cohen, "Not Migrants and Immigration, but Mobility and Movement" adlı ortak yayınlarında '*göçmen (migrants) ile göç (immigration)* sözcüklerinin yerine *göçer (movers)* ile *hareketlilik / yer değiştirme (mobilitiy)*' kavramlarını önermektedirler

(Tilbe, 2015: 459). Bu öneriler doğrultusunda, Türkçede bu kavramlardan göçmen yerine *göçer* sözcüğünü kullanarak boşluğu doldurmayı erek ediniyoruz. Göç olgusunun sürekli bir devingenlik ve çevrimsellik içermesi, göç edenlerin, göç ettikleri yere ya da başka göç noktalarına doğru süreğen bir devinim içinde olmaları, göçer kavramının kullanımının uygunluğunu göstermektedir.

Her durumda, yukarda ele alınan durumlarda göç bireyin veya topluluğun kendi kararıyla gerçekleştirildiği için, bir bakıma, gönüllü göç olarak nitelenebilir. Ancak bazı durumlarda, birey veya topluluğun bulunduğu yeri terk edip başka bir yerde yaşamını sürdürmesi zorluluğu bir siyasal yaptırım olarak dayatılabilir. Zorunlu göç olarak adlandırılan bu durumlardan ilki, "sürgün" (İng. exile) olarak betimlenen, "ceza olarak belli bir yerin dışında veya belli bir yerde oturtulan kimsedir". Osmanlı tarihinin önemli olaylarından birisi olan ve "muhacir" sözcüğüyle aynı kökenden gelen "tehcir" (İng. deportation) durumunu da bu çerçevede değerlendirmek olasıdır. Bu durumda, bir kişinin veya topluluğun güvenliğini sağlamak üzere devlet tarafından ülke sınırları içerisinde başka bir yere geçici veya kalıcı olarak göç ettirme söz konusudur. Sözcük anlamı iki kişi arasında bir şeyin diğer bir şey ile değiştirilmesi anlamına gelen mübadele de tarihte yaşanan önemli göç olaylarından biri olarak değerlendirilmelidir. Türk-Yunan ilşkileri tarihinde örneği olan bu hadise, bazı nedenlerle iki devlet arasındaki anlaşma çerçecesinde, devlet eliyle gerçekleştirilen zorunlu nüfus hareketleridir. Bu bağlamda, İbrahim Sirkeci'nin "Transnasyonal mobilite ve çatışma" başlıklı çalışmasında; her ne nedenle olursa olsun, her göçün temelinde güvenliğe dayalı bir zoruluğun var olduğunu, göç olgusu üzerinde gönüllü ya da zorunlu ayrımının yapılmasının göç çözümlemeleri için doğru bir yaklaşım olmadığını açımladığını imlemek gerekir.

Yukarıda farklı biçimlerine kısaca değinilen göç, iki veya üç milyon yıl önce Afrika'da ortaya çıkan ilk insansı Homo Erektüs'ün ekolojik zorluklardan kurtulmak amacıyla gerçekleştirdiği "Afrika'dan ilk çıkış"'ından beri, insanlık tarihinin her döneminde var olagelen en önemli olayların başında gelir. Daha bu ilk göçte, çıkış noktasında yaşanan "ekolojik zorluklar", en önemli nedenlerden biri olarak önümüzde durmaktadır. Göçün yönünü belirleyen öğe ise ulaşılmak istenen amaçla ilgili olsa gerekir. Bu bağlamda, şimdilik, insan soyunun sürekliliği için göçün çoğu zaman bir zorunluluk olduğunu söylemekle yetinelim. İnsanlık tarihi açısından asıl önemli göçün, yaklaşık 100.000 yıl önce, Sapiens İnsanı tarafından gerçekleştirildiği bilinir. Bu hareketlilik, nedenleri kadar, belki daha çok sonuçları bağlamında önem taşımaktadır: atalarımız olan insan türünün Afrika'dan çıkarak Ortadoğu üzerinden önce Avrasya sonra da dünyanın dört bir yanına yayılması başlı başına önemli bir sonuçtur, ancak bununla sınırlı değildir. Göçün önem bakımından en küçükten en yaşamsala kadar uzanan çok sayıda sonucunu, hem terk edilen yurtta hem de varılan uzamda, ayrıca göç eden topluluk üzerinde olduğu kadar varılan topraklarda bulunan toplum üzerinde de özellikle uyum ve gözlemlemek olasıdır. Modern İnsanın bu göçü sonucunda, kendisinden önce Avrupa'ya yerleşmiş olan Neandertal insanın zaman içerisinde yok olduğu, çok önemli bir varsayım olarak ileri sürülmektedir. Ancak bu yok oluşun nasıl gerçekleştiği konusu henüz bir açıklığa kavuşmamış olsa da, iki tür arasındaki rekabette Sapiens insanının Neandartel'e üstün çıkarak onu yok ettiği ile ilgili varsayım ciddiye alınabilir görünmektedir. Bir diğer varsayıma göre, aslında iki türün karışımı sonucu melez/karma bir türün sürekliliği söz konusudur.

Daha sonra, Modern insanın çok farklı yönlere doğru onbinlerce yıl boyunca sürdürdüğü hareketliliğin Amerika kıtası dahil dünyanın dört bir yanına yayılmasına neden olduğu, yapılan DNA araştırmalarından anlaşılmaktadır. Aralıksız süren göçler, yaklaşık 18.000 yıl öncesinde insanın yaşam tarzında meydana gelen değişimler nedeniyle farklı bir boyut kazanmıştır. Bu aşamada ortaya çıkan tarım toplumu, nüfusun yayılmasıyla birlikte tarım tekniğinin de yayılmasını sağlamıştır. Anadolu'dan at ve at arabalarıyla göçen hayvan besleyicisi topluluklar veya Orta Asya'dan gelen tarım toplulukları, Avrupa'da kendilerinden daha önce gelip yerleşen avcı-toplayıcı toplulukları ortadan kaldırmışlardır.

Neolitik yayılma olarak adlandırılan bu dalgayı, daha sonra, çok önemli sonuçları beraberinde getiren birçok göç dalgası izlemiştir. Bunların en önemlileri, Romalı, Yunan, Arap, Türk, Moğol, Viking ve Germenlerin daha çok savaş, istila ve sömürgecilik yoluyla elde ettikleri topraklara çok sayıda yeni toplulukların gelip yerleşmesi biçiminde gerçekleşmiştir. Günümüzde neredeyse bütün Avrupa'da Roman ve Germen dillerinin en yaygın dilleri oluşturması bunun bir sonucudur. Öte yandan, Çin'den Adriyatiğe kadar uzanan coğrafyada Türklerin; Ortadoğu ve Arap yarımadasının yanında bütün Kuzey Afrika'da Arapça konuşan toplumların varlığı da yine bu tür bir etkinliğin sonucunda ortaya çıkmıştır.

İnsanlık tarihinde en önemli olaylarından bir öteki, 15. yüzyılda Avrupalıların Amerika anakarasına ayak basmalarıyla birlikte başlayan fetih ve sömürgeleştirme süreci ve o zamandan günümüze kadar ulaşan göç sürecidir. Amerika anakarasına İngilizce, İspanyolca, Portekizce ve Fransızca konuşan toplulukların uzun süre boyunca sürdürdüğü göçler, Amerikan yerlilerinin çoğunun "fiziki" ve "kültürel" yok oluşlarını beraberinde getirmiştir. Daha sonra, Afrika, Avusturalya ve Yeni Zellanda da benzer olayların yaşandığı topraklar olmuştur.

İmparatorlukların sona ermesi ve iki dünya savaşı da yine çok önemli sonuçlararı beraberinde getiren uluslararası göç hareketlerine yol açmıştır. Buna koşut olarak, sanayinin gelişmesiyle birlikte, farklı coğrafyalarda farklı zamanlarda gerçekleşen iç göçler yine çok önemli toplumbilimsel ve kültürel sonuçlar doğurmuştur. Günümüzde, başka bir ülkede doğmuş yaklaşık her beş kişiden biri dünyanın önemli büyük kentlerinde yaşamaktadır. Sydney, Londra ve New York gibi kentlerin yer aldığı bu kentlerin çoğunda göçmenler nüfusun üçte birini, hatta Bruxelles ve Dubai gibi kentlerde yarısını oluşturmaktadır. Hem dış göçün, hem de kentlere doğru yapılan iç göçün hızlanarak sürdüğü gözlemlenmektedir.

Bu denli insanla özdeşleşmiş, insan yaşamının her boyutunu ilgilendiren bu önemli olgunun, kültürel ve özellikle de yazınsal açıdan incelenmesi, göç olgusunu daha iyi anlamamız açısından büyük önem taşımaktadır.

Son yıllarda özellike Prof. Dr. İbrahim Sirkeci'nin *The Migration Conference* adıyla değişik Avrupa kentlerinde düzenlediği uluslararası bilgi şöleni başta olmak üzere, ulusal ve uluslarası düzeyde göç konulu çok sayıda bilimsel etkinlik düzenlenmektedir. Göç, kültür ve yazın olguları arasındaki karşılıklı ilişkiyi değişik yöntem ve yaklaşımlarla incelemeyi erek edinen ve göç incelemelerine "göç kültürü ve çatışma modeli" gibi yeni kuramsal ve yöntembilimsel öneriler getiren bu derleme kitabının ortaya çıkmasında çok büyük katkısı olan Prof. Dr. İbrahim Sirkeci başta olmak üzere, yazılarıyla katkıda bulunan değerli araştırmacılara ve göç emekçilerine en içten teşekkürlerimizi sunuyoruz. Bu inceleme çalışmasının göç ve yazın alanındaki çalışmalara yeni bakış açıları getirmesi en büyük beklentimizdir.

Kaynakça

Adigüzel, Y. (2016). *Göç Sosyolojisi*. İstanbul: Nobel Akademik Yayıncılık.

Sirkeci, I. (2006). *The Environment of Insecurity in Turkey and the Emigration of Turkish Kurds to Germany*. New York, US: Edwin Mellen Press.

Sirkeci, İ. (December 2012). "Transnasyonal mobilite ve çatışma". *Migration Letters*, 9(4), 353-363.

Sirkeci, İ. ve Cohen, H-J. (July 2013) "Not Migrants and Immigration, but Mobility and Movement". http://citiesofmigration.ca/ezine_stories/not-migrants-and-immigration-but-mobility-and-movement/ (07.10.2016).

Sirkeci, İ. ve Erdoğan, M-M. (December 2012). Editoryal: Göç ve Türkiye. *Migration Letters*, 9(4), 297-302.

Tilbe, A. (2015). "Göç/göçer yazını incelemelerinde Çatışma ve Göç Kültürü Modeli" [Bildiri]. Ali Tilbe ve Ark. (Ed.). *3rd Turkish Migration Conference, Charles University Prague, Turkish Migration Conference 2015 Selected Proceedings*, (25-27 June 2015). (ss. 458-466). London: Transnational Press London.

Türk Dil Kurumu *Büyük Türkçe Sözlük*. http://tdk.gov.tr/index.php?option=com_bts&view=bts (12.10.2016).

Bölüm 1.

'Göç Kültürü ve Çatışma Modeli' Bağlamında Latife Tekin'in *Sevgili Arsız Ölüm*'üne Bir Bakış

Ali Tilbe

Giriş: Kuramsal Çerçeve

Çok eski dönemlere uzanan göç ile yazın ilişkisi, günümüzde sayıları giderek artan göç/göçer romanlarının gündemde yer tutmasıyla, daha da önem kazanarak geleceğe doğru evrilmektedir. Göç olgusu, günümüzde eskiden olduğundan daha çok toplumsal, siyasal, artırımsal ve ekinsel yönleriyle konuşulmakta ve tartışılmaktadır. Bu tartışma alanlarının en önemlilerinden birisinin de toplumun bir anlatımı olan yeni yazın alanı olduğu açıktır. Bu bağlamda, günümüzde belli bir inceleme yöntembilimi olmayan göç romanlarının belli yöntem ve yaklaşımlarla incelenmesi yaşamsaldır.

Uzun zamandan beri süren bu göç ve yazın ilişkisini inceleme yöntembilimi arayışları, bizi birçok göç kuramı içerisinde, göçü 'güvenliksiz bölgeden güvenlikli bölgeye doğru bir devinim' olarak niteleyen İbrahim Sirkeci ile Jeffrey H. Cohen'in birlikte geliştirdikleri *göç kültürü ve çatışma modeli*ne götürür. Bu model başta olmak üzere, Lucienn Goldmann'ın anlama ve açıklama aşamalarından oluşan oluşumsal yapısalcı yazın toplumbilimi kuramıyla, Gérard Genette'in anlatısal söylem çözümleme yönteminden devinimle; "Göç/göçer yazını incelemelerinde Çatışma ve Göç Kültürü Modeli" (2015, ss. 458-466) başlıklı çalışmamızda ayrıntılı biçimde çerçevesini belirlemeyi denediğimiz, yetkin olmasının yanında, bir o kadar da tutarlı karma bir inceleme yöntembilimi ortaya çıkar.

Bu model öncelikle; "zorunlu ve gönüllü göç ayrımını reddederek, her düzeydeki çatışmaların, gerilimlerin, zorluk ve anlaşmazlıkların insanların ve grupların yer değiştirmesine neden olduğu gerçeğinden hareketle, her göçün şu veya bu biçimde bir çatışma üzerine kurulduğunu" (Tilbe ve Sirkeci, 2015, s. 1) varsaymaktadır. *Ulusötesilik* ve *güvensizlik,* bu yöntembilimin temel açar kavramları olarak görülmektedir. Sirkeci'ye göre; "insani güvensizlik belli bir yerde, belli bir durumdaki belli bir insan topluluğu ve/veya bireyler için çatışmanın bir tür yoksunluk, yoksulluk hissi yaratması olarak görülebilir" (Sirkeci, 2012, s. 355) ve göç olgusu; "algılanan (insani) güvensizlikten kaçınma olarak formüle edilebilir" (2012, s. 356). Sirkeci'nin tanımı, "en gizli ve örtülü gerilimlerden en şiddetli çatışmalara kadar toplumsal yapı içinde ereklerin uyuşmadığı tüm ilişkileri kapsar." (Tilbe, 2015, s. 463) "Bu çatışmaların da etnik, dinsel, politik nedeni, olmak zorunda değil. Ona göre çatışma sadece -isyanlar, savaşlar, silahlı çatışmalar gibi- deklare edilmiş karşılaşmalarda değil aynı zamanda yarışmalarda, kapışmalarda, anlaşmazlıklarda ve gerilimlerde de vardır" (Aktaran, Sirkeci, 2012, s. 356).

Sirkeci, insani güvenlik ve çatışma eksenlerini gösterdiği çizelgede iki uç durum belirler: "bir uçta insani güvenliğin sağlandığı, anlaşma ve işbirliğine dayalı eşitlik durumu, öteki uçta ise uzlaşmanın yerini şiddete bıraktığı güvensizlik yani çatışma durumu söz konusudur" (Tilbe, 2015, s. 463).

Bu skalaya göre 3 çeşit çatışma düzeyi söz konusudur: "*makro* (örn. Gönderen, transit ve göç alan ülkelerin çatışan siyasi tercihleri), *mezo* (örn. Göç eden ve göç etmeyen haneler arası gerilimler, hanehalkı içerisinde cinsiyet rollerinden kaynaklı gerilimler), *mikro* (örn. Bireyler arası çatışmalar, göçmenler ile göçmen olmayanlar arası gerilimler) ve de *bu düzeyler arası* (örn. Sınır güvenlik görevlileri, vize görevlileri vb. ve göç eden bireyler arası gerilimler). Bu çatışmalar çapraz -yani düzeyler arası da olabilir. Örneğin devlete karşı birey veya bireye karşı hanehalkı/aile (mezo) veya bireye karşı birey (mikro) düzeylerinde olabilir" (Sirkeci, 2012, s. 359).

Şekil 1. İnsani Güvenlik ve Çatışma Eksenleri

Kaynak: Sirkeci, 2009, s.7 & Sirkeci, 2012, s. 357

Yazın incelemelerinde, inceleme nesnesindeki göçün doğasını saptamak için, bu düzeysel ayrımlar yol gösterici işlevler üstlenmektedir. "Özellikle romanlarda ele alınan göç durumu ve konulara göre kolaylıkla düzeyler belirlenebilir ve anlatı yerlemleri ile olay örgüsü bu düzlemde incelenerek açıklayıcı sonuçlar elde edilebilir. Bu modelden devinimle, romanların ulamlandırılması da kolaylaşacaktır" (Tilbe, 2015, s. 464).

Bu bağlamda, Lucien Goldmann'ın kullandığı, görüngübilimsel *anlama* ve *açıklama* düzeylerinden oluşacak iki aşamalı bir çözümleme yöntemi öneriyoruz: (Tilbe, 2015, ss. 464-465).

Tablo 1: Göç Yazını Yöntembilim Çizgesi

Anlama Aşaması > İçkin Çözümleme ↓	Açıklama Aşaması > Aşkın Çözümleme ↓
Anlatının Yapısı → Bakış Açıları; Anlatım Uygulayımları	Dönemsel Göç Devinimleri ve Toplumsal Yapı
Anlatı Yerlemleri → Kişi, Süre, Uzam	Öne Çıkan Temel İzlekler
Mikro, Mezo, Makro Düzeylerin Belirlenmesi: Toplumsal Yapı	Göreli Güvenlik Uzamı → İşbirliği mi? Bütünleşme mi? Uyum mu? Ayrışma mı?
Göç Olgusu → Göreli Güvensizlik Uzamı; Çatışma ve Göç Devinimi	

Bu yönteme göre, "birinci aşama anlama düzeyi, yapısalcı bir yaklaşımla metne içkin olarak gerçekleştirilir ve metinde yer alan anlatı yerlemleri ile anlatısal uygulayımlar incelendikten sonra, çatışma modeline göre; göçer toplumsal yapı ve ilişkilerden oluşan yapıtın özü ve iç tutarlılığı çözümlenir, metne aşkın olan açıklama aşamasında ise; metinde söz edilen göç olgusu/izleği, çatışma modeli temelinde, yapıtı aşan ve çevreleyen toplumsal, ekonomik ve siyasal dışsal bağlanımlarıyla güvensizlik <> güvenlik düzleminde açıklanır ve tutarlı bir eleştirel yaklaşım ortaya konulabilir." (Tilbe, 2015, ss. 464-465). Bu yaklaşımla bir göç/göçer romanı yetkin ve tutarlı bir biçimde anlaşılıp açıklanabilecektir.

Anlama Aşaması > İçkin Çözümleme

Anlatının Yapısı

Romanları İngilizce, Almanca, Fransızca, İtalyanca, Farsça ve Hollandaca gibi dillere çevrilen Latife Tekin, *Sevgili Arsız Ölüm* adlı ilk romanını 1983 yılında İletişim yayınevinden yayımlar. Yayımlandığı andan başlayarak oldukça ilgi çeken roman, yazarın kökleşik romandan ayrık bir dil ve öyküleme tutumuna iye olduğunun imlerini verir. Romanda gerçekçi ve düşsel/gerçekdışı (fr. fantastique) öğeleri, okuru şaşırtmayacak biçimde dengeleyerek birleştirmeyi ve bunları doğalmış gibi göstermeyi başaran, 1980 sonrası Türk yazınında gelişen yeniötesi (fr. postmoderne) arayışlara iyi bir örnekçe oluşturan Latife Tekin, romanın yayımlandığı yıl kendisi ile yapılan bir söyleşide, "klasik gerçekçi roman anlayışının halkımızın dünya algısını ifade etmede yetersiz olduğunu, bu yüzden kendisinin bir yazar olarak, halk kültürümüzü temel alan bir biçim arayışı içine girdiğini" belirtmiştir (Kalkan, 1983). Bu arayışlarının sonunda yazar, benzetme, eğretileme, abartma, yineleme, simgesellik, ince alay ve çelişki yaratma gibi çok sayıda söz sanatı ve imge içeren, "gerçek ve düşün bir karışımı" (Flores, 2005, s. 115) olan *büyülü gerçekçi* karma (fr. hybride) bir biçem benimsemiştir. Ömer Türkeş ve Semih Gümüş ile yaptığı bir söyleşide Tekin; "romandan çok şairlere yakınım," der. "Kemal Tahir'in, destansı üslubuyla Yaşar Kemal'in, yer yer Ahmet Hamdi Tanpınar'ın anlatımlarından, Nazım Hikmet'in ne şiir ne düzyazı olarak tanımlanabilen Memleketimden İnsan Manzaraları'ndan esinlendiğini, hurafeler ve masallarda halkın kendini ifade edişinden yola çıkarak yeni bir biçim aradığını"[1] dile getirir.

240 sayfadan oluşan, yazar tarafından açık bir biçimde ayrılmasa da, ailenin Alaçatı ve İstanbul'daki yaşamlarının öyküsü temel alınarak iki bölüme ayırabileceğimiz anlatının hemen başında yazar, yanmetinsel olarak romanını "annemin anısına" diyerek annesine adar. Anlatı, anlatıcı-yazarın tekil üçüncü kişi öykülemesinde, anlatı kişisi Huvat Aktaş'ın daha sonra adı Alaçatı olarak değiştirilecek olan Alacüvek Köyüne, köylülerin ilk kez gördükleri ve şaşkınlıklarını gizleyemedikleri mavi otobüsle gelişinin betimlemesiyle başlar. Bu geliş aynı zamanda ilk göç imgesi olarak da ortaya çıkmaktadır.

> "Huvat Aktaş'ın bir gündüz bir gece süren yolculuğu, bir öğle vakti Alacüvek Köyü ağılının başında son buldu. Bu kez masmavi bir otobüsle çıkagelmişti köye" (Tekin, 2013, 7).

---

[1]   http://www.sabitfikir.com/haber/latife-tekinle-sozunu-sakinmadan-toplumdan-nefret-ediyorum (12.10.2016).

Anlatının genellikle tanrısal bir bakış açısına iye olan dışöyküsel anlatıcı-yazar, kimi zaman da olayları olabildiğince nesnel bir biçimde dışardan gördüğü gibi öykülemeyi deneyen dış bakış açısına iye bir tanık anlatıcı konumundadır.

"Atiye çoktandır Dirmit'in üstüne varmanın daha kötü sonuçlara yol açacağını, alıp başını cinlerin diyarına göçeceğini düşündüğünden, onu kendi haline bıraktı. Bıraktı ama, başına bir kötülük getireceği korkusuyla evin içinde eli yüreğin- de dolandı" (s. 59).

"Yine aynı gün ne konuştular, ne düşündülerse kadını ahıra kapattılar" (s. 9).

"Kimden duydu, nerde gördü, nasıl öğrendiyse, bir eline koca bir ağ aldı" (s. 149).

Anlatı, o yöreye özgü, aynı zamanda da Türk ekininin bir parçası olan çok sayıda büyü yapma ve muska yazma gibi oluntuların yer aldığı bölütlerle sürer. Huvat ile evlenip Dirmit başta olmak üzere beş çocuk sahibi olan ve doğaüstü güçlere iye Atiye'nin çevresindeki kişilerle olan ilişkilerinin betimlemesiyle gelişen anlatıda, anlatıcı-yazar, kimi zaman karşılıklı konuşma uygulayımıyla sözü anlatı kişilerine bırakmakta ve anlatının bu bölümlerinde iç bakış açısı baskın olmaktadır.

"Anne, tulumbaya yazık, değil mi?"

"Ne diyorsun kız sen?"

"Tulumbaya yazık diyorum."

"Nesine yazıkmış?" (s. 29).

Anlatıda gerçeklikle düşsellik, iç içe ve aynı dilsel tutumla öykülenir. Huvat'ın annesinin ölümü, yöresel batıl inançların okura sunulması bağlamında iyi bir örnektir.

Dirmit'in gözlerini karanlığa dikip, sabahın olmasını beklediği gecelerden birinde, Huvat'ın anası tandır başında öldü. Nuğber Dudu'nun üstünden, küçük bez torbalar içinde kına, bir-iki muska, yiyelenmiş zeytin çekirdekleri, bit kökleri, kara bir tutam da saç çıktı (s. 30).

Anlatının başlangıcından başlayarak, oluntuların büyülü bir bezem içinde okura sunulduğu görülmektedir. Bu sunum biçimini yazarın daha ilk romanında başarıyla uyguladığı yeniötesi (fr. postmoderne) bir uygulayım olan *büyülü gerçeklik* akımı bağlamında değerlendirmek olasıdır. Büyülü gerçekçi romanlarda, batıl inanç ile bilgisizlik, büyülü olanla gerçek olan, doğal olanla doğaüstü olan, gerçeğin ve doğrunun üstünü kapatmadan eşit biçimde kaynaştırılarak ve birisi ötekine baskın olmaksızın okura sunulur. Kimi zaman da olağan olan sıra dışıymış gibi çocuksu bir bakışla sağlanır. Ailenin İstanbul'a taşınması ile başlayan romanın ikinci bölümünün hemen başında yer alan oluntu bunu açık bir biçimde ortaya koyar:

- Vapur gidiyor mu, gitmiyor mu?

- Gitmiyor.

- Gidiyor, kız.

- Vapur gitmiyordu. Kocaman evler, ağaçlar, insanlar geri geri yürüyordu. Dirmit gözlerini iri iri açıp baktı, aklı uçup gitti. (Tekin, 2013, s. 75)

Anlatıda, çok sayıda söylen(sel)cesel öğe, düşsel/gerçekdışı olanı kurgulamak için kullanılmaktadır. Romanda kullanılan cinler, fallar, tılsımlar, büyüler, rüyalar içerik düzleminde; dil, anlatım biçimi, zaman, uzam ve olay örgüsü uygulayım düzleminde halk öykülerimiz ile kahramanlık şiirlerimizi (fr. épopée) andırır (Moran, 2009, ss.

77–78). Sevgili Arsız Ölüm, bu yönleriyle kökleşik gerçeklikten ayrılır; "bir yandan Orta Asya Türk inanışlarına, Türk destanlarına, geleneksel Türk anlatılarına yaslanmasıyla gelenek içinde anlam kazanır ve bu geleneksel birikimin aktarılmasında Marquez model olarak seçilerek, klasik gerçekçi çizginin dışına çıkılır" (Uğurlu, 2008, s. 169).

Romanda metinlerarasılık/söylemlerarasılık bağlamında, bir yandan "Aksakallı dede"ler, Battal Gazi, Dede Korkut, Selçukname, gibi çok sayıda Türk destanı ile İslamiyet öncesi ve sonrasına denk gelen masallar, Kişner Oğlan ve Kepse gibi cinler ile üfürükçü hocalar geniş biçimde işlenirken, bir yandan da Vikingler, Bill Kit, Süpermen, Tarzan ve Zoro gibi Batı'ya iye değerlere yer verilir. Özellikle kente göç ile birlikte, anamalcı kenter yaşam biçimi ve özlemleri Dirmit ile küçük kardeşi Mahmut'un düşlerini süsler.

Bütün bu büyülü evreni oluşturmak için yazar, doğal ile doğaüstünü birbirine karıştırarak sunar ve düşsel kullanımın ölçüsünün kaçırıldığı yerde yazar alaysılama/tersinleme (fr. ironie) uygulayımına başvurur. Anlatıcı-yazar, olayları olabildiğince nesnel olarak içerden ve dışardan öykülerken, düşsel/gerçekdışı kurgu öğelerini, kimi zaman doğal biçimiyle, kimi zaman da alaysılayarak okura iletir. Bu kullanımla yazar, okurun düşsel öğeleri gerçekmiş gibi algılamasını sağlamayı dener.

Romanın olay örgüsünün yapısı, Türk söylencelerininkini andırmaktadır. Sürükleyici bir biçemle oluşturulan çok sayıda küçük oluntu, süremsel ileri ve geri sapmalarla birbirini izler. "O akşam Nuğber bebeğin – Huvat'ın anasının ismi verilmişti kıza – yüzü pancar gibi kızardı. Günlerce ateşler içinde yandı" (Tekin, 2005, s. 9). Bu alıntıdaki Nuğber bebeğin günlerce ateşler içinde yanmasının nedeni açıklanmaz. Herhangi bir nedensellik bağı kurulamayan olaylar arasında sürem farkı olsa da, öykü zamanının hızlı akışı, okurun sıkılmasını önlemekte ve romana ilgisini odaklandırmayı başarabilmektedir. Anlatıcı-yazar, eleştirel bir tutum takınmak istediği zaman, alaysılama/tersinleme uygulayımına başvurarak olaydan uzaklaşmayı dener.

Geleneksel roman kurgusunu olumsuzlayan Tekin'in kullandığı dil, kurguladığı kişilerin iç dünyasını ve içselleştirdikleri yaşamlarını yansıtır. Bu dil ile yaratılan evrende, içinde büyüdüğümüz evimizin ve mahallemizin insanlarının, oradan çıkarak savruldukları büyük kentlerde nasıl yaşama tutunma savaşımı verdiklerine tanık olur okur. Tekin'in bu dil kullanmayı yeğlemesi; "büyülü gerçekçi uygulayımı kullanmasına bağlı olmayıp, toplumsal birtakım koşullar doğrultusunda gelişmekte olan, yazarın önemsediği ve hatta onların sesini kendi sesi kılmaktan çekinmeyip, romancı gömleğini giymek yerine bir tür anlatıcı tutumu takınmayı yeğleyerek yücelttiği yeni bir sınıfın anlatısını ortaya koyma çabasıyla ilintilidir" (Yener Gökçe, 2012). Bunun yanında bu dil kullanımı, 12 Eylül 1980 darbesinin ortaya çıkardığı bir sonuç olarak da okunabilir. Bu konuda yazar, Feridun Andaç ile yaptığı söyleşide şu açıklamayı yapar: "12 Eylül'den hemen sonra, neredeyse ertesi sabah *Sevgili Arsız Ölüm*'ü yazma kararıyla evimizin arka odasına çekildim. Ucuzundan kalınca bir defter aldım, bir de tükenmez kalem (…) Altı ay, bana 'evet bu yazmayı hayal ettiğim romanın ilk sayfası olabilir' dedirtecek bir şey yazamadım doğal olarak. Sonra işte bir yarım sayfa yazdım ki yüzüme dikilen üzüntülü bakışlardan kurtulmamı sağladı. O odadan yenilmiş olarak çıkarsam, başaramazsam kesinlikle yaşamaya razı olamayacağım bir hayatın içine çekilirmişim gibi bir korku sarmıştı beni" (2002, s. 23). Görüldüğü gibi, dönemin siyasal olaylarının şiddeti, Tekin'i böyle bir dil ve biçem arayışına iter: "O dönemde, o kadar önemliydi ki benim bir şey yaparak kendimi kurtarabilmem… 12 Eylül'ün şiddetini bertaraf edip parçalanmamak için benim de o şiddette bir şey yapmam gerekiyordu" (Özer 2005, s. 21). Tekin, 1960 ve 80'li yıllardaki darbe dönemlerinin ekinsel ve siyasal kırılmalarından çok etkilenmiş, bu etkiler romanlarının olay örgüsü ile kişi kurgusunda yerini bulmuştur. Bu büyülü gerçekçi biçem, değişen yaşam koşullarının anlatım dili olmuştur.

Büyülü Gerçekçilik

Daha önce 19. yüzyılda gerçekçilik ve 20. yüzyılın ilk yarısında da eleştirel gerçekçilik ve toplumcu gerçekçilik olarak ortaya çıkan bu olgu, aynı yüzyılda bu kez de büyülü gerçeklik akımıyla varlığını gösterir.

Gerçekçilik akımı, Aristo'dan günümüze kadar bir yansıtma kuramı (fr. mimesis) olarak gelmektedir. On dokuzuncu ve yirminci yüzyılda değişik ad ve görünümlerle beliren gerçekçilik Alman yazar Theodor Fontane'e göre; 'bütün gerçek yaşamımızın, bütün özgün güçlerin ve ilgi odağımızın sanata yansımasıdır' (akt, Aydın, 2016, s. 50). Yirminci yüzyılda ortaya çıkan Büyülü gerçeklik, ilk olarak '1925 yılında Alman tarihçi ve sanat eleştirmeni Franz Roh tarafından, *Nach-expressionismus, magischer Realismus: Probleme der neuesten europaischer Malerei (Dışavurumculuk Sonrası, Büyülü Gerçekçilik: Yeni Avrupa Resim Sanatındaki Sorunlar)* adlı yapıtında; yazın alanında İtalyan yazar ve eleştirmen Massimo Bontempelli (1878-1960) tarafından kullanılmıştır' (Turgut, 2003, s. 14). Latin Amerikalı Arjantinli yazar Jorge Luis Borges'in (1899-1988) 1935 yılında yayımladığı, eski masalların ve gerçek yaşamöykülerinin yapısını bozarak kurmaca ile gerçekliği aynı anda üst üste biniştirerek yeniden öykülediği ve alçaklık kavramını her şeyin üzerinde evrensel bir değer olarak sunan Historia *universal de la infamia (Alçaklığın Evrensel Tarihi)* adlı yapıtı, yazın eleştirmenlerince ilk büyülü gerçekçi örnekçe olarak benimsenir. Bu akımın en çok tanınan yazarlarından birisi 1967 yılında yayımladığı *Cien años de soledad (Yüzyıllık Yalnızlık)* adlı romanın yazarı, Kolombiyalı romancı Gabriel García Márquez'dir. Bunun yanında dünya yazınından, Günter Grass, Janet Frame, Salman Rushdie, John Fowles ve Italo Calvino öteki büyülü gerçekçi romancılar arasında anılabilir (Cuddon, 1999, s. 488).

Büyülü gerçekçilik, içinde büyülü öğeleri barındıran gerçeklik anlayışı çerçevesinde, "düşsel/gerçekdışılık ile gerçekçiliği birbirine bağlayan" (Faris, 2005, s. 163) bir yeniötesi akımdır. Bu akımla ilgili olarak Acheson ve Ross'un verdiği örneği geliştiren David Punter'in yorumu oldukça açıklayıcı görünmektedir: "Eğer bir hayalet kahvaltı masanıza oturur ve siz de korkar, dehşete düşerseniz bu [türce] korku ya da fantastik olur. Ancak eğer, 'Ah, bir hayalet; lütfen şu reçeli bana uzatır mısın?' derseniz büyülü gerçekçilik olur" (Acheson ve Ross'dan akt. Erdem, 2011, s. 175). David Punter, bu örneği büyülü gerçekçiliğin önemli niteliklerinden yalnızca birini belirtmesi açısından yeterli bulmayarak şu eklemeyi yapar: "Ancak siz, 'Ah, bir hayalet; lütfen şu reçeli bana uzatır mısın?' dedikten sonra hayalet: 'Benim büyükannem çok güzel soğan reçeli yapardı.' der ve siz buna karşılık 'Saçmalama, soğanın reçeli yapılmaz!' derseniz, işte o zaman anlatı büyülü gerçekçi olur" (Erdem, 2011, ss. 175-176). Bu örnekten de anlaşılacağı gibi, büyülü gerçeklik için olağanüstü öğelerin sıradanmış gibi sunulması yeterli gelmemekledir. Yukarıdaki eklemeyle geliştirilen bu yeni boyut, büyülü gerçekçi metinlerin düşsel, bilimkurgu ve korku türlerinden rahatlıkla ayırt edilmesini sağlayacak bir niteliktir. Bu nitelik gerçekte, anlatıda gerçekdışı/düşsel olanla gerçek olanı dengeleme çabasıdır. Hayalet kahvaltı masasında, bir yandan reçeli almaya çalışırken, bir yandan da soğandan reçel yapılmasını saçma ve olanaksız bulur ve bu da anlatıyı gerçeklik ile kurmaca arasında bir düzleme taşır.

"Büyülü gerekliğin özellikle Latin Amerika'da ortaya çıkıp gelişmesinin temelinde, Batı'nın akılcı ve gerçekçi sömürgeci dünya algısı ve yönetimine karşı, yerli halkın, yıllarca maruz kaldığı sömürgeci ve ırkçı eylemlere direnerek, kendi kimliğini oluşturmasında bu güçlü mitsel geleneğin etkisi büyüktür" (Ascroft'tan akt. Erdem, 2011, s. 175). Doğal olarak, "Batı'nın gerçekçi romanının karşısında, özünde saklı kalmış yerli kültürün doğallığını yansıtan büyülü gerçekçilik akımı durmaktadır" (s. 176).

Görüldüğü gibi, bu akımın ilk koşulu, gerçek olanla, düşsel, gerçekdışı ve alışılmamış olguları birleştirip, gerçek olanı büyülü bir bezeme sokarak bir denge kurmaktır. İkinci koşul ise; iki ayrık dünyaya iye öğeleri birleştirmek için başkalaşımları (fr. métamorphose) kullanmaktır. Bu akımın temel ereği, üçüncü dünya ülkelerindeki bireysel, toplumsal, siyasal ve artırımsal sorunları gündeme taşımak ve tartışmaya açmaktır. Bu bağlamda, bu türden romanlarda, doğal olanla doğaüstü olan olaylar okuru şaşırtmadan kaynaştırılarak verilir. Büyülü gerçeklikteki perili, cinli, hayaletli kurucu öğelerin kullanılması söylen (fr. mythe) geleneğine dayanır. Geleneksel yerel sözlü yazın ile ekin uygulayımlarından beslenen bu söylensel yansımalar, kurmacanın gerçekdışı/düşsel yönünü örüntüler. "Büyülü olayların ve gerçekçi olayların birlikte varoluşları büyülü gerçekçiliği yaratan kilit noktalardan biridir" (Arargüç, & Asayesh, 2016, s. 155).

Büyülü gerçekçi anlatılarda, anlatıcının konumu da çok önemlidir. Anlatıcı, sözcelem düzeyindeki akıl dışılıkları ve uçraklıkları, okurun sezmemesi için öznel yorum ve açıklamalarda bulunmaksızın bir uzaklık duygusu yaratarak öyküler. Bu uzaklık duygusu yaratma ilkesi aracılığıyla olayların akışı önem kazanır. Kimi zaman da anlatıcının suskunluğu ve alaysılama uygulayımı, anlatıcının yarattığı büyülü bezemden uzaklaşması ve bir uzaklık duygusu yaratmaya yarar. Bu uygulayımlar, aynı zamanda anlatı kişileri, uzam ve süre anlatı yerlemlerinin kurgusunu ile sunumunu da etkiler. Öyle ki, eylemleriyle anlatıda varlık kazanan anlatı kişilerinin tinsel ve törel niteliklerinin pek fazla değinilmezken, uzam ile süre de belirsiz kalmaktadır. Söylensel uzamın baskın olduğu anlatının süresi de çizgisel ve süredizimsel olarak izlenemez, daha çok döngüsel ve çevrimsel bir zaman söz konusudur. Bunun yanında "büyülü gerçekçilikte öykü anlatımı daha yoğun, özgün bir gerçeklik biçimi sunmak için yazılı belgelerdeki eksiklikleri de düzeltme işlevi gösterir" (Arargüç, 2014, s.956). *Sevgili Arsız Ölüm*'de okur öykü süresini anlamakta zorlanmaktadır. Darbe göndermelerinden ve parçalı uzamsal ve kopuk süremsel belirtilerden devinimle, öykünün 1960'lı yıllarda geçtiği ön görülebilir. Benzetme, eğretileme, abartma, yineleme, simgecilik, alaysılama ve çelişki gibi pek çok söz sanatının kullanıldığı büyülü gerçekçi anlatı boyunca öykülenen çok sayıda halk öyküsü, düşler, masal ile söylenceler, simgesel ve çağrışımsal anlamlar üreterek geçmiş ile geleceği şimdiki zamanda buluşturur.

Anlatı Yerlemleri

Kişi

Anlatıda, öyküsü anlatılan Aktaş ailesinin, sonradan adı Akçalı olarak değiştirilen Alacüvek köyünde sürdükleri yaşam ile kente göç ettikten sonraki yaşamları öykülenmektedir. Romanın ilk bölümünde anlatı kişileri, Huvat (baba), Atiye (anne) ve çocukları Nuğber, Halit, Seyit, Dirmit ve Mahmut aracılığıyla Anadolu köy halkının birbirleriyle ilişkisi, İslam öncesi ve sonrası inanç ve ekinlerden oluşan, batıl inanç, gelenek ve görenekler düşsel/gerçekdışı öğelerle birlikte büyülü bir bezemde okura sunulur. İkinci bölümde ise ailenin anamalcı dizgenin kurallarının en acımasız biçimde işlediği kente göçtükten sonraki yaşamları, kente uyum süreçleri, çektikleri toplumsal ve artırımsal zorluklar, yine aile içi ve toplumsal ilişkiler düzleminde öykülenmektedir.

Romanda köy halkı, genellikle takma adları ile sunulmaktadır. Anlatı kişilerini tinsel ve toplumsal konumlarına ilişkin bilgilere çok yer verilmemektedir. Ancak Cinci Memet, Nuğber Dudu, Rızo Ağa, Süslü Sami, Pir Apdal, Şıh Hacı Musa gibi taşıdıkları takma ad ve unvanları, onların toplumsal konumuna ilişkin ipuçları vermektedir. Kentsel yaşama göre, anlatı kişilerinin köyde sürdükleri yaşamları daha sıradan ve esenliklidir.

Kente göç ettikten sonra tek odalı evde sürdürülen yaşamları acı dolu ve esenliksizdir. İlişkiler pamuk ipliğine bağlı, güçsüz ve kırılgandır. Hane halkının tek ereği, yaşamlarını sürdürmek için gereksinim duydukları bir tek lokma ekmeği eve getirmek için bir işe iye olmaktır. Bu bağlamda, her birisi çok değişik işlerde çalışmayı dener. Kimi zaman geçici işlerde çalışırken, kimi zaman da yasadışı yollardan para kazanmaya çalışmaktadırlar. Bu savaşımlarında da büyülerin gücü, kimi zaman yardımlarına gelecek, ancak köydeki kadar etkili olmayacaktır.

Anlatı boyunca, anlatıcı ile anlatı kişilerinde gerçek ve gerçeküstü öğeler birleştirilerek, uyumlu bir bütün oluşturulmaktadır. Kişilerin gerekten düşsele yaptıkları geçişler ve yolculuklar o denli olağan biçimde sunulur ki, bu durum okurda aşırı bir şaşkınlık etkisi yaratmadığı gibi, bu düşsellik ile gerçek dışılık da okur tarafından sorgulanmaz.

Anlatıcı, öyküleme süresince olaylar ile anlatı kişilerinin eylemlerini olabildiğince nesnel bir tanık olarak anlatır. Yeniötesi büyülü gerçekçi roman kişileri de, yazar tarafından kendilerine verilen işlevleri, düşsel olanla gerçeği, tuhaf olanla akılcı olanı birleştirerek yerine getirir. Bütün bu yaratılan, imgesel, simgesel, eleştirel, göndergesel ve eğretilemeli fizikötesi evrenin anlamını çözmek de kuşkusuz okura düşecektir.

Romandaki kişiler, kökleşik roman kişilerine hiçbir biçimde benzememektedir. Büyülü gerçekçi roman kişilerine uygun olarak, *Sevgili Arsız Ölüm*'de de anlatı kişilerinin tinsel ve bedensel görünümlerine ilişkin betimlemelere yer verilmemekte, kişiler somut evrenleriyle değil, "özlemleri ve yüceltimleri, yıkıcı ve yaratıcı yanlarıyla, cinsel uyanışlarıyla" (Belge, 2009, s. 63) ve düşleriyle yer almaktadır. Kişiler, bilinen bir tarihsel dönemi de öykülemez, görüşünde döngüsel olan "düşlerle, yani insan öznelliğiyle iç içe geçerek dönüşmüş, değişmiş bir tarihi-zaman"dır (s. 63) söz konusu olan.

Romanda, Atiye ve kızı Dimrit kişiliğinde, eski Orta Asya Türk Şaman geleneklerinin izlerini, öyle ki "bir tür Deli Dumrul bilinci" (Uğurlu, 2008, s. 178) görürüz. Roman boyunca bir çeşit Şamansı işlev üstlenen Atiye, romanın sonuna doğru bu işlevini; " 'yükselme', gökle ilişki kurma, gelecekten haber verme gibi hallerinden de anlaşılacağı üzere, 'seçilmiş' konumuna gelen Dirmit'e" (s. 178) aktarır.

Romanda yer verilen kişilerin hemen hepsi bu büyülü evrenin etkisinde kalmış, o evrenin bir parçası olmuş ve yazarın benimsediği bu yeni yazma biçiminin temsilcisi durumundadır. Kopuk kopuk anlatılan öykülerini sıradan bir okur gözüyle izlemek olanaklı değildir. Romanın sonuna kadar hep oluş durumunda kalmakta, hiç birisi tamamlanamamaktadır. Bu kurgusal yapı, kuşkusuz Tekin'in yeniötesi yazma biçeminin bir gereği ve sonucu olarak görülmelidir.

Süre

Eşsüremli öyküleme uygulayımının kullanıldığı anlatıda öykü süresine ilişkin belirgin imler ile süredizimsellik görülmemektedir. Ancak mevsim, süre ve ay gibi göstergelerle sürenin geçişi belirlenebilmektedir. Angel Flores'in deyimiyle öykü süresi; "zamansız bir akışkanlık içinde var olur" (2005, s. 115). İleri ve geri sapımlarla yapılan söylensel ve söylencesel sıçramalar ile söylensel uzamlar aracılığıyla çevrimsel bir süre algısı söz konusu olmaktadır. Huvat ile Atiye'nin evlilik serüvenleri ile çocuklarının büyümesi, evlenmesi ve askere gitmesi gibi göstergeler, öykü zamanının ulaştığı sınırları belirlemektedir.

"Kadının ahıra atılışının üstünden dokuz aya yakın bir zaman geçmişti" (s. 9).

"Atiye bir kış Dirmit'i dışarı salmadı." (s. 28).

"Bir kış köyden köye konup nişanlı kızların, taze gelinlerin dilini bağladı" (s. 44)

"Derken, kar yağmaktan yoruldu. Rüzgâr duruldu. Bahar geldi. Tarlalar göverdi. Köyün yaşlı leyleği tısılaya tısılaya gelip pınarın başındaki palamut ağacına yuva kurdu" (s. 47).

"Kış geldi, köpek karı yağdı. Kar kapıları, yolları tuttu" (s. 55).

Romanda, göç sonrası kentsel uzamda, süreye ilişkin imler, "o kış" (s. 69), "kış geçti, bahar geldi" (s. 70) gibi daha çok mevsimlerle belirlenen göstergelerle anılır. Kesin çizgilerle belli olmamakla birlikte, romanın öykü zamanı 1960'lı yılları imlemektedir.

Uzam

Alacüvek köyü anlatının ilk bölümünün kırsal temel uzamıdır. Anadolu'da herhangi bir köyün uzamsal niteliklerini taşıyan bu köyde insanlar olağanüstü olaylara tanık olmaktadırlar. Romanın kurgusuna yerleştirilmiş olan büyülü vurgu, uzamsal değişimleri de etkilemektedir. Bir takım doğaüstü nesne ve olguların sunumu sırasında düşsel ve doğaüstü uzamsal görüntüler de belirmektedir. Ancak uzamın sunumu gerçeğe uygundur. Genellikle öykülemenin öne çıktığı anlatıda çok fazla uzamsal betimlemelere yer verilmemektedir. Uzam genellikle açık ve esenliklidir. Kimi söylensel ve ekinsel olayların sunumu sırasında esenliksiz ve kapalı uzamsal görüntüler de yer alır.

İkinci bölüm, köyden kente göçün gerçekleştiği, açıkça dile getirilmese de İstanbul olduğunu düşündüğümüz kentsel uzamdır.

Kırsal uzam	Kentsel uzam	Soyut Uzam
Basit yaşam	Anamalcı yaşam	Olağandışı-düşsel yaşam
Alacüyek / Akçalı Köyü	İstanbul	Cinler evreni

9

Esenklikli-Büyülü	Esenliksiz-Büyüsünü yitirmiş	Büyülü-bilinmeyen
Köy evi	Tek odalı ev	Sonsuzluk-evren

"Vapur gidiyor mu, gitmiyor mu?"
"Gitmiyor."
"Gidiyor, kız."
Vapur gitmiyordu. Kocaman evler, ağaçlar, insanlar geri geri yürüyordu. Dirmit gözlerini iri iri açıp baktı, aklı uçup gitti. Bu yüzden üstünden atlayıp geçtikleri paslı, kararmış park demirlerini, gökyüzüne rengârenk ışık saçan upuzun bir cam sandı" (s. 75).

Büyülü gerçekçi yeniötesi romanlarda olduğu gibi, *Sevgili Arsız Ölüm*'de de uzam, genellikle belirsiz ve soyuttur. Dünya ötesi çağrışımların sıklıkla vurgulandığı gibi, soyut, görünmeyen ve çağrışımsal cinler uzamına, kesin çizgileri belirlenemeyen içinde yaşanılan somut, ancak kesinlikten uzak belirsiz bir uzam eşlik etmektedir.

Mikro, Mezo, Makro Düzeylerin Belirlenmesi

Göç Olgusu → Göreli Güvensizlik Uzamı; Çatışma ve Göç Devinimi

Anlatının ilk bölümü Alacüvek köyünde geçmektedir ve betimlenen toplumsal yapı, henüz uygarlıkla tanışmakta, uygulayımsal aygıtlarla yeni yeni tanışmakta, ilkel üretim biçimi ve ilişkilerini sürdürmektedir. Anlatı kişisi Huvat bütün bu yenilikleri kentten köye taşıyan ve kentsel ilgiyi uyandıran bir aracı işleve iyedir.

O zamana kadar Alacüvekliler, bir yerden bir yere eşek sırtında gitmeye bile pek alışık değillerdi. Gidip geldikleri yerler kasaba dışında iki adımlık yoldu. Kasabaya da öyle sık gidip geldikleri yoktu zaten. (…) Doğrusu, Huvat'm şimdiye kadar köye getirdiği yeni şeyler içinde otobüsün üstüne yoktu. İlk kez, bir soba getirmişti. (…) Günün birinde koltuğunun altında kocaman bir kutuyla çıkıp geldi. Konuşan kutu Alacüvek'in altını üstüne getirdi" (Tekin, 2013, s. 8).

Tekin, kırsal uzamlarda özellikle de köylerde hala etkisini sürdüren büyülü gerçekliği olanca yalınlığıyla sergiler. Bunun yanında, ataerkil yapı içinde kadının yeri de gerçekçi bir biçimde sunulur okura: "sadece, yolda önüne bir erkek çıkınca durup erkeğe yol vermesini öğrenemedi. Çiğneyip geçiyordu erkeğin önünü" (s. 11).

Bütünüyle Anadolu'ya özgü gelenek ve töreleri, kimi söylen ve söylencelerle iç içe sokarak büyülü bir uzamda sunan Tekin, köy ve yöresinin dil değişkesine uygun sözcük ve deyimlerle konuşturur anlatı kişilerini. Romanın söz varlığı gerçekten çok varsıl niteliktedir. Gerçeğe benzer bir uzam ve süremde gerçekleşen olaylar, her ne kadar süredizimsel bir çizgi izlese de, çok sayıdaki oluntular arasında mantıksal bir neden sonuç ilişkisi kurulamamaktadır.

"Nişandan bir hafta evvel, Akçalılı kadınlar toplanıp Ati ye'ye yardıma geldiler. Dağlar gibi yufka kayıldı, hoşaflar kaynatıldı, baklavalar açıl Atiye şehre gidip gelininin düzenini gördü. Bileziklerini, kolyesini, küpesini bozdurdu Yüzüklerden yüzük beğendi, kordonlara beşibiryerdeler dizdirdi. Kadifeler, kaşmirler kestirdi, tenekelerle helva, çuvallarla pirinç, çerez aldı. Bir yandan Zekiye'nin düzenine bakmaya gelenlere sofra kurdu. Bir yandan Zekiye'nin nişanlığını dikti. Kızlarını baştan aşağı kuşattı. Kız evine gidecek koçu kınaladı, boyadı, nişandan bir gün önce Huvat'ın önüne katıp, Zekiye'nin bohçasıyla birlikte dünürüne yolladı. (...) Kuşluk vaktine kalmadan, köyün erkeği kadını çocuğu çekildi, geldi. Kadınlar içerde, erkekler dışarıda toplandı. (...) Kız köyü, oğlan köyüne hoşgeldine durdu. İki köyün erkeği omuzlaşıp halaya tutuştu. "Huvat Ağa'nın köylüsü, Yazı Ayşe'sinden, bir çift naylon çorap, bir biçimlik entarilik kumaş." Darısı Memet'ine olsun, Zekiye gibi gelin alsın." Erkekler dışarıda halay çekip, tabanca atarken kadınlar Zekiye'yi getirip ortaya oturttular. Kız evinden tefçi, oğlan evinden çığırtkan çıkardılar. Boş bir sini getirip Zekiye'nin başına tuttular. Bir tef sallandı, bir çığırtkan bağırdı. Zekiye'ye sini sini hediye toplandı. Siniler elden ele dışarı edildi. Atiye gelininin koluna girip, ayağa kaldırdı. Elini öptürdü. Altınları boynuna, bilezikleri koluna dizdi. "Darısı Seyit'imin, Mahmut'umun başına olsun!" diyerek, nişan halkasını Zekiye'nin parmağına geçirdi. Gidip çalgıcıları yukarı getirdi, geliniyle karşılıklı oynadı." (ss. 40-41)

Atiye'nin oğlunun nişan töreninin betimlemesi, Anadolu'da herhangi bir uzamda yapılacak törenleri andırmaktadır. Gerek tören biçimleri, gerekse insanlar arasındaki ilişkiler geleneksel ataerkil bağlamda gerçekleşmektedir.

Olayların geçtiği uzam, çok sayıda değişik ekin ve budunların bir arada yaşadığı bir yerdir.

"Hazerşah'tan Sığgın'a, Sığgın'dan Çerkez köylerine, Çerkez köylerinden Avşar, Türkmen köylerine vardı." (s. 44).

Toplumsal yapıya ilişkin en çarpıcı anlamlı yapılardan birisi kuşkusuz kız çocuklarının okula gönderilmemesi olgusudur. Yazar roman kurgusu içinde bu konuyu da ilginç bir biçimde okura sunar:

"Köylüler, yedi yaşından yukarı olan erkek çocuklarını eline hemen o gün birer tezek verip okula gönderdiler. Ama Atiye dışında hiç kimse kızını okula göndermedi" (s. 46).

Öğretmenin Dirmit'e "Sen hiç köylüye benzemiyorsun" (s. 46) demesi, ona sonsuz bir mutluluk verirken onun geleceğine ilişkin de ipuçları taşımaktadır. Burada en önemli özne kuşkusuz, kızını okula göndermek için çırpınan anne Atiye'dir. Öğretmenin durumu jandarmaya bildirmesi ve jandarmanın köyde kızları okula göndermek için köye baskın yapması sonucunda öğretmen dışlanır ve "Komünist" (s. 48) damgası vurularak köyden uzaklaştırılır. Bu durum da, kapalı ataerkil toplumlarda yapılmış örtük toplumsal sözleşmenin bir çeşit dışa vurumu gibidir. Aynı "Komünist" (s. 58) suçlamasıyla kasabanın varsıllarından Hacı Talip'in Pilot damadı da karşılaşır.

Bir öteki ataerkil gelenek de, oğlu Halit ile gelini Zekiye'nin gerdek gecesinde kanlı çarşafını alıp kızın baba evine ve halka duyurma olgusudur. Bu da toplumun en anlamlı geleneksel yapılarından birisidir (ss. 49-50).

Anlatıda, ailenin göçe zorlanmasının temelinde, kızları Dimrit'in Kişner Oğlan adlı cini köyün başına sarmakla suçlamaları ve kızı lanetlemeleri yatmaktadır.

"Köylüler, Dirmit'in köyün başına bir uğursuzluk getireceğinden korktukları için, onu bahçe duvarlarına yanaşır ya- naşma2 taşlamaya, arkasından sövüp saymaya başladılar. İkide bir toplanıp toplanıp Atiye'ye şikâyete geldiler. Atiye'den kızını çekip dizinin dibine oturtmasını, hocaya götürüp okutmasını istediler" (s. 59).

"O kayalıkları lanetledikleri gibi, Atiye'nin küçük kızı Dirmit'i de lanetlediler. Kişner'i köyün başına onun çıkardığını, orada burada besmelesiz gezinip cinlerin ayağına, yüzüne işediğini, kaynar suları sağa sola döküp üstlerini başlarını yaktığını, köyde kuyu bırakmayıp içini taşla doldurduğunu, sonunda cinleri kızdırdığını ve cinlerin de köylüye eziyet olsun diye Kişner'i elçi yolladıklarını söylediler. Ve zaten Cinci Memet'in de bu kıza adlı adınca çentik atıp işaret koyduğunu bahane ederek Atiye'ye, "Ya kızını eve kapatır, bir direğe bağlarsın, ya da alıp bu köyden gidersin" diye baskına geldiler" (s. 61).

"Ama artık Dirmit'in adı köyün içinde cinli kıza çıktığından kimse çocuğunu Dirmit'le oynamaya bırakmadı. Dirmit arkadaşsız kaldı. Arkadaşsız kalması bir yana, köyün içinde e tek başına gezinemez hale geldi. Nereye vardı, hangi kapının önüne durduysa kafasına tas yağdı. Köyün çocukları onu görür görmez yol değiştirdiler." (s. 65) (...) "Dar sokakta köyün çocukları Dirmit'in yolunu çevirdiler. Saçlarını yoluk yoluk ettiler, kafasına taşla vurup yardılar, üstünü başını yırtıp bağrışarak köyün içine dağıldılar. Atiye kızını al kanlar içinde dar sokakta ağlarken buldu" (s. 66).

Bu ortak toplumsal tepki karşısında köy, Dimrit için güvenliksiz bir yerleşim yeri durumuna dönüşür. Atiye köy halkına hesap sorarken, bir yandan da kocasına mektup yazar ve köye çağırır. Huvat gelince de ailenin içgöç serüveni başlayacaktır.

"Atiye, Huvat'ın ağzından şehir lafını duyar duymaz hemen hazırlığa kalktı." (s. 66) "Güle güle, Dirmit kız." (s. 73).

Köyde yaşayan ailenin geçim kaynağı kuşkusuz dışarıda çalışan babaya bağlıdır. Babanın anlatıda bir göçer olarak sunulması, daha öykünün başlangıcında bir göç olgusunu sorunsallaştırır. Baba bu işleviyle, kentsel gelişmeleri köye taşıyan bir aracıdır da aynı zamanda. Bu anlamda hane halkı göç olgusunu yabancı değildir. Kaldı ki, çatışma modeli, zorunlu ve gönüllü göç ayrımını reddetmektedir, önemli olan değişik düzeydeki çatışmaların yer değiştirmeyle sonuçlanması gerçeğidir.

Sevgili Arsız Ölüm'de 'göç', zorunlu olarak gerçekleşmektedir. Baba Huvat erken göçerlerden olduğu için, adı cinli kıza çıkan Dirmit ve ailesi için, köyde yaşanan çatışma ve baskı ortamının yarattığı güvensizlik ortamı köyden kente göçü zorunlu kılmıştır.

Dirmit, yaşadığı çatışma ortamına karşın, dert ortağı olan tulumbasını bırakıp köyden ayrılmak istemez, ancak gitme zamanı gelince tulumbanın ağlayan sesini duymamak için kulaklarını kapatır. Dirmit için köy, cinleriyle, perileriyle özgürce iletişimde bulunduğu, canlı cansız her çeşit varlığın bulunduğu büyülü bir uzamdır.

Bu çeşit göç devinimleri Sirkeci-Cohen'ın insani güvenlik ve çatışma eksenlerine göre mezo düzeyde değerlendirilmelidir. Köyde yaşayan hane halkı, kızları Dirmit'in cinci diye köy halkı tarafından lanetlenmesi ve şiddete uğraması sonucunda bir insani güvensizlik algısına kapılarak, daha güvenli olduğunu düşündükleri büyük bir kente göç etme kararı alırlar. Köydeki şiddete dayalı güvensizlik kente göç etmeyle birlikte göreli insani güvenlik algısına dönüşür ancak köydeki çatışma ekseni kentte yeni bir boyut kazanacaktır. Bu da kuşkusuz ev halkının yeni üretim ilişkisi kurmak zorunda olduğu artırımsal düzenle ilişkilidir. Köyde kendi adına çalışan olarak işgücü piyasasında yer alan ev halkı, kentte alt işverene bağı olarak işçi konumunda çalışmak zorundadır. Anamalcı dizgenin acımasız üretim ilişkileri içinde yeni üretim araçları kullanmak ve yaşamlarını sürdürmek zorunda kalan ev halkı yeni bir insani güvensizlik algısıyla yüzleşecektir.

Ev halkını kentte de büyük bir geçim sıkıntısı beklemektedir. İstanbul olduğunu düşündüğümüz kent, anamalcı düzenin tüm düzeneklerinin işlediği bir uzamdır. Daha önce de köyden kente göçün olduğu bir mahallede tek odalı bir eve yerleşen 8 kişilik aile, yaşamlarını sürdürmek için büyük bir yaşam savaşımı verecektir.

Açıklama Aşaması > Aşkın Çözümleme

Bu aşamada, romanda ele alınan ve sorunsallaştırılan temel olgular metni aşan ve çevreleyen dışsal bağıntılarıyla incelenerek, öne çıkan göçe ilişkin dünya görüşü tartışılacaktır.

Dönemsel Göç Devinimleri ve Toplumsal Yapı

Roman ülkemizde 60'lı yıllardan sonra başlayan iç göç devinimlerine odaklanmaktadır. Bu dönemden kısaca söz etmeden önce, Osmanlı Devleti'nin son dönemlerinden başlayarak, (1860-1927) Türkiye'nin Balkanlardan ve Kafkaslardan yoğun biçimde göç alan ülke konumunda olduğunu vurgulamak gerekir (Adıgüzel: 2016, s. 36).

> "Osmanlı Devleti'nin yıkılmasının ardından kurulan yeni Türkiye Cumhuriyeti halkının önemli bir bölümünü Bulgaristan, Yunanistan, Ermenistan, Gürcistan, Rusya, Ukrayna ve diğer bölgelerden gelenler oluşturmuştur. 1821-1922 yılları arasındaki dönemde 5 milyondan fazla Müslüman bu topraklardan Anadolu'ya sürümüş ve 5,5 milyon Müslüman ise savaşlarda ve sürgün yollarında hayatını kaybetmiştir. Küçülen Osmanlı Devleti'nde yaşanan iç göçlerle, devletteki Müslüman oranı hızla yükselmiş, 1878-1911 yılları arasında Anadolu nüfusu, yıllık ortalama % 1,5 büyüyerek, toplam nüfus % 50 artmıştır (McCarty'den akt. Adıgüzel, 2016, s. 37).

Bu dışgöç dalgası Cumhuriyet sonrası içgöç dalgasına dönüşmüş, özellikle 1950'lerden başlayarak kentsel nüfus hızla artmaya başlamıştır. Bu süreci üçe döneme ayırmak olasıdır:

> "• 1950'lere kadar Türkiye, köyün modernizasyonu ve ulus devletin oluşum sürecinde Anadolu'ya göçen bazı grupların iskânı gibi konularla ilgilenmiştir.
> • 1950-1985 arası dönemde, Türkiye nüfusu köyden kentlere ve/veya Anadolu kentlerinden büyük kentlere akarak harmanlanmıştır.

• 1985 sonrası dönemde ise, özellikle Doğu ve Güneydoğu Anadolu bölgelerinden büyük kentlere zorunlu göç akını yaşanmıştır. Türkiye ortalamasının çok üzerinde doğurganlık oranlarına rağmen, Batı'ya yaşanan göçler sonucu bu bölgelerin nüfuslarının toplam nüfus içindeki paylan azalmaya devam etmiştir" (Akşit'ten akt. Adıgüzel: 2016, s. 34).

Türkiye, hızlı kentleşme sürecini 50'lerden başlayarak Demokrat Parti döneminde yaşar. O döneme kadar % 25 düzeyinde seyreden kentli nüfusu, 10 yıllık dönemde 32 düzeyine çıkmıştır. Avrupa'da kentleşme süreci, uran devrime bağlı olarak gelişirken, Türkiye'de bu süreç "sanayileşmeye bağlı olmayan kentleşme" (2016, s. 41) olarak adlandırılmıştır. Buna karşı, her ne kadar Avrupa ile aynı düzeyde olmasa da Türkiye'de de bir anamalcılık süreci başlamıştır.

Bunun sonucunda da *Sevgili Arsız Ölüm*'de sunulduğu gibi "kent köylüleri" ortaya çıkmış, köydeki yoksulluk ve işsizlik İstanbul gibi büyük kentlere taşınmış, kentler herhangi bir yerleşim ve yapılaşma izlenceleri olmadan düzensiz bir biçimde büyümüştür. Bu hızlı anamalcılık sürecinde, Türkiye 5'er yıllık kalkınma planları ile uran tesisleri kurup iş verme yeteneğini artırarak kente gelen işgücünü emmeye çalışmış, "ancak İstanbul başta olmak üzere büyük kentlerin işgücünü emme kapasitesi iç göçlerle, kente yığılan nüfusun hızına yetişememiştir. Doğal olarak bu hızlı kentleşme, istihdam, barınma, uyum gibi birçok sorunu da beraberinde getirmiştir. Hızlı kentleşmenin bir sonucu olarak Türkiye, gecekondulaşma ve çarpık kentleşme sorunu ile yüzleşmek durumunda kalmıştır. Kente gelen göçmenler, çoğunlukla kamu arazileri üzerine imar ve iskân izinleri olmayan sağlıksız konutlar yaparak barınma ihtiyaçlarını karşılamışlardır" (2016, s. 42).

Tablo 2. Türkiye'de Kentleşme Oranı (1927-2015)

Yıllar	Kent Nüfusu %	Yıllar	Kent Nüfusu %
1927	24,2	1980	43,9
1940	24,4	1985	53,0
1950	26,0	1990	59,6
1955	28,8	2000	64,9
1960	31,9	2007	70,5
1965	34,4	2010	76,3
1970	38,6	2014	91,8
1975	41,8	2015	92,1

Kaynak: TUİK 2015 Verileri

Tablo 3. Türkiye'de 10 büyük şehrin nüfusları

Sıra	Şehir	Nüfusu	Sıra	Şehir	Nüfusu
1	İstanbul	14.657.434	6	Adana	2.183.167
2	Ankara	5.270.575	7	Konya	2.130.544
3	İzmir	4.168.415	8	Gaziantep	1.93.836
4	Bursa	2.842.547	9	Şanlıurfa	1.892.320
5	Antalya	2.288.456	10	Mersin	1.745.221

Kaynak: TÜİK 2015 Adrese Dayalı Nüfus Kayıt Sistemi (ADNKS) Verileri

1980'lerden sonraki Özallı yıllar serbest piyasanın ve yoğun özelleşmenin uygulandığı, bireyselleşme ve özgürlüklerin öne çıktığı dönemlerdir. Bu dönemde kentlerde yapılan yatırımlarla eskiye oranla toplum yaşamını geliştiren düzeltmeler yaşansa da, terör olayları ile başlayan doğudan batıya göç dalgaları büyük kentlerin nüfusunun artışını körüklemiştir. Bunun yanında turizm de kıyı kentlere göçü etkilemiş bir öğedir.

"1980-2010 döneminde Türkiye genelinde göç eden nüfus payının artan bir eğilim gösterdiği görülmektedir. Ancak göçler yapısı değişmiş, artık köyden kente göç değil, bulunduğu kentten başka bir kente göç veya kent içinde göç gibi farklı bir toplumsal hareketlilik ortaya çıkmıştır. 1975-1980 yılları arasında toplam nüfusun yüzde 9,3'ü (3,6 milyon kişi) göç ederken, 1995-2000 arasındaki dönemde nüfusun yüzde 11'i (6,7 milyon kişi) göç etmiştir. 1965-2000 yılları arasında 21,1 milyon kişi yaşadığı kenti değiştirmiştir" (2016, s. 44).

Son dönemlerdeki göçlere, ücretli işlerde çalışan işçi ve memur devinimleri de eklenmiş, önceki dönemlerdeki yoksulluk ve işsizlik göçlerinde oransal bir azalma görülmüştür.

Öne Çıkan Temel Örge ve İzlekler

Romanda öne çıkan temel izlekler, Türk ekininde önemli bir yeri olan büyü ile göç olgularıdır. Bunların yanında Türk Şaman ekinine iye çok sayıda örge ve izlek de romanda yer almaktadır. Cin ve peri öyküleri, yaşam ile ölüm arasında gidip gelen yaşamlar, Azrail'in sürekli olarak ailenin çevresinde dolaşması ve Atiye'nin roman boyunca süren hastalığından dolayı sürekli olarak Azrail ile pazarlık durumunda olması, köylülerin akıl ve mantıkla açıklanamayacak batıl inançlarının olması, kadının toplumsal konumu roman örgüsünün kurucu örüntüleridir. Alacahöyük köyünde geçen romanın ilk bölümü daha çok yerel ekinsel öğerlerle oluşturulurken, büyük oranda İstanbul'da geçen ikinci bölüm daha çok göç olgusu ile İstanbul'da bir taşralı olarak yaşamanın zorluklarına odaklanmaktadır. Ancak her iki uzamda da anlatıya büyülü bezem baskındır.

Göreli Güvenlik Uzamı → İşbirliği mi? Bütünleşme mi? Ayrışma mı?

Kendisini köyde güvende duyumsamayan ailenin İstanbul'a göç ederek yerleşmedeki en büyük beklentisi ve umudu, burada köye göre daha rahat bir yaşam sürebilmektir. Ancak olaylar hiç de ailenin umduğu gibi gelişmez ve beklenenden uzak bir görünüm söz konusudur ailenin yaşamında. Göreli bir güvenlik arayışında olan aile, kendilerinden daha önce gelerek İstanbul'a yerleşen köylülerinin varoş mahallelerinde yaşamak zorunda kalır. Atiye sürekli hasta yatağındadır, büyüyüp çalışmaya başlayan çocuklar da çalıştıkları işlerde süreklilik gösteremez. Bir o yana, bir bu yana savrulmaktadırlar. Dimrit, her şeye karşın okulunu başarıyla bitirmek ve Latife Tekin'in özyaşam örneğinde olduğu gibi yazar olmak düşüyle yaşamaktadır. Bir yandan büyümekte, bir yandan da yazmanın gücünün bilincine varmaktadır. Ailenin geleceğe ilişkin düşleri, yaşanan işsizlik, aile içi kavgalar ve parasal zorluklar nedeniyle karabasana dönüşür. Masalımsı bir uzamda devinen anlatı kişileri, yaşamın gerçekliğinin derinliklerinde yitip gitmekte, gerçek ile büyülü evren birbirine karışmaktadır. Aile, çevresiyle işbirliği kuramadığından, bir bütünleşme gerçekleşmemiş, paramparça olan söylencesel büyülü yaşamları, sonunda anneleri Atiye'nin ölmesiyle büyük bir belirsizliğe doğru evrilir. Huvat, Atiye'nin ölümü ile birlikte köye dönmeyi beklerken, Atiye bu konuda çok iyimser değildir:

" 'Bir an önce ölsen de, ben de başımı alıp köye gitsem,' diye söylendi. Atiye köyün bile artık onu kabul etmeyeceğini işittirdi. 'Bu akılla köye ne, sığmazsın, köye gider kurtulurum diye heveslenme' dedi. Huvat çoktandır heveslendiğini, o ölür ölmez gidip köye kümes gibi bir göz ev yapacağını, bir de Çerkezden taze bir gelin alacağını haber etti." (s. 231).

Romanın sonunda, Atiye'nin kızı Dimrit'e iç döküşü, köyden kente göçün yarattığı düş kırıklığını yansıtması açısından çok çarpıcı söylem içermektedir:

"Dirmit, 'Hiçbirimiz kimseye bir kötülük etmedik ki, kız,' dedi. Atiye kötülük etmemenin yetmeyeceğini söyledi. Kendisine hangi çocuğunu yetiştirip bir iyi insan içine çıkardığını soracaklarını duyurup içini çekti. Hiçbir evladının ele güne karşı yüzünü ağartacak bir şeyi olmadığını, birbirleriyle kardeş gibi girip çıkmadıklarını, ne birbirlerine, ne anaya babaya bir hayırlarının dokunduğunu söyleyip her birinin ayrı bir baş çekmesinden, kimsenin heves etmediği şeylere heves etmelerinden yakındı" (s. 233).

Açık bir sonla biten romanda, özellikle Atiye'nin 'ölürsem her biriniz bir ayrı uca düşer, dağılır gidersiniz,' (s. 233) sözü, göç devinimin bir ailenin yıkımına yol açtığının belirgin göstergesidir. Görüldüğü gibi, romanın sonu, büyük bir ayrışmaya yol açmış, tüm aile bireyleri büyük kent kalabalığı içinde sonsuz bir tükenmişliğe doğru savrulmuşlardır.

Sonuç yerine

Latife Tekin, Türkiye'nin ekinsel, siyasal, toplumsal ve artırımsal sancılarına tanıklık eden darbe deneyimi yaşamış bir yazar olarak, 1960'lardan 1980'lere kadar geçen süreçte köyden kente göçün hız kazandığı bir dönemde göçer olmanın sancısını kendi yaşamında deneyimlemiş ve bu sancıyı romanlarına taşımıştır. Yazar, *Sevgili Arsız Ölüm* ile "o döneme kadar sosyal bir olgu olarak görülen ve güdümlü, ideolojik bir edebiyat anlayışı ile ele alınan göç ve yoksulluk gibi temaların farklı dil ve anlatım olanakları çerçevesinde ele alındığı, görülmemiş bir roman örneği verir" (Balık, 2011, s. 25). Köyden kente göçle birlikte, büyük kentlerde daha önce tanımlanamamış olan yeni bir toplumsal sınıf ortaya çıkmıştır. Öteki romanlarında olduğu gibi, *Sevgili Arsız Ölüm*'de de, Latife Tekin'in roman başkişisi gerçekte bu yeni sınıftır. Aktaş ailesi, ne tam anlamıyla köylü olmaktan kurtulabilmiş, ne de kentli olabilmiştir. Yazar için, kentlerde büyük bir sıkıntı ve yoksulluk içinde yaşayan bu sınıfın en büyük niteliği olgun ve olumlu olmalarıdır. Aktaş ailesi, kente göç ettikten sonra, bu yeni üretim ilişkileri ve toplumsal yaşam biçimi karşısında son derece savunmasız kalmış, buna karşın 'Latife Tekin için "yoksulluk bilgisi" olarak tanımladığı olgunluğunu ise yitirmemiştir. Yazarın bu romanlarında bu izlekleri ele almasını da; 'kendisini bir yazardan çok "yoksul" olarak tanımlamayı yeğlemesine, egemen romancılık tavrını ve romancılığı reddetmesine bağlamak olasıdır' (Gökçe, 2016). Romanın sonunda anne Atiye Azrail'le girdiği savaşımı yitirmiş, köyde başkalarından da baskı gören Dimrit, kentteki yaşamında da sürekli olarak ailenin baskısını duyumsamış ve sonunda annesi gibi Şaman geleneklerini andırır biçimde, seçilmiş olarak gökle ilişki kurmaya ve gelecekten bilgi vermeye başlamıştır. Cinleri, perileri, düşleri ve masalları kentte de hiç eksik olmayan Seyit, Halit, Mahmut, baba Huvat ise erkekliklerinin itkisiyle sürekli olarak orada da çevreleriyle çeşitli sorunlarla karşılaşmış, köy-kent ekini çatışmasını olabildiğince fazla yaşamışlardır. Atiye, köylülükle kentlilik arasında kalmış, bir yere iyeliği söz konusu olamamış; Huvat, köyde yenilikler getiren bir kişi olarak anılırken, kentte tutucu bir betiye dönüşmüş; Dimrit, köyde cinli bir kızken, kentte seçilmiş bir kentli birey olma yoluna girmiş; Seyit ile Mahmut, kentli varoş ekininin temsilcileri olmuş; Halit, girdiği kimlik bunalımı sonucunda asalak bir kişiliğe dönüşmüş; Nuğber ise, evlilikte mutluluğu bulamamış bir görünüm ortaya koymuşlardır.

Büyülü gerçekçiliğin en önemli örnekçelerinden birisi olan *Sevgili Arsız Ölüm*, büyü ve göç gibi iki Anadolu gerçekliğini büyük bir başarıyla okura sunan son derece yetkin bir roman olarak değerlendirilmiştir. Bütün bu çözümlemelerden de anlaşılacağı üzere, göç kültürü ve çatışma modeli'nin öne sürdüğü, göçün sürekliliği, devingenliği ve çevrimselliği ile toplumsal boyutta bir kültüre dönüştüğü, eski çatışmaların yerini yinelemeli olarak yeni çatışmaların aldığı savı, doğrulanmış görünmektedir.

İncelememizin daha iyi anlaşılmasını sağlayacağını düşündüğümüz çözümleme çizgesi aşağıda verilmiştir:

Tablo 4. *Sevgili Arsız Ölüm*'ün Çözümleme Çizgesi

Anlama Aşaması →İçkin Çözümleme	Açıklama Aşaması → Aşkın Çözümleme
Anlatı Yerlemleri → Anne Atiye, Baba Huvat Aktaş, Nuğber, Halit, Seyit, Mahmut ve Dirmit, Cinler, Tulumba; 1960'lı yıllar, Alacüyek / Akçalı Köyü, Esenklikli-Büyülü, Kırsal uzam, Basit yaşam, Köy evi – İstanbul, Esenliksiz-Büyüsünü yitirmiş, Kentsel uzam, Anamalcı yaşam biçimi, Tek odalı ev	1950-1980 arası dönemde, Türkiye nüfusu köyden kentlere ve/veya Anadolu kentlerinden büyük kentlere akarak, güvenliksiz yerleşkelerin ortaya çıkmasına yol açmıştır. Romanda gerçekleşen olaylar olasılıkla 60'lı darbe yıllarına denk gelmektedir.
Anlatının Yapısı → 280 sayfa, 2 ana bölüm, 3. tekil öyküleme, elöyküsel anlatı / dışöyküsel anlatıcı, sıfır ve iç odaklayım, metinlerarasılık, alaysılama / tersinleme, büyülü gerçeklik, düşsel/gerçekdışı kurgu, yoksulun, kadının, sıradanın dili	Büyü, göç, köy-kent yaşamı eytişimi, aile yaşamı, işsizlik, kız çocuk, çatışma, kimlik, aile, kız çocuk, genç kız ve kadın sorunu, yoksullaşma, aile bağlarının kopuşu ve dağılma
Mezo düzey: Aile ve yakın çevreyle çeşitli çatışmalar: Görece bir gönenç ve güven içinde türlü batıl inanç ile süren, cinlerle, sezgilerle, masallarla, sanrılarla süren bir toplumsal yaşam, kente göç ile birlikte, aile bireylerinin dünya görüşleri ve bakış açıları pek bir değişikliğe uğramasa da, kentte	Aile, yeni uzamında çevresiyle işbirliği kurmayı başaramaz, bir bütünleşme söz konusu olmaz, paramparça olan söylencesel büyülü yaşamları, sonunda anneleri Atiye'nin ölmesiyle büyük bir belirsizliğe ve parçalanmışlığa doğru evrilir. Kim nerede yaşayacak, nereye gidecek belirsiz kalmıştır.

çok daha sıkışmış ve yalnızlaşmışlardır.	
Köyde yaşayan hane halkı, kızları Dirmit'in cinci diye köy halkı tarafından lanetlenmesi ve şiddete uğraması sonucunda, çatışmaya dayalı bir insani güvensizlik algısına kapılarak, daha güvenli olduğunu düşündükleri büyük bir kente (İstanbul) göç etme kararı alırlar.	Büyülü gerçekçi romanlardan beklenen, belirsiz bir sonla karşılaşır okur.

İncelememizde anlatıbilimsel ve toplumbilimsel yaklaşımla birlikte, yeni bir karma inceleme yaklaşımı geliştirmemize kaynaklık eden 'göç kültürü ve çatışma modeli'nin güncel göç devinimlerinin anlaşılması ve açıklanmasında olduğu gibi, göç anlatılarının incelemesinde de oldukça verimli ve tutarlı sonuçlar ortaya koyduğu açıktır. Bu karma inceleme yaklaşımının, son derece sınırlı olan göç yazını alanına yeni bakış açıları sunması, incelenen romanların hem biçimsel ve biçemsel hem de izleksel olarak dışsal bağlanımlarıyla birlikte iyi anlaşılmasına ve açıklanmasına olanak vermesi, göç yazını araştırmalarına yeni bir açılım getirebilmesi umulmaktadır.

Kaynakça

Adigüzel, Y. (2016). *Göç Sosyolojisi.* İstanbul: Nobel Akademik Yayıncılık.

Andaç, F. (2002). Latife Tekin ile Söyleşi. *Varlık*, Sayı: 1132.

Arargüç, M. F &. Asayesh M. E. (December 2016). "The Dream of Sycorax in the Americas: Understanding Magical Realism in Indigo", *Border Crossing*, vol. 6, no: 2, 150-168.

Arargüç, M. F. (2014). "Latin America Through Magical Realism and Louis de Bernieres", ed. Öznur Seçkin et al, *El Viejo Munda y El Nuevo Mundo En La Era Del Diálogo*, FIEALC, Tomo II, Ankara, 952-960.

Aydın, Y. (2016). "Adalbert Stifter'in *der Hochwald* Adlı Yapıtında İzleksel Öğeler: Doğa ve Orman", *Humanitas – Uluslarası Sosyal Bilimler Dergisi*, 4(7), 47-56.

Balık, M. (2011). *Latife Tekin'in Romancılığı.* (Yayınlanmamış Doktora Tezi). Ankara: Ankara Üniversitesi Sosyal Bilimler Enstitüsü.

Belge, M. (2009). *Edebiyat Üstüne Yazılar.* İstanbul: İletişim Yayınları.

Cuddon, J. A. (1999). *The Penguen Dictionary of Literary Terms and Literary Theory.* England: Penguin.

Emir, D. ve Diler H. E. (Ağustos 2011). Büyülü Gerçekçilik: Latife Tekin'in *Sevgili Arsız Ölüm* ve Angela Carter'ın *Büyülü Oyuncakçı Dükkânı* İsimli Eserlerinin Karşılaştırması. *Dumlupınar Üniversitesi Sosyal Bilimler Dergisi*, 30, 51-62.

Erdem, S. (2011). Büyülü Gerçekçilik ve Halk Anlatıları. *Millî Folklor*, Yıl 23, Sayı 91, 175-188.

Faris, W. B. (2005). "Magical Realism in Spanish American Literature." L. P. Zamora and W. B. Faris (Ed.). *Magical Realism: Theory, History, Community* (ss. 163-191). USA: Duke University Pres.

Flores, A. (2005). "Magical Realism in Spanish American Fiction." Lois Parkinson Zamora and Wendy B. Faris (Ed.). *Magical Realism: Theory, History, Community* (ss. 109-119). USA: Duke University Pres.

Genette, G. (1972). *Figure 3.* Paris: Seuil.

Goldmann, L. (2005). *Roman Sosyolojisi.* (Çev. Ayberk Erkay). Ankara: Birleşik Kitabevi.

Gökçe, A. Z. "Türkçenin yarına kalacak büyülü mirası: Latife Tekin romanları" http://www.arkakapak.com/genel/turkcenin-yarina-kalacak-buyulu-mirasi-latife-tekin-romanlari/ (12.11.2016).

http://www.sabitfikir.com/haber/latife-tekinle-sozunu-sakinmadan-toplumdan-nefret-ediyorum (12.11.2016).

http://www.tuik.gov.tr/PreTablo.do?alt_id=1068 (12.11.2016).

Kalkan, Ş. (1983). "İlk Romanı *Sevgili Arsız Ölüm*'le Dikkati Çeken Latife Tekin: Aslında Roman Yazmak İstemiyorum". (Söyleşi) Cumhuriyet, 1 Aralık, s. 5.

Moran, B. (2009). *Türk Romanına Eleştirel Bir Bakış 3: Sevgi Soysal'dan Bilge Karasu'ya.* (13. Baskı.). İstanbul: İletişim Yayınları.

Özer, P. (2005). *Latife Tekin Kitabı.* İstanbul: Everest Yayınları.

Roh, F. (2005). "Magic Realism: Post Expressionism." L. P. Zamora and W. B. Faris (Ed.). *Magical Realism: Theory, History, Community* (ss. 15-33). USA: Duke University Pres.

Sirkeci, I. (2006). *The Environment of Insecurity in Turkey and the Emigration of Turkish Kurds to Germany.* New York, US: Edwin Mellen Press.

Sirkeci, I. (2009). Transnational mobility and conflict. *Migration Letters,* 6(1): 3-14.

Sirkeci, İ. (December 2012). "Transnasyonal mobilite ve çatışma". *Migration Letters,* 9(4), 353-363.

Sirkeci, İ. ve Cohen, H-J. (July 2013) "Not Migrants and Immigration, but Mobility and Movement". http://citiesofmigration.ca/ezine_stories/not-migrants-and-immigration-but-mobility-and-movement/ (07.05.2015).

Sirkeci, İ. ve Erdoğan, M-M. (December 2012). Editoryal: Göç ve Türkiye. *Migration Letters,* 9(4), 297-302.

Tekin, L. (2013). *Sevgili Arsız Ölüm.* İstanbul: İletişim Yayınları.

Tilbe, A. ve Tilbe, F. (2015). Reşat Enis Aygen'in *Afrodit Buhurdanında Bir Kadın* Adlı Romanında Çalışma İlişkileri: Yazıntoplumbilimsel Oluşumsal Yapısalcı Bir İnceleme. *Humanitas - Uluslararası Sosyal Bilimler Dergisi,* 3(5), 187-216.

Tilbe, A. (2015). "Göç/göçer yazını incelemelerinde Çatışma ve Göç Kültürü Modeli" [Bildiri]. Ali Tilbe ve Ark.(Ed.). *3rd Turkish Migration Conference, Charles University Prague, Turkish Migration Conference 2015 Selected Proceedings,* (25-27 June 2015). (ss. 458-466). London: Transnational Press London.

Turgut, C. Ö. (2003). *Latife Tekin'in Yapıtlarında Büyülü Gerçekçilik.* (Yayımlanmamış Yüksek Lisans Tezi). Ankara: Bilkent Üniversitesi Sosyal Bilimler Enstitüsü.

Uğurlu, S. B. (2008). Sevgili Arsız Ölüm Romanında Gerçeklik, Gelenek ve Yenilik. *Milli Eğitim,* 178, 166-176.

Yener Gökçe, A. Z. (2012). *Latife Tekin'in Romanlarında Toplumsal Değişim.* (Yayımlanmamış Yüksek Lisans Tezi). İstanbul: Fatih Üniversitesi Sosyal Bilimler Enstitüsü.

Zamora, L. P. and FARIS W. B. (1995). *Magical Realism: Theory, History, Community.* Durham, N. C.: Duke University Press.

Bölüm 2.

Öznenin Arada Bir Yerde Kayboluşu: Bilinmeyene Göç

Ayşe Kıran

Giriş: Olanaksız Bir Yer

Bu sunuda Türkçeye "çevreyer" olarak çevrilebilecek "paratopie" kavramından yola çıkılacaktır. Bilindiği gibi, Yunancadaki "para" öneki "yanında", "-topik" soneki de Aristo geleneğinde "bilinen yer" anlamını taşır. Bu bağlamda paratopik yazar, yer, uzam ve zaman, bilinen, yerleşik olanın yanında yer alan kişi, yer, uzam ve zaman olarak tanımlanabilir. Terim kuramsal bir genişlemeyle hem ait olanı hem olmayanı, hem çevrede hem çevre dışında olanı, ne içerde ne dışarda olanı olduğu kadar bir yerden bir yere gideni, yerini bulamayanı işaret eder (Maingueneau 2004: 86). Çevreyer ya da paratopi bir toplumsal gruba ait olmayanı "kimlik", bir yere ait olmayanı uzam ve bir âna ait olmayanı da zaman kavramıyla ifade eder. Bu üç özelliğe bağlı olarak bir dördüncüsü kendiliğinden ortaya çıkmaktadır: Dile ilişkin paratopik konumlar ve yazınsal yaratı.

Michel Foucauld'nun dil ve düşünce alanlarına sunduğu, Türkçede de kullanılan "arşiv" terimi (Foucauld 1969: 173) gelenek ile unutma arasında kalan yaşam içinde, yaşam kurallarının düzenli olarak değişimlerini gösteren sözceleri ortaya koyar. Bir başka deyişle, metinler ve söylenler birbirine karışır (Maingueneau 2004: 71).

Yaratıcı Yazarın Yeri

Kritimu'nun (Giritim Benim) yazarı Sabâ Altınsay, ikinci kuşak bir yaratıcı olarak hiç yaşamadığı, ama gerçek olduğundan neredeyse emin olduğu bir geçmişi büyükbabasının anlattıklarından yola çıkarak yeniden kurmaktadır. Doğal olarak bellek tüm olayları, tüm bilgileri, tüm duyguları anımsamayabilir, karıştırabilir, özel anları paylaşmak istemeyebilir ya da bellekteki boşlukları doldurabilir, karışıklıkları düş gücüyle düzeltebilir. Altınsay kendisine anlatılanları olduğu gibi dile getirmemiş, yazar bilinci ve kurgu yeteneğiyle bir "roman gibi" yazmıştır. Romancı "Sonsöz"ünde kahramanların gerçek olduğunu, babasının da bu kahramanlardan birinin oğlu olduğunu belirtmektedir (Altınsay: 305). Bu durumda yazarın geleneksel, alışılmış bir konumda olmadığı görülmektedir. Birbirinden ayrı düşünülemeyecek bellek ve tarih, siyaset, tanıklık ve edebiyat yan yana durmaktadırlar. Yazar ise, bu öğelerin hem içinde hem dışında, hem ortasında hem de yanında yer almaktadır. Hem dedesinin anıları ile gerçek olarak kabul ettiği bir geçmişte, Girit'te hem de "şimdi"nin Türkiye'sinde. Bu nedenle arada bir yerde paratopik bir zamanda kurgusunu oluşturmak zorunda kalmış, Girit'e ve o geçmişe ait ol(a)madan kendisini "şimdi"de tutmuştur.

Altınsay yazın ve kurgu alanına girdiğinde ise gerçekliğe yakın bir yerde kurgudan uzaklaşmadan ne orada ne burada durmakta (Maingueneau 2004: 72), özyaşamöyküsünden yaşamöyküsüne dönmekte, kendi yaratma koşullarını oluşturmaktadır. (Maingueneau 2004: 75). Öte yandan göç yazını Türkiye'de hem belgelere, hem geçmişe, hem de uzun yıllar üzerinde az konuşulan bir alana, bir arşive gönderme yaptığı için, sınırları biraz belirsiz bir alan oluşturarak yaratıcı yazarı da bu sınırlar arasında bir denge kurmaya zorlamaktadır.

Böyle bir romanı yazmak insan davranışlarını, duygularını, betimleyebilmek, olayları anlatabilmek için hem o evreni bilmek hem gerçeklikten kopmamak, hem arada bir yerde durmayı, hatta geri çekilmeyi bilmek gerekir. Bir yazar yapıtının ifade ettiği durumlardan etkilenerek, bunları kendi estetik anlayışıyla dile getirir. Altınsay da büyük babası ve büyük annesinin yaşadıklarını anlatmak için yazın dilini seçmiş bir roman olarak okunmasını amaçlamıştır. Bir yanda kendi yaşamadığı bir gerçek dünya deneyimi, öte yanda kurgunun ve yaratıcılığın sonsuz olanakları. Yazar, bu arada bir yerin okuyucusunu ve belki de kendisini aldatmaması için romanına bir "Sonsöz" eklemiştir. Böylece kendisini olayları sahneleyen konumuna oturtmuş, öznel olan sözceleme metnini bir roman olarak sahnelemiştir (Maingueneau 2004: 109). Bunu yaparken yaratıcı yazar olarak metninde kendisinden iz bırakmayarak "Sonsöz"ünde kendini metninin yanında konumlandırmıştır. (Maingueneau 2004: 109).

Zamanın ve Uzamın Paratopisi

"Coğrafya kaderdir"
Ibn Haldun, *Mukaddime*

Akdeniz'de çok önemli bir stratejik ada olan Girit önce Roma sonra Bizans topraklarına katılmış, daha sonra 825-826-960 yılları arasında fetihçi Müslüman Araplar tarafından yönetilmiştir. Arapların çekilmesiyle ada tekrar Bizans İmparatorluğuna geçmiş, ancak XII. yüzyıldaki IV. Haçlı seferinden sonra adaya Venedikliler egemen olmuş, anavatanlarından önemli sayıda insanı buraya yerleştirmişlerdir. 1669 yılında Girit imtiyazlı olarak Osmanlı İmparatorluğuna bağlanmıştır. Ancak Osmanlı yönetiminin Girit'e yerleştirdiği Müslüman Osmanlıların sayısı gibi, Müslüman Osmanlılığı kabul ederlerin de sayısı bilinmemektedir. 1760 yılı itibariyle nüfusu 260 bin olan Girit'te yaklaşık 200 bin Müslüman yaşıyor, Ortodoks Hıristiyanların sayısı 60 bini geçmiyordu. (https://stratejisite.wordpress.com/2016/03/18/tarih-girit-elimizden-nasil-cikti/)

1830'da Yunanistan anakarada bağımsız bir devlet olarak kurulduğu halde Girit 1840'da Londra Anlaşmasıyla Osmanlı yönetimine bırakılmış, 6 Ekim 1867'de Osmanlı, Girit'e "muhtariyet" tanımıştır. (https://stratejisite.wordpress.com/2016/03/18/tarih-girit-elimizden-nasil-cikti/). 1878 yılında ise Rumlara yeni haklar tanınmış, 1897'de de Avrupalılar Girit'e tam özerklik vermişlerdir. Bu arada Yunanlılar adayı Yunan topraklarına katmak istemişlerse de başarılı olamamışlardır. Ama bir yıl sonra özerk Girit devleti kurulmuş (1898), bunun üzerine adanın Müslüman halkından on binlercesi (60 bin olduğu tahmin edilmektedir) Anadolu'nun Ege kıyılarına göç etmiştir. (https://stratejisite.wordpress.com/ 2016/03/18/tarih-girit-elimizden-nasil-cikti/). Bu durum 1909 yılına dek sürmüştür. Bu tarihten itibaren adada Osmanlının varlığı yalnızca Osmanlı bayrağının dalgalanması ile görülmüştür. Girit hukuksal olarak Osmanlı yönetiminde, fiili olarak da Yunanistan'ın etki alınındaydı. Balkan savaşları sırasında (1912-1914) ada fiilen Osmanlı yönetiminden çıkarak Yunanistan tarafından yönetilmiştir. Osmanlı Devletinin I. Balkan Savaşında Balkan devletlerine mağlup olmasıyla 30 Mayıs 1913'te imzalanan Londra Barış Antlaşmasıyla Osmanlı Devleti, Girit'i Yunanistan'a teslim etti (http://giritliler.blogspot.com.tr/2012/08/girit-adas-tarihi.html). Bu antlaşmadan sonra başlayan Birinci Dünya savaşı ve Türkiye'nin Bağımsızlık savaşı sırasında Girit büyük bir karışıklık içinde yaşamıştır. 1923 yılında Türkiye ile Yunanistan arasında yapılan anlaşmayla iki ülkede yaşayanlar zorunlu olarak mübadeleye maruz kalmışlardır. Bu tarihsel ve uzamsal bağlamda *Kritimu* "geçmişteki bir gerçekliğin", bir yerin ürünü olarak yazın evreninde yeniden yüzeye çıkmıştır (Maingueneau 2004: 75). Roman, geçmişteki gerçekliğin 1897 ile 1923 arası yirmi altı yıllık gerilimli dönemini, iki halk üzerindeki etkisini ve dönüşümlerini Müslümanların bakış açısından anlatmaktadır.

Görüldüğü gibi ada, Ege'nin Akdeniz'e açıldığı yerde tam bir paratopik uzamda yer almaktadır. Bu uzam onun tarihsel yazgısını belirlemiştir. Bu nedenle adanın tarihini coğrafyasından ayırmak olanaklı değil. Uzamsal olarak iki anakara, iki deniz ve bir denizle bir kara arasında kalan Girit, tam anlamıyla iki arada bir yerdedir. İki halkın yaşam biçimlerini adanın konumu, iklimi, coğrafyası ve anakaradakilerin siyasi anlayışları belirlemektedir. Ayrıca, iki halk için de anakara yaşamı pek bilinmemektedir.

Kritimu, Kuyumcu Mustafa Efendi'nin oğlu İbrahim Yarmakamakis'in bakış açısıyla Hanya'da başlamaktadır. Son derece güzel, masalsı bir uzam betimlemesi, "Girit'in çektikleri" (14)[1] ifadesiyle olacakları haber verir gibidir. Roman 1897'de Girit'in özerkliğinin ilân edilmesinden önce BİZ (Türkler (BEN) ile Rumlar (SEN)= BİZ= SEN∧BEN[2]) döneminde huzurludur. Müslümanlara göre "Giritlilerin hepsi aynı sayılırdı [...] İşleri, âdetleri bile benzerdi. Mübarek ayda tas tas aşure, Paskalya zamanı sepet sepet yumurta göndermiyorlar mıydı birbirlerine?' (45) Bu BİZ olma anlayışı Müslümanların büyük bir bölümünü adaya sıkı sıkıya bağlamaktadır. Örneğin Doktor Ragıp Bey adaya özerklik verilmesinden sonra bile içselleştirdiği BİZi savunmaktadır: "Fakat kimin toprağıdır bu, [...] **Biz**im değil midir? Hıristiyan-Müslüman[3] **hepimiz** başka başka yerlerden gelip yerleş**tik**[4] Girit'e" (100). BİZ dönemindeki bütün anlaşmazlıklara karşın "Hıristiyan-Müslüman bütün esnaf" (24) Hanya'daki Kanavero çarşısında birlikte çalışmaktadır: "Hıristiyanlarla Müslümanlar gergin zamanlarda atışır, çok seyrek dövüşürler, derken topluca birbirlerini ayıplayarak yatışırlardı" (25). Bu dönemde ada ORTAK bir uzam gibi görülmektedir.

Özerkliğin ilânı ile birlikte, o zamana dek Osmanlı koruması altındaki Müslümanlar tehdit altındaki güçlerinin tükenmekte olduğunu ayrımsarlar. Paratopik uzamdaki siyasal ve tarihsel sapma adada yaşayan toplumları bir kez daha biçimlendirmeye başlar. Her iki toplum da önlerindeki günlerin kendilerine ne getireceğini bilememektedirler. Bu bilgisizlik ve korumasızlık Müslüman toplumda kimlik sorununu tetikleyecektir. Artık iki toplum birlikte geleceklerini, hiçbir "yaşam projesi" olmadan tartışırlar: Meydandaki kahve "cümle Giritlilerin gelip oturduğu, üç masa ileride Hıristiyanlar Girit'in Yunanistan'a iltihakını tartışırken, yan masada Türklerin, Osmanlını fesata son vermek için daha ne beklediğini konuştuğu bir yerdi" (31). "Kahve" bu paratopik uzamda ikinci ama daha küçük bir paratopik ortamdır. Zamanın geçirildiği paranın harcandığı, tütünün kullanıldığı yer olarak hem içeri ile dışarıyı, hem de iki toplumu ayırır ve birleştirir. (Maingueneau 2004: 76). Görüldüğü gibi, Girit PAYLAŞILAN bir uzama dönüşmüş, KABULLENME olarak adlandırılabilecek gerilimin ortaya çıktığı bir dönem başlamış, BEN, ÖTEKİne dönüşmüştür. Artık BİRLİKTE BİZ olarak değil, yan yana yaşamaktadırlar (BEN

---

[1] Altınsay, S. (2011), *Kritimu* (Giritim Benim), İstanbul, Can yayınları. Bu romandan yapılacak alıntılar parantez içinde sadece sayfa numarası ile gösterilecektir
[2] ∧: Birlikte olma.
[3] Yazarın Hıristiyan ve Müslümanları tire (-) işareti ile bağlanması dikkat çekicidir.
[4] Tarafımızdan vurgulanmıştır.

(Rum))(⁵ ÖTEKİ (Müslüman)). Bu dönem romanda BEN ve SEN (ÖTEKİ) olarak yaşanan en uzun dönemdir. Bu süreçte siyasi kararlar, savaşlar ve ada içindeki saldırılarla BEN ve ÖTEKİ birbirlerinden giderek uzaklaşacaklardır. BEN (Rumlar)....(⁶ÖTEKİ ya da SEN (Türkler)

O güne dek Osmanlı İmparatorluğunun zayıflamakta da olsa desteğini hisseden Müslümanlar sonun başlangıcını görürler: "Girit gitti be oğlum" (24) sözcesiye Osmanlı İmparatorluğunun gücünü sorgular, ilk kez de zaafını ortaya koyarlar: "Osmanlı ne diyordu? Neden bu hallere izin veriyordu? Âliydi madem?" (24). Anadolu Giritli Müslümanlar için bir bilinmezdir: yaşanmamış bir yer, tanık olunmamış bir zaman için kullanılan –miş çekim ekiyle anlatılır: "Havası suyu benzer**miş**; olur**muş** olmasına [...] Ben tütün **bilmem** ama tütün de var**mış**⁷" (33). Bir bölüm Müslüman bu iki arada bir yerden, yeri belli ama bilinmeyen bir göçe hazırlanır, diğer bölümü de "toprağını", "evini barkını", "havasını, denizini, dağlarını" (33) bilmediği bir yer için adasını bırakmamaya kararlıdır. Artık pek çoğu için Girit'te ölmek (35) bile olası değildir. Adada kalanlar gidenlerin yaşadıklarını ya hiç öğrenmezler ya da bilgi kırıntılarıyla yetinirler. "Göç sadece gideni değil kalanı da peşinden" (35) sürükler. Göç dalgaları hem Türkler hem Hıristiyanlar içinde kanayan "ümidi ve ümitsizliği" (42) somutlaştırır Bu ümitsizlik "Ümit" gazetesini çıkaran Hüseyin Aziz Bey tarafından örtülü olarak dile getirilir: "Bir istikamete doğru hızla sürükleniyoruz [...] Muhtariyet verildi mi, verildi. Bu demektir ki Osmanlının hakimiyeti nazarî olarak son buldu" (99). 1897 yılında henüz Girit Yunanistan'a iltihak etmediği halde, bu saptama "daha zor" (101) günler yaşanacağının habercisidir. Balkanlarda yayılan milliyetçilik akımlarının Osmanlının hatta Anadolu'nun sonunu getireceği endişesi duyulmaktadır. Müslüman halkın da bilinçlenmesi, Yunanistan ve Anadolu'dan gelen çetecilerin, "milleti silaha" (129) "kışkırtması", siyasetçilerin durumdan faydalanması ve Müslümanların birer birer pusuya düşürülmesiyle Müslüman toplumda eksilme başlar. Ancak Müslümanlar hem adaya bağlılıklarından hem Osmanlıdan ümitlerini kesmediklerinden, yerli Hıristiyanların çoğunun da iyi niyetiyle birbirlerini, bir bilinmezlik içinde KABULLENME sürecini ve Girit'i PAYLAŞMAyı sürdürürler. Müslümanlar "muhtariyet, bir iki çatışma derken, epeydir sakindiler [...] Kim kime düşmandı [...] Her şey birbirine karışmış anlayan anlamaz olmuştu" (131). Bu bağlamda birbirlerinden biraz uzaklaşmalarına karşın (Rum)...(Türk)) Rumlar Türkleri, Türkler Rumları karşılıklı saldırı ve tuzaklardan haberdar ederek yaşamlarını sürdürmeye çalışırlar. Girit henüz Yunanistan'a iltihak etmemiş olmasına karşın adadaki yöneticiler Türkleri ne yönetimde ne mecliste görmek istememektedirler. Müslümanlar ise büyük bir gayretle hak aramakta, Osmanlıya bağımlılıklarını dile getirmektedirler. Oysa Bektaşi Dedesi durumu çok iyi özetler: " Başıboş kaldık. Ne memur var ne asker [...] sahipsiz [...] İpler koptu" (164, 165, 166). Romanın derin yapısı ikinci bir ÖTEKİleştirmeyi daha sezdirmektedir. Adanın Müslüman halkı kendi kimliklerini oluşturan bir üst gücün de (Osmanlının) kendilerini ÖTEKİleştirmiş olduğunu bilinçsiz olarak kabul etmiş olmaktadırlar. Artık onlar hem Rumların hem Osmanlının ÖTEKİSİdirler (İkinci ÖTEKİ). Gerek zorunluktan, gerek korkudan Müslümanlar birleşerek birbirlerini desteklerler ve bir kez daha Anadolu'ya göç etmeye başlarlar. Romandan anlaşıldığı kadarıyla gene de

---

⁵ Yakınlığı gösterir
⁶)....(:uzaklaşmayı gösterir
⁷ Tarafımızdan vurgulanmıştır.

Müslümanların bir bölümü her şeye karşın dilini, coğrafyasını bildikleri adalarından ayrılmak istemez. Bu paratopik uzam iki topluluğun da değer nesnesi olan paylaşılamaz adalarıdır.

1913'de Osmanlıların Balkanlardan çekilmesiyle, "Osmanlının Girit'i" (232) vermesiyle saldırılar, cinayetler, suikastlar çok etkili olmaya başlar (BEN=Rum)..... (SEN= ÖTEKİ=Türk). Ancak Birinci Dünya Savaşı ve Anadolu'da bağımsızlık savaşının başlamasıyla Türk ve Rum toplumları farklı beklentilerle yeni bir paratopik zamana girerler. Ama "Anadolu'da çözülmeye başlayan Yunan cephesi neferleri" (234) Girit'e akın ederek Müslüman halka saldırırlar. Bu durum, Girit Rumları olduğu kadar Türkleri için de yabancı bir durum olduğu için iki toplum da endişeye kapılır. Çünkü Girit Anadolu'dan kaçanlarla, asker kaçaklarıyla iyice karışık ve karmaşık bir paratopik uzama dönüşmüştür. Kendilerini koruyamayan Türkler evlerinden çıkamamaya, çocuklarını okula gönderememeye ve işlerini eve taşımaya başlayarak ortada görünmemeye çalışırlar (BEN=Rum).......... (SEN= ÖTEKİ=Türk). Osmanlının vaz geçtiği, Giritli Müslümanların vaz geçmediği ada artık "Kanın kana karıştığı bu cehennem, şimdi herkesin mahşeriydi" (236). Böylece iki toplum hem isteyerek hem istemeyerek bir birlerinden uzaklaşmak zorunda kalır. 1921 Ağustos'unda Giritlilere benzemeyenlerin işledikleri cinayetlere, hızlanan göçe karşın hâlâ Hıristiyan ve Müslümanlar ölülerine birlikte ağlayabilmektedirler. Müslüman Giritlilerin sonunu en iyi bir cenazede, camii avlusunda bir çocuğun söylediği türkü anlatmaktadır. Sanki tüm Türklerin cenazesi kalkmaktadır.

"Yer bulamam gayri ben, **iki âlem arasında**[8]
Yerim yurdum diye bir mezarım kaldı bana
Bir mezarım kaldı bana" (260)

Müslüman Türkler, Yunanistan ile Anadolu, Anadolu ile Girit, ada ile deniz arasında korumasız, geleceksiz, ne olacakları konusunda bilgisiz ve iradesiz kalmışlardı. "Mübadele edileceklerdi" (262). Kaderlerini tayin etmekten aciz, bilinmezlik içinde darmadağındılar: "Korku, acı, ölüm ve kıyametle beraber yaşıyorlardı" (267).

1 Mayıs 1923 tarihinden başlayarak iki toplum birbirinden kopar: (BEN=Rum) V[9] (SEN= ÖTEKİ=Türk). "Müslüman dininden Yunan uyruklular" (263) Anadolu'da nereye gideceklerini bilmemektedirler. "Oraların [...] havasının suyunun yabancılığı" (267) hepsini eziyordu. Onlar için "toprağından ayrılmanın acısı [...] gitmek ölümdü" (276). Şimdi bu güvensiz, iki arada bir yerde duran, artık memleketleri olmayan bu ada her şeye karşın daha bildik bir yerdir. Bu paratopik uzamın ve geçmişin kaybı çok zor gelse de ölülerinin mezarlarını Rum komşularına emanet ederler.

23 Kasım 1923 sabahı Müslüman dininden Yunan uyruklular paratopik uzamları olan Girit'i sonsuza dek bilinmeyen bir Türkiye için terk etmek zorunda kalırlar. Romanın başkahramanı İbrahim Yarmakamakis tüm zorunlu olarak mübadele edilenlerin duygularını dile getirir: "Girit mi bizim gurbetimiz, Türkiye mi? Bilmem, ah bilemem" (303).

Giritli Türklerin yaşadığı süreç bir zaman çizgisi üzerinde gösterilebilir.

SENΛBEN------SEN) (ÖTEKİ-------SEN).......(ÖTEKİ----SEN).........(ÖTEKİ
(BİRLİKTELİK)   (KABULLENME)   (KABULLENME)

---

[8] Tarafımızdan vurgulanmıştır.
[9] V ayrılma işareti.

1897 öncesi   (1897)

---SEN).........(ÖTEKİ---------SEN v ÖTEKİ
(KABULLENME)   (KOPMA)
1923

Paratopi ve Kimlik Sorunu

Bu romanın çözümlenmesinde tüm Müslüman halk İbrahim'in kişiliğinde Özne, Girit de hem Müslüman hem Rum halkının Nesnesi olarak kabul edilmiştir. Jean-Claude Coquet kimlik sorununu öznenin nesnesiyle kurduğu ilişki çerçevesinde /istek/[10], /güç/ ve/ bilgi/ ile donanımlarını dikkate alarak tanımlar. /İstek/+ /güç/ ve /bilgi/ bu biçimde dizildiğinde her şeye sahip olmak isteyen bir "arzu öznesi"ni işaret eder. Bu dizi tersine /bilgi/+ /güç/ ve /istek/ biçiminde sıralandığında "bilgi öznesi"ni gösterir. Bu iki özne türü ÖZDEŞLEME kapsamındadır. Kimliği belirleyen kavramlardan ilkinin olumsuzluğu diğer tüm kavramları olumsuzlaştırarak ÖTEKİleşmeyi gösterir. /İstek/+ /güç/ ve /bilgi/nin olumsuz olması özneyi /hiç/leştirirken, /bilgi/+ /güç/ ve /istek/in olumsuz olması /ayrılık öznesi/ni gösterir. /İstek/ dışarıdan üstün güç bir güç tarafından benimsendiğinde ve/ya da dayatıldığında /zorunluk/ haline gelir; bu üstün gücün kimliği özneyi "bağımlı bir özne" durumuna getirir. (Coquet 1984: 100) Bu açıdan bakıldığında hem Müslümanlar hem Rumlar anakaradaki güçlere bağımlı bir arzu öznelerdir. Rumlar sonunda Yunanistan ile birleşerek de hem isteklerine kavuşur, hem ÖZDEŞLİKlerini hem de arzu öznesi konumlarını korurlar. Müslüman halkın da dışarıdaki Osmanlıyı bir koruyucu, bir hami, bir üstün güç olarak görmesi, bu zorunluğu içselleştirmiş bile olsalar onları çok uzun bir süre bağımlı kılar. Bu güç kimliklerini öyle oluşturucu bir öğesidir ki sonunda bu güç ortadan kalktığında /isteksiz/, /güçsüz/ ve /bilgisiz/ bağımsız özneler olarak hiçleşirler

Zamansal ve uzamsal açıdan paratopik bir çevrede yaşayan Müslüman ve Rumlar birbirlerine "fazla gelmeden", bağımlı bilgi ve arzu öznesi kimlikleriyle BİZ olarak (Türkler (BEN) ile Rumlar (SEN)= BİZ= SEN∧BEN) olarak hayal edilmesi güç bile olsa 1897'ye dek yaşamışlardır. BİRLEKTELİK (ORTAKLIK) olarak adlandırılan bu dönemde iki topluluk birbirlerini özne olarak tanımıştır. Ne kendilerini birbirlerinin insafına bırakmış, ne de birbirlerine üstünlük kurmuşlardı (Landowski 1997: 38). Kısacası iki topluluk çekinceleriyle, kimliklerini ayıran sınırları kaldırmadan birbirlerini tanıyarak BİRLİKTE yaşamıştır. Ancak kimliklerinin karışmaması bu BİRLİKTEliğin koşulu ve amacıdır (Landowski 1997: 39). Roman bu döneme çok az ve dolaylı olarak değinmektedir.

Girit'e özerkliğin verilmesiyle Müslümanlar anakaradaki Osmanlılar ile birlikte yaşadıkları Rumlar arasında kalmışlardır. Böylece BİZ ilişkisi BEN ve SEN (ÖTEKİ) ilişkisine döner. İlk kez kimlik sorunu dile getirilir: "bizler kimiz, onlar kim [...] Giritli kim?" (102). Bu bilgisizlik Müslümanların kimlik yapısını olumsuz yönde etkileyerek onları romanın derin yapısında ÖTEKİ çerçevesinde "bağımlı ayrılık öznesi" konumuna oturtur. Osmanlının gücünün zayıflamasıyla "bilgisizlik" motifinin romanda sıklıkla yinelendiği görülmektedir.

---

[10] /.../ arasında kalan terimler metin yüzeyine sözcük olarak çıkmayabilen kavramları ifade eder.

Rumca olan dil birliği çok önemlidir. Hüseyin Aziz Bey "Ümit" adlı gazetesini "bir zaman ısrarla Türkçe basmış, Rumcadan başka dil **bilmeyen**[11] Müslümanları çileden çıkarmıştı" (36). İbrahim de sevgilisi Cemile'ye aşkını Rumca ifade eder (i gliki mu: Gizli aşkım benim! Aşkım, ah aşkım (54)). Bu birliğe karşın farklı din, kültür ve yaşam biçimi alışkanlıklarıyla (habitus) iki toplum birbirlerini KABULLENEREK (PAYLAŞIM) yan yana yaşamlarını sürdürürler, hatta birbirlerini kollarlar.

Artık Giritli Müslümanlar, "ayrılık öznesi olarak hem kendi devletleri için hem Rumlar için bir ÖTEKİ olup paratopik bir konumdadırlar. İlk adları Türkçe, soyadları Rumca; Osmanlıdan geliyor ama Rumca konuşuyorlar. Bu çelişkiler BİRLİKTELİK döneminde ve adayı PAYLAŞMA, KABULLENME (BEN (Rum) ve ÖTEKİ (Müslüman)) dönemlerinin başlarında bir sorun değil bir yaşam biçimidir.

Ötekileşme

Sarsılmakta ve savrulmakta olan bir zaman ve uzamda tüm paratopik özelliklerine karşın İbrahim merkezde düzenini korumaya çalışsa da istemeyerek ÖTEKİleştirilmekte, "hiç"leşmektedir. "Kim kime düşmandı; kim kimin Azrail'iydi **belli değil**[12]. Her şey birbirine karışmış, anlayan anlamaz olmuştu." (131). Bu düşmanlık ortamında Müslümanların tutunacakları tek yer adalarıdır: "Şu koca toprak, hepsine birden dar geliyordu Allah kahretsin" (132). 1879-1923 arasındaki KABULLENME döneminde ve Girit'i PAYLAŞMA sürecinde BEN ve ÖTEKİ gerilimlerle uzaklaşmaya başlamış, ayrışmaya gidilmektedir. (BEN=Rum) ..... (SEN= ÖTEKİ=Türk). İbrahim komşusu Melyetos ile konuşurken nasıl ÖTEKİleştirildiğini anlar:

" 'Sen istersin böyle gitsin.'
[...]
'Gitmez. Siz Türk, biz Yunanlı olmuşuz bir kere. [...] Ölürüz de dönmeyiz. Giritliyiz biz!'
[...]
Bıyıklarını çekiştirirken, 'sanki biz değiliz," dedi İbrahim. Melyetos geri çekilip şöyle bir süzdü İbrahim'i. 'Değilsiniz!' diye bağırdı" (144-145). Melyetos öldürüldüğünde karısının ilk geldiği, teselli edildiği yer ise İbrahim'in evidir.

Girit Yunanistan'a bağlandıktan sonra "bağımlı arzu öznesi" Rumların karşısında Müslümanlar "ayrılık öznesi" konumlarını bile koruyamayarak "hiç"leşmişlerdir: "itile kakıla yaşamaya katlanmak, başka ülkenin tebaası olmaya katlanmaktan daha zordu. [...] saklanarak yaşıyorlardı" (237). BEN ve ÖTEKİ iyice uzaklaşırlar ((BEN=Rum)..............(SEN= ÖTEKİ=Türk)). 1921 yılında "ha bire roller değiştiğinden" (258) Müslümanlar artık bildik bir dünyada olmadıklarını iyice anlarlar. Bundan böyle Müslümanlar hiçleşme, ötekileşme pahasına bağımsız özne konumuna gelirler. Bu iki topluluk farklı eklemlenen yeni bir paratopik yapı oluşturur. Bundan böyle doğal sınırlardan değil ayırıcı çizgilerden söz edilecektir.

Müslümanlar	Rumlar
Bağımlı arzu öznesi Bağımlı ayrılık öznesi bağımsız hiçleşmiş özne	Bağımlı arzu öznesi
Girit'i yitirmiş	Girit'te kalan
Bilgisiz	Bilgili

---

[11] Tarafımızdan vurgulanmıştır.
[12] Tarafımızdan vurgulanmıştır.

Zorunlu mübadele ile iyice zayıflayan ilişki kopmaya dönüşür: (BEN=Rum) ∨ (SEN= ÖTEKİ=Türk). Artık ikinci ÖTEKİ, BEN için bir özne, bir muhatap olmaktan çıkar. "Yunan topraklarına yerleşmiş Müslüman dininden Yunan uyrukluların" (263) mecburi mübadele edilmesine karar verilir. Derin yapıdaki dönüşüm aşağıdaki gibi gösterilebilir:

Süreç Durum	Başlangıç durumu	Dönüşüm	Sonuç durumu
Uzam	ORTAKLIK	PAYLAŞMA	AYRILMA
Zaman	BİRLİKTELİK	KABULLENME (Gerilim)	KOPMA
Özneler	BİZ = (BEN (Rum) ∧ (SEN Müslüman)	BEN (Rum)) (....ÖTEKİ Müslüman)	BEN (Rum) ∨ ÖTEKİ 1 (Müslüman) BEN (Osmanlı ∨ ÖTEKİ 2 (Giritli Müslüman)
Öznenin Kimliği	Bağımlı arzu öznesi (Rumlar) Bağımlı arzu öznesi (Müslümanlar)	Bağımlı arzu öznesi (Rumlar) Bağımlı ayrılık öznesi (Müslümanlar)	Bağımlı arzu öznesi (Rumlar) Bağımsız hiçleşmiş özne (Müslüman Türkler) Bağımlı hiçleşmiş özne (Müslüman Türkler) Bağımlı ayrılık öznesi (Müslüman Türkler)

Sondaki KOPMAyla Giritli Müslümanlar eskiden mutlu oldukları, sonra güven içinde olmadıkları çevrelerinden kendi isteklerine karşın, istemedikleri bir serüvene zorlanarak, adalarını ayıran denize nereye gittiklerini bilmeden açılırlar. " 'Nereye gideceğiz biz? [...] Nereye [...] Girit'in Hanya'nın önünde uzanan denize bakıyor, deryada gidecekleri yeri araştırıyordu. O yer, ufkun arkasındaydı; **muammaydı.** [...] Türkçe **bilmeyişleri,** 'oraların' havasının, suyunun **yabancılığı**[13] hepsinin omuzlarına devasa bir yük gibi biniyor, eziyordu." (266-267) Bu kez de hiçleşmelerine yeni bir bağımlılık eklenmiştir. Türk ve Yunan devletlerinin dayattığı zorunlu mübadele. Bilgisizlikten kaynaklanan güçsüzlük, yabancılık ve eziklik onları bir de bağımlı ayrılık öznesi konumuna oturtmaktadır. Bu ikinci ÖTEKİlik onları çaresizleştiriyor, hatta birbirlerine yabancılaştırıyor, gitmenin, kopmanın acısı "ölüm acısı gibi üzerlerine çöküyordu" (276). İçselleştirilmemiş bu iki bağımlı kimlik onları iyice kırılganlaştırmaktadır.

Bağımsız hiçleşmiş özne bağımlı hiçleşmiş özne+bağımlı ayrılık öznesi
Girit'ten ayrılmadan önce İbrahim ve ailesi Hanya'nın en ünlü fotoğrafçısı Rum Luludakis'e bir fotoğraf çektirirler. Ama tüm aile öylesine mutsuz ve umutsuzdur ki sonunda fotoğrafçı onları "yaralı köpek yavrularına" (280) benzetir. Köpek yavrusu olmasalar bile derinden yaralıdırlar. Girit'teki insanlıklarını, kimliklerini ve hatta ÖTEKİliklerini yitirmişlerdir. "İbrahim'in bildiği her şey yok olmuş, yerini kimsesizlik almıştı." (284). Ayrılmakta olanlar BİZ oldukları günleri hasretle anarlar (Landowski 1997: 32). ÖTEKİ olmak artık onlara hep BİZ ve BEN oldukları günleri anımsatır "Hrisula ona ilk gelinin hatırlatıyordu. Herkesin mutluluğu kolay ve yanı başında sandığı yılları. İbrahim'in henüz hiçbir şey kaybetmediği yılları." (186).
Önce Rumlara göre Müslüman, sonra anakaradakilere göre "muhacir" olarak ÖTEKİleşmeleriyle konumları bir kez daha değişmektedir. Bildikleri bir ÖTEKİnden

---

[13] Tarafımızdan vurgulanmıştır.

bilmedikleri bir ÖTEKİye geçmektedirler. Girit'in zorunlu olarak ÖTEKİleştirdiği Anadolu'nun ÖTEKİsi olmaya gitmekte, kimliği belirsizleşmektedir. "Sen ne yer içersin orada, dilini bile **bilmezsin**[14]. Burada kim olduğun belli, ya orada kimsin?" (36)

3 Kasım 1923 günü İbrahim kendisini Girit'li yapan kimliğini Girit'te bırakmak zorunda kalır. Hatta kendinden geçtiği bir anda bu ruhu öldürdüğünü ve Girit'e bıraktığı duygusuna kapılır. Bu bunalım derin yapıda onun kimliğindeki ayrışmaları BİZden ÖTEKİne ve sonunda hiçe dönüşümünü, BİZden ve ikinci ÖTEKİden sonsuza dek kopuşunu anlatır. O gün İbrahim gibi pek çok Giritli Türk kimliğini arada bir yerde yitirir.

İkinci bir ÖTEKİye dönüşmüş endişeli Türkler Anadolu'da yaşayan ikinci BİZ ile yeni bir kimlik oluşturmak zorundadırlar. Bu dönüşüm düşüncesi bile onları yalnızlaştırmakta, dengelerini bozmaktadır. (Landowski 1997: 43-44) Toprağını, adasını ve kimliğini yitirmiş Müslümanlara yeni bir paratopik özellik eklenmiştir: yersizlik, yurtsuzluk. Örneğin İbrahim ve ailesi önce yalnız adını duydukları Küçükkuyu'ya sonra Çanakkale'ye iskan edilirler.

Kritimu'nun yazarı romanının kahramanlarını tam gemilere binmek üzereyken bırakır. Ortamlarından kendi isteklerine karşın koparılan muhacirler artık yalnız başınadırlar. Onlara yardım eden, yol gösteren yoktur. Artık yola çıkmış oldukları için ait oldukları adalarından arkalarına bakarak tüm bağlarını koparırlar (Landowski 1997: 34). Gittikleri yeri bilmedikleri için de bir yaşam projeleri bulunmamakta tek düşünceleri ayakta kalabilmektir. Zorunlu mübadelenin en çarpıcı yanı yeni bir kimlik edinme ve içselleştirme aşamasıdır. Bu süreç Girit'li Türkleri korkutmakta hatta tehdit etmektedir.

Sonuç

Göçün isteğe bağlı olmayan yani dayatılan zorunlu mübadelenin insanları nasıl dönüştürdüğü, olumlu bir durumdan olumsuz bir duruma getirdiği *Kritimu* ile açıkça görülmektedir.

İki anakara, iki devlet arasında paratopik bir uzamda yaşayan insanların mutlu, huzurlu olduğu ada, paratopiyi yaratan anakara politikalarıyla yeni bir paratopik çerçeveye oturmaktadır. İki halkın BİRLİKteliği önce KABULLENME, sonra KOPMAYA gitmektedir. Giritli Rumlar olsun, Müslümanlar olsun her iki taraf da bağımlı özne konumundadır. Müslümanların bağımlı olduğu Osmanlı giderek güç yitirip halkını Girit'te koruyamazken Yunanistan bağımsızlığını kazanarak halkını hem korumuş hem de Girit'te kalmasını sağlamıştır. Toplulukların bağımlı olduğu taraflar arasındaki bu dengesizlik hem iki taraf hem de Girit'in iki topluluğu arasında KOPMAya giden gerilimi yaratmıştır. *Kritimu*'da bu durum Müslümanlar açısından anlatılmıştır. Rumlar açısından bakıldığında, adanın yüzyıllar sonra Yunanistan'a geçmesi ve adada Rumca konuşulmasıyla Girit'in siyasal ve tarihsel bir dengeye oturduğu söylenebilir. Ancak adada yüzyıllarca yaşamış, adayı, komşularını ve yaşam biçimini sevmiş Türkler için bunu söylemek olanaksız. Romanı sonunda Girit'te doğmuş Rumca konuşan küçük Fatma "Ben, şimdi Türkçe mi rüya göreceğim anne?" (303) diye sorar.

---

[14] Tarafımızdan vurgulanmıştır.

Kaynakça
Altınsay, S. (2011), *Kritimu* (*Giritim Benim*), İstanbul, Can yayınları.
Coquet, J.-Cl. (1984), *Le discours et son sujet I*, Paris Klincksieck.
Foucauld, M. (1969), *Archéologie du savoir*, Paris, Gallimard.
Landowski, E. (1997) *Présence de l'autre*, Paris, PUF.
Maingueneau, D. (2004), *Le discours littéraire, paratopie et scène* d'*énonciation*,
    Paris, Armand Colin.
https://stratejisite.wordpress.com/2016/03/18/tarih-girit-elimizden-nasil-cikti/
(http://giritliler.blogspot.com.tr/2012/08/girit-adas-tarihi.html

Bölüm 3.

Doğu'dan Uzakta Öteki Adam

Duygu Öztin Passerat

Giriş: Yazınsal Söylem ve Gerekçelendirme

Amin Maalouf'un *Les Désorientés* adlı romanı dilimize Ali Berktay'ın çevirisiyle *Doğu'dan Uzakta* olarak kazandırılmıştır. Roman, yetmişli yıllarda yaşanan Lübnan (romanda adı hiç geçmese de) iç savaşından yirmi beş yıl sonra, dünyanın dört bir yanına göç etmiş arkadaş grubunun bir araya gelişini anlatan bir eve dönüş romanıdır. Lübnan'ın kendisi gibi çok dinli ve çok kültürlü olan bu arkadaş grubundan iç savaş sonrası ülkeden göç edenler farklı farklı ülkelere göç etmişlerdir. Yahudi inanca sahip, homoseksuel olan Albert, Amerika'ya, Hristiyan olan Naim Brezilya'ya, romanın baş kahramanı Hristiyan olan Adam ise Paris'e göç etmiştir. Ayrılmaz ikili olan Ramzi ve Ramez'den Ramzi diğer adıyla, Bazile kardeş Lübnan'da bir manastıra kapanmış, Mühendis olan Ramez ise, çok zengin olmuş kah Lübnan'da kah Umman'da yaşamaktadır. Bir çatışmada ölen Bilal'in kardeşi Nidal ise koyu bir islamcı militan olmuştur. Kalanlardan, Bilal'in özgür ruhlu sevgilisi Semiramis hiç evlenmemiş bir otel işletmektedir. Murad ise, milletvekili daha sonra bakan olmuş, iç savaşın ülkeye sunduğu, rüşvet, adam kayırma, yolsuzluk gibi yozlaşmalara aldırmadan, sisteme ayak uydurmuş, karısı Tania ile birlikte, zenginliklerine zenginlik katmışlardır. Bu anlamda roman, iç savaş sonrasında ülkede kalanlar ile ülkeden gidenlerin öyküsünü anlatan bir roman olmanın yanında, Amin Maalouf'un, *Ölümcül kimlikler* adlı yapıtında ortaya koyduğu düşünceleri yazınsal bir dille ortaya koyduğu bir yapıttır. Yani roman sadece bir şey anlatmaz aynı zamanda içinde bulunduğumuz 21.yüzyılın en büyük sorunu olan *iç savaş* sonrası yaşanılan *göç* olgusuna da ışık tutan bir roman olma özelliğini taşır. Yani sadece bir öykü anlatmaz aynı zamanda yazarın göç, iç savaş, kimlik, doğu-batı, İsrail-filistin savaşı gibi konularda düşüncelerini ortaya koymasına izin verir. Diğer bir deyişle, roman Amossy'nin deyimiyle, gerekçelendirme boyutu yüksek olan bir romandır. Amossy, *Söylemde Gerekçelendirme* (fr. *argumentation dans le discours*) adlı yapıtında, her söylemin karşımızdakini söylediklerimize inandırma amacı taşıdığını öne sürerek, "bazı söylemlerin, gerekçelendirme yani inandırma amacı taşıdıklarını, bazılarının ise, sadece gerekçelendirme boyutuna sahip olduklarını ekler" (Amossy, 2006: 33). Amossy'e göre, siyasal söylem ya da dinsel söylemden *gerekçelendirme amacı* güderken, yazınsal söylem *gerekçelendirme boyutuna* sahiptir. Çünkü yazınsal söylem, şu ya da bu biçimde, okuyucuyu eğitme, bir ders verme hatta dünyaya bakış açısını değiştirme amacı gütmektedir.

Buradan hareketle, bu çalışmadaki amacımız, romanın tıpkı bir siyasal söylem ya da dinsel söylem gibi *gerekçelendirme amacı taşıyan bir söyleme* dönüştüren olgular üzerinde durmaktır. Diğer bir deyişle, roman, aynı uzam ve savaş öncesinde, birbirlerini, yahudi, müslüman, hristiyan olarak *ötekileştirmeyen* insanların savaş sonrası, ve doğu-batı karşıt uzamları içinde, nasıl ötekileştirildiklerini anlatırken, tüm kahramanlara bir dialektik içinde gerekçelerini ortaya koymasına izin veren bir anlatı olma özelliği de taşır. Bu anlamda romanda, gerekçelendirme söyleminin en önemli olgularından olan, gerekçe-karşı gerekçe, savunma, çürütme (fr. réfutation) ların olduğu görülür. Bu nedenle, çalışmanın iki amacı vardır, birincisi, romanın inandırma ya da *gerekçelendirme gücünü* ortaya koyan bu dilsel, söylemsel, anlatısal gerekçeledirme stratejilerinin neler olduğunu sorgulamak ikincisi ise, Maingueneau'nun ise, "metnin sesi" olarak tanımladığı sözceleme öznesinini yazınsal özsunumunu tartışmaktır.

Romanın Anlatısal Özellikleri

Roman üst-sözceleme öznesi olarak dış-öyküsel anlatıcıyı kullanmakla birlikte, aslında, romanın baş kahramanının Adam'ın yurda yani Lübnan'a dönüşünde tuttuğu 16 günü içeren günlükten oluşur. Bu nedenle, ben-öyküsel bir anlatıdan söz edebiliriz. Söz konusu günlük, kimliklerinin "ölümcül" hale gelmeden kendilerine "bizanslılar" adını taktıkları bu dokuz kişilik arkadaş grubunun ülkeden göçleri sonrasında birbirlerine yazdıkları mektuplar ve elektronik postalarla zenginleşir aynı Lübnan gibi çok kimlikli yani çok sesli bir anlatıma dönüşür ve bunun sonucu olarak, romanda olaylar zamansal bir sıra izlemez. Anlatımın zamanı, geri dönüşler (fr. analepse), olacakları önceden haber veren öncelemelerle (fr. prolepse) doludur. Örneğin, romanın önsözünde dış-öyküsel anlatıcı, Adam'dan söz ederken, okuyucuya dramatik sonu önceden haber verir. "Adımda doğmakta olan insanlığı taşıyorum, ama ben nesli giderek tükenen insanlığa aidim, diye kayıt düşecekti Adam not defterine acı olaydan iki gün önce" (s.9). Öncelemeler sadece dış-öyküsel anlatıcı ile yapılmaz bazen ben-öyküsel anlatıcı Adam da aynı biçimde öncelemede bulunur: "Bilal'in ölümünden altı ay sonra, saflarımızda yeni bir gedik açılacaktı ben gidecektim" (s.54).

Mektuplarla ve elektronik postalarla kesilerek geri dönüşlere ve öncelemelere yer veren anlatım biçiminden, öykü zamanının, 70'li yılların başı ile, roman kahramanının 25 yıl sonra ülkeye dönüşü arasındaki zaman dilimini kapsadığını anlarız. Bu da aşağı yukarı 27 yıldır. Roman yukarıda söylediğimiz gibi büyük bir önceleme ile başlar fakat hemen ardından İç savaş sonrası Paris'e göç eden Adam'a gelen bir telefon ile başlayan roman, bu anlamda büyük geri dönüşü anlatım tekniği olarak benimser. Adam'ın gözünden, adamın bakış açısından olaylar anlatılır. Bu nedenle, romanda "kim konuşuyor?" sorusunun da "kim görüyor?" sorusunun da yanıtı tek kişide toplanır. Bu anlamda, bir her şeyi gören, her şeyi duyan her yerde olan tanrı-anlatıcıdan daha az nesnel bir anlatıcı ile karşı karşıya kalır okuyucu. Diğer bir deyişle, roman, aynı uzam içinde, birbirlerini, yahudi, müslüman, hristiyan olarak *ötekileştirmeyen* adını "bizanslılar" olarak koydukları arkadaş grubunun- romanda adı geçmese de- Lübnan iç savaşı sonrasında, nasıl *ötekileştirildiğinin*, ya da *ölümcül kimliklere* büründüğünün, ben öyküsel anlatıcı olan Adam tarafından, 16 günü içeren (20 Nisan- 5 Mayıs) günlüğü ve arkadaşlarının kendisine yazdığı mektuplarla zenginleştirerek 520 sayfada anlattığı bir anlatıdır. O nedenle,

Anlatım zamanı: 520 sayfa
Anlatı zamanı: 27 yıl

Gidenler ve Kalanlar

Daha önce de söylediğimiz gibi, roman sadece bir öykü anlatmaz. Yahudi, Müslüman, Hristiyan, Arap gibi etiketler insanların nefret söylemlerinin nesnesi olmuş *ölümcül kimliklerdir*. Roman bunu ortaya koyarken, kimliklerin ölümcül hatta öldüren ya da öldürten kimliklere dönüşmesindeki nedenlere vurgu yapar: israil-filistin, doğu-batı, dinci-laik gibi ikilikler ortaya konulan bu nefret söyleminin çıkışında önemli rol oynar. Anlatıcı-yazar bu ikilikleri ortaya koyarken, kahramanaları gidenler ve kalanlar olarak ikiye ayırır. Gidenlerin kalanları doğu neopotizmine ve sisteme ayak uydurup, haksız zenginleşme, yozlaşma ile suçlayıp ellerini kirlettiklerini öne sürdüğü baş-kahraman Adam'ın gözüyle ve söyledikleriyle "gidenlerin daha az" kirlendiğini öne sürdüğü anlatı, yine aynı anlatıcı-Adam'ın, kalanların da gerekçelerini ve neden kaldıklarını ortaya koydukları bir gerekçelendirme söylemi/şölenine dönüşür. Böylece, gerekçe-karşı gerekçe, suçlama-savunma, savunma-çürütme ikilikleri romanda kimi zaman açık açık kimi zaman örtük biçimde ortaya konur. Örneğin, Adam Murad'ı ülkede kalarak sisteme ayak uydurarak ellerini kirlettiği için, Murad Adam'ı ülkeyi terkederek ülkeye ihanet ettiği için suçlar. Gidenler ve kalanların gerekçelendirme söylemini çözümlemeden önce, nLübnan iç savaşı sonrasında kimlerin kalıp kimlerin gittiğine ve nasıl yaşadıklarına bir bakalım:

Adam	Hristiyan, Akademisyen-tarihçi, Paris'te yaşıyor.
Albert	Hristiyan, Homoseksüel, Amerika'da yaşıyor NASA'da çalışıyor.
Bilal	Müslüman, edebiyatçı, iç savaşta ölür.
Murad	Müslüman, Lübnan'da yaşıyor, bakan ve kanserden ölüyor
Naim	Yahudi, Brezilya'da yaşıyor evli.
Nidal	Bilal'in kardeşi, Lübnan'da yaşıyor, İslamcı köktendinci militan
Ramzi	Hristiyan, Lübnan'da kalır ve bir manastıra kapanıp Bazil kardeş adını alır
Ramiz	Müslüman, çok zengin, kah Umman'da kah Lübnan'da yaşıyor
Semiramis	Müslüman, Lübnan'da bir otel işletiyor
Tania	Murad ile evli

Gidenlerin Gerekçeleri-savunmaları

Yukarıdaki tabloda görüldüğü gibi, ülkede kalanlar; Murad onunla evlenen Tania, Semiramis, Bilal'in kardeşi Nidal, Ramzi'dir. Gidenler ise, Adam, Albert ve Naimdir. Fakat romanda, gidenleri ve gidenlerin gerekçelerini roman'ın baş kahramanı Adam'ın dilinden, kalanların gerekçe ve savunmalarını Murad'ın yokluğunda Tania'dan dinleriz

Yukarıda görüldüğü gibi, Akademisyen ve tarihçi olan Adam, iç savaş sonrası Paris'e yerleşmiştir. Adam için ülkesini terk etmek eşyanın tabiatına aykırı değildi:

"En ufak bir acılık yoktu. Ülkesini terk etmek eşyanın tabiatına aykırı değildi. Bazen olaylar bunu dayatır, yoksa bir bahane bulmak gerekir. Ben bir ülkede değil, bir gezegende doğdum, doğmak, şu veya bu ülkede, şu veya bu evde, dünyaya gelmek demektir" diye yazar notlarında. (s.55)

Diğer yandan, Adam'ın en samim arkadaşı Murad, Adam'ın ülkeden göç etmesini ihanet olarak görmüştür. Adam ise bu suçlamalara karşı kendisini şöyle savunmuştur:

"Ben bir yere gitmedim, ülke gitti (...) ortada bir kusur varsa bu kusurun bana ait olduğunu göstermez. Her insanın gitmeye hakkı vardır, onu ikna etmesi gereken ülkesidir (...) Ülken senin için ne yapabilir diye sorma, sen ülken için ne yapabilirsin, onu düşün. Milyardersen, üstelik kırk üç yaşında ABD başkanı seçilmişsen bunu söylemek kolay! Ama ülkende ne çalışabiliyor, ne tedavi olabiliyor, ne barınabiliyor, ne eğitim alabiliyor, ne özgürce oy kullanabiliyor, ne görüşlerini ifade edebiliyor, ne de sokaklarda dilediğin gibi dolaşabiliyorsan, John F.Kennedy'nin bu meşhur sözü kaç para eder ki? Beş para etmez!" (S. 61)

Görüldüğü gibi Adam kendini savunurken başka söylemlere hatta Amerikan başkanı John F. Kennedy gibi önemli siyasal aktörlerin de sözlerine başvurur. Böylece kendisine karşı kullanılabilecek karşı gerekçeleri de bertaraf etmiş olur ve kararının gerekçesini meşrulaştırır. Adam daha sonra şöyle devam eder:

"Önce ülken sana karşı taahhütlerini yerine getirecek. Orada tüm haklara sahip bir yurttaş olarak görüleceksin, baskıya, ayrımcılığa, hak etmediğin mahrumiyetlere maruz kalmayacaksın. Ülken ve yöneticileri sana bunları sağlamak zorunda, yoksa sen de onlara hiçbir şey borçlu olmazsın. Ne toprağa bağlılık, ne bayrağa saygı. Başın dik yaşadığın ülkeye her şeyini verirsin; her şeyi, hayatını bile feda edersin. Ama başın yerde yaşamak zorunda kaldığın ülkeye hiçbir şey veremezsin. İster doğduğun ülke söz konusu olsun, ister seni kabul eden ülke söz konusu olsun. Yüce gönüllük yüce gönüllüğü, umursamazlık umursamazlığı doğurur. Özgür varlıkların anayasası böyledir ve ben de başka bir anayasa tanımıyorum." (s.62).

Böylece Adam aradan geçen yirmi beş yıllık bir süre içinde ülkesine bir daha dönmez. Kendi deyişiyle, Doğu Akdeniz'in üstünkörü demokrasi, nepotizm, iltimas, rüşvetle örülü siyasi ve toplumsal dünyasıyla uzlaşmamayı seçmiştir.

Kalanların Gerekçeleri-savunmaları

Murad ise ülkede kalarak, iktidarla iyi ilişkiler kurar, bakan olur, değişen iktidarlara rağmen Murad koltuğunu korur; bakanlığın ardından güç duruma düşen bankayı yüz milyonlarca dolar ödeyerek satın alır, malvarlığı rüşvet, komisyon ve kirli parayla büyük ölçüde genişler. "Savaş ekabiri, savaş zengini, yeni zengindir" Adam'ın gözünde (s.165). Diğer bir deyişle, Adam Murad'ı ellerini kirlettiği için suçlar ve ülkeden ayrıldıktan sonra onunla metkuplaşmayı keser. Bunu da Naim'e yazdığı mektupta şöyle açıklar:

"Emniyeti, hatta hayatta kalması için "Yüksek Komiser" adındaki adama borçlanan Murad, giderek onun güvenilir bir adamı, hatta sağ kolu gibi görünmeye başladı. (...) Yine de, benim bakış açıma göre, ülkede böyle elleri kirlenmiş bir halde yaşayacağıma sürgünü seçse daha iyi ederdi." (s.163)

Hem ülkenin dönüşümü hem de kendilerinin olumsuz yönde dönüşümlerinin tek suçlusu vardır Tania için. Bu da savaştır o'na göre: "başımıza gelen her şeyin tek suçlusu var: Savaş" (s.168). Tania'ya göre, Adam da ükede kalmış olsaydı Murad gibi davranırdı. Bu nedenle "hepimiz aynı durumda değildik. Ben de ülkede kalmış olsaydım" diyen Adam'a "Onun gibi davranırdın" diye karşılık vererek hem kendini hem de Murad'ı savunur. Oysa Adam farklı düşünür, "ülkede kalmış olsaydı onunki kadar güç tercihlerle yüz yüze geleceğine" inanır, işte bu tercihlerde bulunmamak için gitmiştir (s.169).

Tania'nın hem kendisini hem de Murad'ı savunmak için başvurduğu diğer bir gerekçe ise "biz ülkeyi korumak için kaldık" gerekçesi ya da savunmasıdır. Tania'ya göre herkes çekip gitseydi, bu ülke elden gidebilirdi. Bunu da şöyle dile getirir:

"Kalanlar size bir ülke bırakmak için, bir gün geri dönebilesiniz veya en azından ara sıra ziyaret edebilesiniz diye ellerini kirlettiler (...) Çekip gidenler en kurnaz olanlar. Güzel memleketlere gidersin, yaşarsın, çalışırsın, eğlenirsin, dünyayı keşfedersin. Savaştan sonra da geri dönersin. Eski ülken seni bekliyordur. Ne tek bir el ateş etmene, ne de tek bir damla kan dökmene gerek olmuştur. Hatta kendinde kirlenmiş elleri sıkmama hakkını bile bulursun. Değil mi Adam? Cevap ver bana! Haksızsam söyle!" (s.169-170)

Görüldüğü gibi, ülkede kalan ve ellerini kirleten en önemli kişi Murad'ın karısı Tania'nın kendisini savunmak için ortaya koyduğu en önemli strateji karşısındakine saldırmak ya da karşısındakini dolaylı olarak suçlamaktır. Bu nedenle, Tania'nın sözcelerinde yer alan sözbilimsel (fr.rhétorique) sorularda bir öfke ya da kızgınlık görülür. Bunlar "kurnaz" sözcüğünün ve "yaşarsın, çalışırsın, eğlenirsin" gibi tersinlemeli sözcelerin kullanımı ile ortaya konur. Çünkü, Murad ve karısı Tania için "çatışmalar ortalığı kasıp kavururken insanın güvende olmak için bir süreliğine anavatanından uzaklaşılabilinir (...) Ama yıllar yılları kovalarken yabancı bir ülkede, kocaman bir metropolün isimsiz kalabalığı içinde yaşamak istemek, onun gözünde sadece anavatanını terk etmek değil, atalarına hakaret etmek, bir anlamda ruhunu sakat bırakmak demekti" (s.54-55)

Çünkü kalanlara göre, yeryüzünün en eski kültürlerinden birisinde yani bu topraklarda doğmak bir ayrıcalıktır, o nedenle bu topraklarda kalmak gerekir. Murad, bir mektubunda şöyle söyler Adam'a: "Sizin Alpler henüz jeolojik bir engebeden, adi bir büklüm den başka bir şey değilken Kitabı Mukaddes bizim dağımızın şarkısını söylüyordu"(s.58)

Yazınsal Özsunum

Maingueneau özsunumun üç boyuta sahip olduğunu öne sürer: ulamsal (fr. catégoriel), düşüngüsel (fr. idéologique) ve deneyimsel (fr. expérientiel). Ulamsal boyut: söylem ortaya konmasında ortaya konan rolleri işaret eder. Bunlar, romancı, masalcı, yazar, şair gibi mesleki ya da kadın, işçi, köylü gibi sosyal, ya da fransız, japon gibi etnik olan rollerdir. Bunlar, kalıplaşmış düşünceleri ortaya koyduğu için, özsunumun ortaya konmasında etkilidir. İkinci boyut, sözceleme öznesinini hangi değerlere ve düşüncelere bağlı olduğunu ortaya koyan düşüngüsel boyuttur. Bunlar, dindar, politik, felsefik özelliklerle belirlenir. Analitik felsefeci bir yazar ya da konuşucunun çok açık ve anlaşılır biçimde düşüncelerini ortaya koyması gerekir. Bu anlamda özsunum hem gösterilmedir, hem de söylenmelidir. Diğer bir deyişle, söylenen ile yapılan ve gösterilen arasında bir uyum söz konusu olmalıdır. Deneyimsel denilen üçüncü boyut ise, metnin ya da söylemin tonudur. Bu ton sayesinde, gerek dinleyici gerekse okuyucu söylenenlere ya da anlatılanlara katılır ya da inanır. Bu da okuyucunun anlatıcının anlattıklarıyla özdeşleşmesiyle olabilir. Bu nedenle, anlatılanların inandırıcılığı bir anlamda okuyucunun anlatılanlarda kendini ne kadar bulduğu ile ilgilidir. Okuyucu okuduklarıyla hemhal oluyorsa anlatılanlara inanır. Maingueneau'nun "incorporation" dediği hemhal olma durumu üçüncü düzeyde yani deneyimsel boyutta gerçekleşir. Bu kullanılan dil, ortaya konan düşünceler ve değerler sistemi, anlatıcının anlattıkları konusunda bilgisi ya da yaşanmışlıkları ile yakından ilgilidir. Bu boyut da, anlatıcının özsunumunu belirler" (1999: 83). Bu boyutta anlatıcı bize "ona güvenmemiz ve anlattıklarına inanmamız gerektiğini" söyler. Diğer bir deyişle, anlatıcı anlattıkları ile okuyucuda bir güven uyandırır bunun sonucunda da okuyucu anlatıcıyla özdeşleşir. Kısacası, özsunum elbette konuşan kişinin ya da yazarın ya da anlatıcının söylem öncesi okuyucunun ya da dinleyicinin konuşan ya da anlatan ya da yazar hakkında sahip olduğu bilgi, deneyim, algı ya da Bourdieu'nün deyimiyle habitus yani *duruş tavır alış* ile biçimlenir. Yani, dürüst yalan söylemez bilgili olarak bildiğimiz bir kişinin koşullar değişince yalan söylediğine kolay kolay inanamayız. Ama bunun yanında, metinde kullanılan anlatısal, sözcelemsel, söylemsel araçlarla yakından ilgilidir.

Buradan hareketle, anlatıcı-yazarın yaşadıklarından yola çıkarak yıllar sonra iç hesaplaşmasını ortaya koyduğu *Doğu'dan Uzakta* romanı hem deneyimsel hem de düşüngüsel boyutun da ağır bastığı bir romandır diyebiliriz. Çünkü sözlü iletişime dayanan söylemlerden farklı olarak, yazınsal söylemde, gerekçelendime ya da inandırma olgusu, *ne söylendiğine, kimin söylediğine* bağlı olduğu kadar anlatıcının "gerekçelendirme stratejilerini ve dili nasıl kullandığına bağlıdır" diğer bir deyişle, yazınsal söylemin inandırıcılığı büyük ölçüde kullanılan dile ve söylenenlerin ne kadar doğru ve "olabilir" olduğu ile ilgilidir. Söylenenlerin doğruluğu ya da inandırıcılığı ise, romanda anlatılanların, gerçeklerle olan ilişkisine bağlıdır (fr.cohérence). Bu anlamda, sosyal içerikli bir roman olan *Doğu'dan Uzakta, Harry Potter* gibi fantastik bir öyküyü anlatan bir romandan oldukça farklıdır. Bu anlamda, anlatıcı-Adam'ın bizde uyandırdığı özsunum, anlatının yazarının yani üst-sözceleyeni olan Amin Maalouf'un etten kemikten bir kişi olarak ortaya koyduğu özsunum ile doğrudan ilintilidir. Bunu yazar, yaptığı bir söyleşide "roman benim gençlik yıllarımı anlatan bir romandır" diyerek romanın gerçek bir öyküyü hatta kendi öyküsünü anlattığını ortaya koyar. Bu nedenle, okuyucu ben öyküsel dille romanın kahramanı olan Adam'ı Amin Maalouf ile özdeşleştirmekte gecikmez. Diğer yandan, yazınsal söylemin inandırıcılığı "ne söylendiğine ne anlatıldığına" bağlı olarak değişir. Bu anlamda roman, 70'li yıllarda Lübnan iç savaşından Paris'e kaçan Adam'ın öyküsü değil, bugün Suriye'den kaçan milyonlarca kişinin öyküsünü anlattığı için inandırıcılığı yüksek bir romandır. Romanın inandırma gücüne, "yaşanmışlık" yanında yaşanıyor yani "güncellik" boyutu da eklenir.

Diğer yandan, Maingueneau gerek yazınsal gerekse sözlü söylemde özsunumun sözce ile "söylenmediğinin" buna karşılık sözceleme ile "gösterildiğinin" altını çizer. Bu da şu demektir, örneğin, "ben demokratım, Türkiye'de demokrasi var, Avrupa ülkeleri kendilerine baksınlar" diyen bir kişinin dinleyicide bıraktığı özsunum "demokrat birinin aksine despot ya da eleştiriye açık olmayan" bir özsunum ya da izlenimdir. Bu nedenle, yazınsal söylemde, özsunum için, yazarın imajı, uslup ya da biçem, metnin kurgulanması ile açıklayabiliriz. Bunlar ise, sözcük seçimi, kullanılan gerekçeler, sözceleme öznesinin nesnelliği gibi olgularla ortaya konmaktadır.

Nesnel ve Uzlaşmacı Özsunum

Anlatıcı-Adam, her ne kadar roman boyunca Murad'ı elini kirlettiği için suçlasa da, zaman zaman onu anlamaya, kendini onun yerini koymaya çalışmaktadır. Hatta bazen özeleştiri yapan bir Adam ile karşı karşıya kalırız. Şöyle gerekçelendirir bunu: "Onu ihanete sürükleyen de sadakati değil mi? Ülkesine bağlılığı yüzünden, savaş başladığında çekip gitmeyi reddetti; kalınca da birtakım düzenlemeler içine girmek, olayların akışı içinde bazı ödünler vermek zorunda kaldı; bu ödünler de onu kabul edilmeyecek bir noktaya kadar sürükledi. Ülkede kalsaydım belki ben de onun gibi davranacaktım. Uzaktan bakarken, hiçbir zarar görmeden hayır denebiliyor; olay mahallinde ise her zaman bu özgürlüğünüz bulunmuyor. Kısacası onu erdemleri mahvetti; beni ise kusurlarım kurtardı.

Kısacası onu erdemleri mahvetti; beni ise kusurlarım kurtardı. Yakınlarını korumak, atalarının ona miras bıraktıklarını elinde tutmak için yırtıcı bi hayvan gibi savaştı. Ben bunu yapmadım. Benim yetiştiğim sanatçı ailesinde aşılanan erdemler bunlar değildi. Ne o fiziksel cesarete, ne o vazife duygusuna ne de o sadakate sahiptim. İlk katliamlar başlar başlamaz çekip gittim, kaçtım; tabansızca bir imtiyazdı bu. (s.18)

Diğer yandan, anlatıcı-Adam Naim'e yazdığı mektupta, ülkeden çekip giderek vicdanlarını rahatlatamayacaklarını vurgular.

"(...) Sen ve ben ellerimiz temiz kalsın diye Doğu Akdeniz'den uzaklaşmak zorunda kaldık. Bunda utanacak bir şey yok, aöa ahlaki ikilmelerimize tek çözüm yolu olarak sürgünü göstermek akıl dışı olur." (s.166)

Yol gösterici (fr. prophète) Özsunum

Anlatıcı-yazar ya da Adam romanda nesnel ve eleştirel bir özsunum yanında, aynı zamanda toplum için yol gösterici bir özsunum ve izlenim verir. Bunu yaparken, herkesin kabul ettiği genel geçer doğruların ve gerçeklerin altını çizer ve örtük tasımlarla (fr. enthymème) bunları ortya koyar:

"Toplum yasaları yerçekimi yasalarına benzemez, insan genellikle aşağıya doğru değil yukarı doğru düşer. Arkadaşımızın siyasi tırmanışı da işlediği hatanın doğrudan sonucuydu (...) Böyle gelmiş böyle gider diyorlar. Hatta hangi yolları kullanırlarsa kullansınlar, "köşeyi dönenler"in becerisine büyük bir hayranlık duyuyorlar" (s.165).

"Evet, vicdan yumağını çözmek de en az duygu iplikerini çözmek kadar zordur. Hayat yolunda ilerlerken, sadece ihanet ile sadakat arasında tercih yapmak zorunda kalınsaydı işler kolaylaşırdı. Ama insan çoğunlukla iki bağdaşmaz sadakat veya -bu da aynı kapıya çıkar- iki ihanet arasında tercih yapmaya zorlanır. Gün geldi, olayların baskısı altında ben kendi tercihimi yapmak zorunda kaldım; Murad ve Tania da kendi tercihlerini yaptılar. İhanetlerimizin bilançosu: Bir sürgün, bir suçlu ve bir suç ortağı. Ama bu aynı zamanda sadakatlerimizin de bilançosu." (s.187)

Kimlik ve Aidiyet

Anlatıcının okuyucuya "yol gösterici" özsunumunu vermesinde, anlatının ya da romanın işlediği ve değindiği izlekler önem taşır. Bunlardan en önemlisi de, Amin Maalouf'un diğer deneme ya da yazınsal yapıtlarında işlediği kimlik, doğu batı-ayrımı gibi konulardır. Daha önce söylediğimiz gibi *kimlik* ya da *aidiyet* konusu yazar tarafından ölümcül kimlikler de ayrıntılı olarak ele alınmış, bu romanda da anlatının temel sorunsallarından birini oluşturmuştur. Maalouf için, *şu olma* ya da *bu olma* gibi aidiyetlerin diğerlerini dışladığı noktada çatışma başlar. Bu nedenle gerek romanda gerek *Ölümcül Kimlikler*'de birden çok aidiyeti üstlenen bireylerin "tercih yapma" durumunda kaldıklarını, oysa sağduyuyla davranarak, bunların çelişkin ve iç burkucu bir deneyime dönüşmesindense birden çok aidiyeti üstlenmenin olanaklılığına işaret eder Maalouf. (Maalouf, 2012: 11). Bu nedenle, Naim'in Adam'a yazdığı elektronik postada, dini aidiyetlerden bağımsız bir dünya tasarladıklarını okuruz:

"Birlikte yurttaşların artık öncelikle dini aidiyetlerine göre tanımlanmayacakları bir ülke düşlüyorduk. Niye Hıristiyanlar mutlaka Hıristiyan isimleri, Müslümanlar Müslüman isimleri, Yahudiler de Yahudi isimleri almak zorundaydı? Niye herkes adında bile dinin sancağını taşımak zorunda kalıyordu?" (s.250).

Ölümcül Kimlikler'de de okuduğumuz gibi "başkalarını çoğu zaman en dar aidiyetleri içine sıkıştıran bizim bakışımız ve onları özgür kılacak yine bizim bakışımızdır" (s.24).

Bu çok kimlilik-üst kimlik- ya da aidiyetsizlik durumu yüzünden-sayesinde, Adam ülkesini kolayca terkedebilmiştir. Bu nedenle Adam için, ülkesini terk etmek eşyanın tabiatına aykırı değildi. Bazen olaylar bunu dayatır, yoksa bir bahane bulmak gerekir. Bunu doğrulamak için, "Ben bir ülkede değil, bir gezegende doğdum, doğmak, şu veya bu ülkede, şu veya bu evde, dünyaya gelmek demektir" diye yazar notlarında anlatıcı (s.55).

Bu aynı zamanda gidenlerin vicdanlarını rahatlatmakta kullandıkları bir savunma gerekçesidir. Ama aynı gerekçe kalanlar için geçerli değil tam tersine gidenleri suçlamakta kullanılan bir suçlama gerekçesidir. İki farklı vicdandan söz edebilirizs. Giden kalanın gözünde suçludur, kalan ise gideni suçlar. Aidiyet işte burada önem kazanır. Toprak, bayrak, sadakat gibi olgular kalanları haklı kılar. Bu nednele, kalanlar kirli işlere bulaşıp ellerini kirletmekte kendilerini haklı bulurlar. Çünkü kalalarak bedel ödemişlerdir öyleyse ellerini kirletip sistemin hukuksuzlularından yararlanıp zenginleşmekte bir sakınca yoktur. Gidenler ise, bu kirli düzeni reddetmek ise ahlaken temiz kalmak içindir gitmişlerdir. Bu nedenle, toprağa ya da bayrağa bağlı kalmak zorunda değillerdir. Bu nedenle, *suç* ya da *hata* kavramı bireylerin seçim yapma özgürlüklerine ve ait olmak istedikleri *kimliklere* bağlı olarak değişen bir kavrama dönüşür.

Sonuç

Savaş ya da başka nedenlerle yaşadıkları yerden mecburi bir gidişi ifade eden "göç" ya da "göçmenlik" insanoğlunun tarihi kadar eski bir olgudur. Yakın geçmişte, birinci dünya savaşı ile başlayan ve ikinci dünya savaşı ile devam eden bu olgu, içinde yaşadığımız yirmi birinci yüz yılın ve dünyanın en önemli ve en sorunlu gerçeğidir. Göçmenlik olgusunun öznesi olan göçmen ise, sürekli bir kimlik arayışı içindedir. Ne göç ettiği yere ne de geldiği yere aittir. Arafta kalmak gibidir göçmen olmak. Öykünün sonunda, bir trafik kazası geçirip komaya giren Dolores için Adam **Araf**'ta kalmıştır, "ülkesi gibi, bu gezegen gibi," diye ekliyordu. Hepimiz gibi, arafta" (s. 457). Bu nedenle, göçmeni en iyi tanımlayan bu betimleme ile son bulur anlatı. Adam, hem uzam hem de zamanın *Arafı*nda kalmıştır. Zamanın ve uzamın Arafında kalması sonucunda, anlayışlar da değişmiş; "farklı farklı dinlerden ve her biri önce kendi inancıyla -sonra da kibarca diğerlerininkiyle- alay etmeyi bir görev bilen, kendini beğendirmenin bir yolu olarak gören istikbalin taslağı olan arkadaşları da, ülkesi gibi farklılaşmış, istikbal taslak halinde kalmış(...) çobanların yakın gözetimi altında kendi mecburi inancının çitleri içine sokulmayı kabulllenmişler, kendilerini Voltaire'ci, Camus'cü, Sartre'cı, Nietzsche'ci veya gerçeküstü ilan etmişken, kesin adlandırmalar, zengin bir şehitler listesi ve bunlara eşlik eden dini nefret duyguları uyarınca yeniden Hıristiyan, Müslüman veya Yahudi" olmuşlardır.

Diğer yandan, kimlik arayışı sadece gidenlerin sorunu değildir. Kalanlar da, islamcılıkla solculuk, dindarlıkla laiklik, doğululukla batılılık arasında sıkışmıştır. Bu anlamda roman, yıllardan beri, batı toplumlarında yaşayan milyonlarca göçmenin yaşadığı ve Suriye'den Türkiye'ye göç eden günümüz Türkiye'sinin yaşayacağı kimlik ve toplumsal bütünleşme gibi sorunlara ışık tutmaktadır. Bu anlamda Amin Maalouf'un Doğudan Uzakta romanı sadece gerekçelendirme boyutuna sahip bir roman değil aynı zamanda gerekçelendirme amacı taşıyan bir roman olma özelliğini taşır.

Kaynakça

Adam, J.M. (1994). *Le texte Narratif*. Paris: Nathan.
Adam, J.M. (2008). *Les textes: types et prototypes*. Paris: Armand Colin.
Adam, J.M. (2008). *La linguistique textuelle*. Paris: Armand Colin.

Amossy, R. (1999). *Images de soi dans le discours*. Lausanne-Paris: Delachaux et Niestlé.

Amossy, R. (2006). *L'argumentation dans le discours*. Paris: Armand Colin,

Aron, P., - Viala, A. (2006). *Sociologie de la littérature*. Paris: PUF, QSJ.

Bourdıeu, P. (1982). *Ce que parler veut dire*. Paris: Fayard,

Maalouf, A. (2007). *Les identités meurtrières*. Paris: Collection Livre de Poche.

Maalouf, A. (2012). *Les Désorientés*. Paris: Grasset.

Maalouf, A. (2016). *Doğu'dan Uzakta*. (çeviren Ali Berktay). İstanbul: YKY.

Maingueneau, D. (1999). "Ethos scénographie, incorporation", in *Images de soi dans le discours*, Lausanne-Paris: Delachaux et Niestlé, pp.75-101.

Maingueneau, D. (2004). *Le discours littéraire*. Paris: Armand Colin.

Plantin, C. (2005). *L'argumentation*. Paris: PUF, QSJ.

Perelman, Ch., - Olbrechts-Tyteca, L. (2000). *Traité de l'argumentation, La nouvelle rhétorique*. (5e edition). Bruxelles: Editions de l'université de Bruxelles.

Rabatel, A. (2004). *Argumenter en racontant*. Bruxelles: De Boeck.

Bölüm 4.

Çağdaş Türk Resim Sanatında Göç Teması: Ramiz Aydın Örneği

Ferhunde Küçükşen Öner

Giriş

Göç, farklı bileşenlerin bir araya gelmesiyle oluşan nedensellikler ve bu nedenselliklerin doğurduğu farklı sonuçlar üzerinden yaşanan sosyolojik bir olgudur. Bu bakımdan savaş, nüfus politikaları, daha iyi yaşam koşulları arayışı gibi bileşenler göç söz konusu olduğunda hem neden hem sonuç olabilir. Göç, tarih boyunca insanların 'arayış arzusunu' ve 'zorunluluklardaki edilgenliğini' bireysel ve toplumsal yönleri ile tecrübe etmesini sağladığı için pratiğe dönük olduğu kadar kavramsal boyutuyla da yaşar. Bu nedenle göç, sebep sonuçları tarihsel süreç içerisinde değişiklik arz etse de sürekli devam eder. 'Önce-şimdi-sonra döngüselliğini sürekli devam ettiren önemli bir eylemdir ve bireysel/toplumsal anlamda belleğin altını çizdiği kayıtların başında gelir.

"Göç olgusu ve bu olgunun pratikleri de nedenleri de çeşitlilik gösterdiği için tek tip bir göç ve göç hakkında tek tema üzerinden neden-sonuç ilişkisi kurulamaz. Mübadele, köyden kente, bir sığınak olarak savaşın yıkıcı etkisinden kaçma, iç, dış, mevsimlik, kalıcı göç, emek göçü, beyin göçü, sürgün, iltica gibi pek çok göç tipi vardır." (Koçak ve Terzi, 2012: 168) Göç beraberinde birey ve toplumları adlandırmak için kullanılan farklı tanımlamaları da getirir. 'Göçmen, sığınmacı, muhacir, mülteci, mağdur, gecekondulaşma vb.' kavram ve tanımlamalar doğrudan ya da dolaylı biçimde göç olgusuna bağlı olarak ortaya çıkmıştır. Göç tiplerinin farklı oluşu beraberinde çeşitli sosyolojik (toplumsal) ve psikolojik (bireysel) nedensellikler, bu nedenselliklere bağlı çeşitli sonuçlar doğurur. Bu nedensellikler ve sonuçlar politik, siyasi, tarihi ve sanatsal anlamda bireyin psikolojisini ve toplumların niteliklerini ortaya koymak için pek çok pencere açar. Ancak 'göç' olgusunun -bireysel ve toplumsal anlamda özgün nitelikleri olsa da- pek çok bileşenin bir araya gelmesiyle oluşan nedensellik tecrübelerinin bir sonucu olduğu unutulmamalıdır. Yani göç pratiğinin gerçekleşmesi için savaş, ekonomik yetersizlik, uluslararası ilişkiler, anlaşmalar gibi pek çok bileşenin ya tek başına ya da birkaçının bir araya gelmesi gerekir. Bu nedenle her disiplinin göç olgusuna bakışı, bu olgu üzerinden bir neden-sonuç ilişkisi kurma biçimi aynı değildir. Tarih birbirine benzer göç tecrübelerini - başta savaş olmak üzere- genellemelerle anlatıp bu genellemelerin ayrıntılarına daha sonra iner. Göç olgusunu siyasi ve tarihsel çizgide anlamlandırmaya çalışır. Sosyoloji disiplini bireyden topluma; toplumdan bireye giden silsilelerle göç olgusunun insan ve toplum değişimine yaptığı etkiler üzerinde durur. İktidar politikaları da göç pratiğinin bütçe, popülasyon, etnik unsurların ilişkilere etkisi ve güvenlik gibi bağlamlarla değerlendirmeler yapar ve göç stratejisi belirlemeye çalışır.

Göç ve Çağdaş Türk Sanatı

"Sanat ve göç insan varlığının yaşamsal süreci içerisinde sürekli var olan olgulardır. Göç olgusu temelinde sosyal bir hareket olmasına karşın ekonomik yaşamdan kültüre kadar yaşamın her yönünü etkileyen temel değişim aracıdır. Sanat olgusu ise insan varlığının öznel bir tavrı olmasına karşın, o öznel tavrın oluşmasında toplumsal yapının etkisi reddedilemez bir gerçekliktir. Dolayısıyla toplum yapısının biçimlenmesinde etkisi olan göç olgusunun doğrudan ya da dolaylı olarak sanat olgusu üzerinde etkisi söz konusudur"[1] Bu noktada sanat, göç üzerine düşünüp bir estetik yaratırken toplumla kurduğu tarihsel ve güncel organik bağlarını da göstermiş olur.

Sanat göçe olgusal bakmaktan yana değildir. Göçü olgusal, kavramsal ve tarihi anlamlarını ima eden girift bir işleyişle anlatır. Çoğunlukla göç'ün sebepleri ve doğurduğu sonuçların önce bireylere sonra bireylerin temsil ettiği değerler üzerinden toplumlara etkisi üzerinde durur. Çoğunlukla neden ile sonuç arasında -her ikisini ilgilendiren yerde- durur.

Göç olgusu modern dönemlere kadar çoğunlukla iki temel neden üzerinden pratiğe dönüşür. Birincisi ilk çağlardan bu yana insanın daha iyi iklim şartlarında yaşayabilmek için girdiği arayış sürecinin sonucu olarak başlar. Göçebe hayat, sonrasında yerleşik hayata geçiş aşamaları daima göç tecrübeleriyle gerçekleştirilir. İkinci neden savaşlardır. Savaşlar, insanın yaşadığı yeri koruması, genişletmesi, dini değerlerin korunması, ekonomisini güçlendirmesi, iktidar hırsı vb. sebeplerden çıkar. İnsanlık, savaşın yıkıcı etkilerini öncesi ve sonrasıyla bireysel ve toplumsal yönleriyle uzun süre yaşar. Savaşın yıkıcı etkilerinden biri de insanları göçe zorlamasıdır. Mübadele, yurt değiştirme, sınır dışı edilme vb. pek çok pratikle göçü tecrübe eden insanoğlu siyasal ve kültürel anlamda pek çok sorunsalı da göç ettiği yere taşır.

Modern dönemlerde göç, savaş ve arayış çabalarının yanı sıra kentleşme tecrübesi ile farklı bir boyut kazanır. "Üretimin, ticaretlerin ve hizmetlerin süratle büyümesini sağlayan sanayileşmenin etkisiyle dağılım oranının fazla olması ve bu fazlalığın kentin dışında yerleşme yerlerinde iskân edilmeleri nedeniyle nüfusun kentlerde birikmesine ve kent sayısının artmasına neden olan aynı zamanda da buralarda yaşayanların özel hayatlarını, ekonomik, sosyal ve siyasal davranış açısından etkileyen ve devletin de belirli bir takım faaliyetlerini gerektiren değişiklikler" (Sezal, 1992: 23) olarak tanımlanan kentleşme ile birlikte bireysel ve toplumsal yapı ve sorunlar da boyut değiştirmiştir. Sanat göç olgusunu bir tema olarak tam da bu noktada modernliğin getirdiği sorunlar bağlamında ele almaya, irdelemeye başlamıştır. Örneğin John Berger ve Jean Mohr Yedinci Adam adlı eserinde geri kalmış toplumların bireylerinin kendi ülkeleri ve ailelerinden ayrılıp Avrupa kentlerine göç edişini bireysel ve toplumsal yönleriyle ele alır ve eleştirirler. (Berger ve Mohr, 2011)

Çağdaş Türk sanatı da özellikle köylerden kentlere doğru yapılan yer-yurt değiştirmelerini bireysel ve toplumsal bir sorun olarak algılamıştır. Bu değişimin kimlik, etnisite, politika, popülasyon, gecekondulaşma vb. gibi sosyolojik sonuçlarını estetize ettiği gibi umut, çile, ezme-ezilme, sıla hasreti gibi duygusal boyutlarını da ihmal etmemiştir.

Göçe dair her tecrübe içinde insan ve toplumlara dair farklı duyguları, hikâyeleri biriktirir. Çağdaş Türk sanatı, bu kadar farklı hikâyeyi ve duyguyu barındıran göç olgusuna duyarsız kalmamış ve bu kavramı duygusal, ideolojik, sosyolojik boyutlarıyla yansıtmıştır. Bu hikâyeler, insanın bütün yaşamı boyunca edinebileceği tecrübelerin bileşeni olarak da görülebilir. Bu nedenle sanatçılar, göçün toplumsal boyutunu ihmal etmeden bireysel anlamda etkilerini de göz önünde bulundurur. Buna

---

[1] Gönülal, Ö. (2007, 2 Aralık). Sanat Kavramı İle İç Göç İlişkisi Üzerine Düşünceler. Erişim Tarihi: 03 Mayıs 2016, http://www.sanatteorisi.com/sanatteorisi.asp?sayfa =Makaleler& icerik=Goster&id=2695

bir de sanatçının göç tecrübesini bizzat yaşaması gibi -özellikle Türk sanatında- istisna sayılmayacak faktörler de eklenince göç, özellikle 1950'li yıllar sonrasında Türk sanatının üzerinde durduğu önemli konulardan biri haline gelir: "Türkiye'de 1950'lerden itibaren sanayileşme süreci hızlanmış, buna paralel olarak çok hızlı bir sosyokültürel değişme gözlenmiştir. Bu dönemde açılan fabrikalar ve şehirdeki yapılanma hareketleri iş sahası yaratmış ve köylerden kente çoğunluğu genç erkeklerden oluşan göç hareketi başlamıştır. Bu durum İstanbul'daki hızlı ve plansız gelişmeye ortam hazırlamıştır." (Çimen, 2003: 26) Çarpık olarak nitelendirilebilecek kentleşme olgusu, çağdaş Türk sanatında sinemadan, edebiyata hemen her sanat dalının öncelikli konularından biri olmuştur: "1960lı yıllarda göçlerin etkisiyle çarpık kentleşme dikkat çekmektedir. Boşalan köyler bozulan kentleri yaratmış, kentlerin çevresinde uydu kentler oluşmuş, gecekonduların sayısı artmıştır. Köy nüfusunun kente akması, kentlerde ve köylerde yeni sorunların ortaya çıkmasına neden olmuştur.

Resim 1: Nedim Günsür, "Gurbetçiler", 1965, Ayşe-Mahmut Özgener Koleksiyonu.

Resim 2: Nuri İyem, "Göç", 1976, duralit üzerine yağlıboya, 45X30 cm.

Bu değişimin etkisi, sinemaya da yansımış; "Susuz Yaz", "Yılanların Öcü", "Gurbet Kuşları", "Otobüs Yolcuları", "Karanlıkta Uyananlar" gibi köy hayatında ezen ve ezilenlerin hikâyelerini, köyden kente göçün yarattığı sıkıntıları ve işçi sınıfın sorunlarını aktaran toplumsal gerçekçi anlayıştaki filmler çekilmiştir." (Arısoy ve Altınkurt, 2012: 33) Susuz Yaz (Necati Cumalı), Yılanların Öcü (Fakir Baykurt), Gurbet Kuşları (Orhan Kemal) gibi pek çok film romandan sinemaya uyarlanmıştır. Bu uyarlamalar, 1950 sonrası Türk sanatının genel anlamda kentleşme ve göç olgusundan etkilenme biçimlerinin ya da göç konusunda gösterdiği duyarlılığın ortaklığını imler.

Çağdaş Türk resim sanatı da özellikle 1950'li yıllardan itibaren göç teması üzerinde sıkça durmuştur. 1940'lı yılların başında 'Yeniler' adıyla kurulan oluşum kentleşmenin doğurduğu sonuçları emekçilerin yaşamlarına odaklanarak anlatır. Bu sanatçılar arasında yer alan Nuri İyem, "İstanbul ve çevresinin gecekondu kadınlarını, köyden kente göçmüş yeni yaşamın güçlüklerine katlanan insanlarını konu olarak seçmiştir." (Arısoy ve Altınkurt, 2012:7) Evin Sanat Galerisi 2007 yılında bastığı *Çağının Tanığı Bir Ressam: Göç Resimleri* adlı sergi kataloğunun tanıtımında ressamın önemli temalarından birinin göç olduğunu vurgular: "Nuri İyem'in 1950–2004 yılları arasındaki dönem içinde üretmiş olduğu göç konulu resimlerinden derlenen, 33 farklı koleksiyona ait 47 eserden oluşan "Göç Resimleri" sergisi kapsamında yayınlanan kitapta 1950'li yıllarda başlayıp 1960'lı yıllarda hız kazanan göç hareketini, Anadolu'dan büyük kentlere ve yurtdışına göçen, büyük şehri kavrama çabasındaki insanımızı gözler önüne seren Nuri İyem yapıtlarını sanatseverlerin bir arada görmesine imkan tanıyan sergi, "Çağının Tanığı Bir Ressam"ın gözünden Türk insanının göç serüveninin, neden ve sonuçlarıyla dönemsel olarak takip edilmesi bağlamında ayrıca önem kazanıyor."[2]

Resim 3: Nuri İYEM, "Açar Gecekondu Gülleri Kentler", 1978, duralit üzerine yağlıboya, 44X36.5 cm.

---

[2]*Dünden Yarına Nuri İyem 2, Nuri İyem Resimleri Arşiv ve Belgeleme Projesi Retrospektif Sergisi, Çağının Tanığı Bir Ressam-Nuri İyem: Göç Resimleri*, Evin Sanat Galerisi, İstanbul: 2007, Erişim Tarihi: 25 Nisan 2016, http://www.nuriiyem.com/wp-content/uploads/nuriiyem_2002_cilt2.pdf

Orhan Koçak, İstanbul'da açılan 'Modern ve Ötesi' adlı sergi için hazırladığı kitapta 1960'lı yıllarda soyutlamaya karşı olan bir grubun 'yeni figüratif' anlayışlarla (bu oluşuma 68 Kuşağı da denir) çağdaş Türk resim sanatını etkilediğini yazar. Neş'e Erdok, Alaattin Aksoy, Burhan Uygur, Komet gibi ressamların temsil ettiği bu anlayış, daha gerçekçi çizgilerle insana özellikle kent insanına dair ayrıntıların peşindedir. Göç olgusu bu ressamların tuvaline dolaylı yollardan girmiştir. Kent, kent insanı, kent yaşamı ve yoksulluk gibi sorunsallara odaklanan sanatçıların kompozisyonlarında göç bir neden ya da sonuç olarak dolaylı yollardan resme girer. Çünkü kent denilen olgunun oluşumunda, kentlerdeki yoksulluğun ortaya çıkışında köyleri (kırsal yerleri) terk etmenin ve kente yerleşmenin payı vardır.

Resim 4: Neş'e ERDOK, "Selpakçılar", 1998, Tuval üzerine yağlıboya,160x200 cm.

1924 doğumlu Nedim Günsür de (ölümü 1994) 'Gurbetçiler, Göç,' gibi pek çok resminde göç temasına yoğunlaşmış ve nispeten farklı hatta özgün gerçekçiliğini bu tema üzerinden göstermiştir. "Nedim Günsür'ün "Göç" isimli tablosunda görüldüğü gibi yöresel ve geleneksel konuları seçmesinde Lèger ve Bedri Rahmi'nin öğrencisi olması büyük bir rol oynamaktadır. Sanatçıyı Türk resminde toplumsal gerçekçiler denilen bir alanda anmaya çağırırken, figür ifadelerinden naif yaklaşımı fark edilebilmektedir. Kimi resimlerinde mekan ve figürler arasındaki kopukluk dikkat çekmektedir. Bu kopukluğun nedeni belki onun üçüncü boyutu fazla önemsemeyen ya da figürlerdeki naif ve bezemeci tavrından kaynaklanmaktadır.

Resim 5: Nedim GÜNSÜR, "Yeşil Tren/İstanbul-Frankfurt", 1978, Nilüfer-Önal Akalın Koleksiyonu.

Figürlerdeki narinlik ve incelik ise belki de onun naifliğinin ve samimiyetinin birer göstergesidir." (İşanç, 2008: 2) Nedim Günsür'ün göç temalı resimleri bir taraftan onun gerçekçiliğini ortaya koyarken diğer taraftan toplumsal soruna gösterdiği duyarlılığın farklı bir gerçekçilik anlayışıyla ortaya çıkan özgünlüğünü gösterir. Göç teması, çağdaş Türk resim sanatında -Nedim Günsür örneğinde olduğu gibi- resmin tematik unsuru olmasının yanı sıra teknik boyutunu da etkilemiştir denebilir.

Ramiz Aydın ve Göç Teması

Günümüz Türk resim sanatının önemli isimlerinden biri olan Ramiz Aydın, 1937 yılında Giresun'da doğar. Sanatçı 1957 yılında Hasanoğlu İlk Öğretmen Okulunu bitirir. 1961 yılında Gazi Eğitim Enstitüsü Resim Bölümünden mezun olur. Adana, Bolu ve İstanbul'da resim öğretmenliği yapar. 1982-2004 yılları arasında Marmara Üniversitesi Atatürk Eğitim Fakültesi Üniversitesi Güzel Sanatlar Eğitimi bölümünde öğretim üyeliği yapar. 1987'de doçent, 1995 yılında profesör unvanını alır. Yurt ve dünya çapında pek çok kişisel sergi açar ve karma sergilere katılır.[3]

Pastel renk armonileriyle yarattığı resim atmosferini tamamlayan ve duygu odaklı bir hassasiyeti ihmal etmeyen kompozisyona sahip anlayışının temelinde 'tecrübe'nin önemli bir yeri vardır. Uzun ve tecrübe ile dolu sanat yaşantısında pek çok ressam ve resim anlayışını gören Aydın, resimlerinde genellikle Anadolu'dan insanları seçer. Toplumsal sorunlar ve toplumsal çelişkiler üzerine yoğunlaşır. Gerçekçi bakışının temelinde de bu yoğunlaşma vardır. Örneğin 1974 yılında yaptığı 'Okulsuz Köyden Okula' adlı resmi, Kars'ta kendi köylerinde okul olmadığı için başka bir köye okula giden çocukların fotoğrafından ortaya çıkmıştır: "Resim çok güzeldi, etkileyiciydi, onurluydu. Uzak köylerden okumak için gelen çocuklar, aynı zamanda çocukluk düşlerinin içine bireysel sorumluluklarını da sıkıştırmıştı. Bir ellerinde kitaplar, bir ellerinde çantalar vardı... Beni müthiş etkiledi. Hemen resimlerini yapmak, onları estetiğin ortak yaratı kulvarına taşımak istiyordum. Nitekim öyle oldu ve bu resim benim en çok sevdiğim resimlerimden birine dönüştü." (Gezgin, 2004: 65)

---

[3] Ramiz Aydın'ın biyografisi hakkında lebriz.com sitesi ve Bilim Sanat Galerisi'nin 2004 yılında yayınladığı *Ramiz Aydın* kataloğundan bilgiler alınmıştır.

Resim 6: Ramiz AYDIN, "Okulsuz Köyden Okula", 1974, tuval üzerine yağlıboya, 116X89 cm.

Bütün sanat yaşamı boyunca toplumsallık anlayışını bir duygu olarak resimlerine yansıtan sanatçının günümüz sanatı üzerine en yoğun eleştirilerinin odağında da toplumsal duyarlılıktan uzaklaşmış olmanın getirdiği hissizlik yer alır: "Bugünün sanatı duygusallık ve toplumsallık gibi insanın iç dünyası ile ilgili sorunlardan uzak, farklılık ve tuhaflık ön planda. benim gibi duygusallığı toplumsal boyutuyla ön planda tutma konusunda direnenler de var tabi." (Ramiz Aydın, kişisel görüşme, Mayıs 2016)

1950'li yıllardan beri resim dünyasının içinde olan ve duygu-toplum birlikteliğini sanat anlayışının en önemli bileşenlerinden biri haline getiren Ramiz Aydın'ın göç teması üzerinde durması da olağandır. Ramiz Aydın da diğer çağdaş Türk ressamları gibi göç olgusunu hem doğrudan hem de farklı etkenlerin doğurduğu bir sonuç, farklı nedenselliklerin yarattığı bir vak'a olarak anlatır. Ramiz Aydın'ın göç temasını resimlerinde ele alma biçimine geçmeden önce göç olgusunun sanatçının gündemine geliş nedenleri üzerinde durmak gerekir.

Biyografik Etkiler ve Göç Teması

1937 yılında doğan sanatçının çocukluğu asker babasının görevi nedeniyle sürekli yer değiştirmelerle geçmiştir: "Asker bir aileye mensup olduğu için görece göçebe bir hayat sürer."... Anadolu coğrafyasının her karesini özümseyerek göçebelik dinamizminin katmanlarını çocukluk dünyasının içine taşıyıp durdu." (Gezgin, 2004: 10-11) Mekan insan hayatında önemli yere sahiptir. Mekan ev, okul, işyeri gibi içeri (iç dünya) sorunsalına ait belirleyici olabileceği gibi şehir, çevre, bölge, coğrafya gibi dışarı sorunsalının da belirleyici faktörü olabilir. Ramiz Aydın içeri-dışarı bağlamında sıkça yer değiştirdiği için (bu değişikliklerin çocukluk yıllarında olması ayrı bir öneme sahiptir) edindiği tecrübeler onun sanatı için oldukça anlamlıdır.

'Göçebe' bir çocukluk, farklı topluluklar içinde yaşama gibi tecrübeler onun sanatını ve göç temasına yaptığı vurguyu da anlamlı hale getirir. Göçebe çocukluğun sanatına etkisini kendisi de dile getirir: " Babamın görev yeri de yine Doğu ve Orta Anadolu'da; yine kırsal kesimdi. Hatta kırsal kesim insanlarını da şöyle resmediyorum, bildiğimiz anlamda çok gerçekçi değil idealleştirilmiş biraz, güçlendirilmiş." (İhtiyar, 2010: 61)

Resim 7: Ramiz AYDIN, "Göç", 1982, tuval üzerine yağlıboya, 50X70 cm.

Kendisi de sıkça yer değiştiren sanatçı eserlerinde göç olgusunun bireyden aileye aileden topluma doğru büyüyen etkilerini resmedebilmiştir. Bu etkilerin sembol göstergelerini de belleğinde tutmayı başarabilmiştir: "Bozkırın yatay boşluğunda bir çizgi halinde beliren atlar, arabalar, yayalar günümüzde hızla yok olup giderken görüntüleri varoluşun düz mantığı yerine yok oluşun şiirsel mantığını hatırlatıyor." (Anadolu'yu Destanlaştıran Ressam, 2014: 27) Bu cümlelerin Ramiz Aydın'ın sanatında anlamlı hale gelebilmesi için çocukluğunda atlı arabalar, yayalara dair imajların tecrübe edildiğini, Aydın'ın bunları bizzat gördüğünü bilmek gerekir.

Düşünceler-Etkilenmeler-Gözlemler

Yarım asırlık resim tecrübesini yalnızca kendi resimleri üzerinden deneyimlemeyen Ramiz Aydın, pek çok farklı ressam ve anlayışı da gözlemlemiştir. bu gözlemler sonucunda resim anlayışındaki -özgünlüğünü bozmayacak- etkilenmeleri kendisi de dile getirir: "Neşet Günal, Nuri İyem, Nedim Günsür yakınlık duyduğum etkilenmiş olabileceğim sanatçılardır" (Ramiz Aydın, kişisel görüşme, Mayıs 2016) 'Etkilenmiş olabileceğim sanatçılar' olarak belirttiği ressamların hemen hepsi ya doğrudan ya da kentleşme, yoksulluk, gecekondulaşmanın dolaylı etkileri bağlamında göç teması üzerinde durmuşlardır. Yanı sıra okuduğu yazarlar da göç sorunsalını toplumcu gerçekçi çizgide ele alan ve önceleyen sanatçılardır. "Yaşar Kemal, Orhan Kemal, Fakir Baykurt romanlarının etkileri, okudukça duyguları paylaşmak, görmeden görmek ve resmetmek bağlamında, olmuştur. Resimlerime dikkatli bakarsanız gördüklerimle görmediklerim arasında pek az; benzeyenlerimle benzemeyenlerim arasında az fark olduğunu görürsünüz."(Ramiz Aydın, kişisel görüşme, Mayıs 2016) Bu cümleler Ramiz Aydın'ın genelde kompozisyonlarında özelde göç vurgusunda yaşadıkları kadar okuyup izlediklerinin, gözlemlerinin de etkili olduğunu gösterir.

Ramiz Aydın ve Göç Temalı Resimleri

Ramiz Aydın'ın göç temasını resimlerinde yansıtmasının temelinde sanatçının insan ve toplum hassasiyetlerinin payı olduğundan bahsedilmişti. Göç teması onun resimlerinde kimi zaman kompozisyonu tek başına oluştursa da çoğunlukla toplumsal bir sorun ya da çatışmanın sonucu olarak ortaya çıkar. Kendisiyle yapılan görüşmede göç olgusunu hangi boyutlarıyla ele aldığına dair soruya verdiği yanıt bu düşünceleri destekler niteliktedir: "Göç hem toplumsal bir sorun hem de umuttur. Göç edenlerin çaresizliği insan olarak üzüyor beni, her şeyden önce. Sanatçı olarak da ilgisiz kalamıyorum. Göçten sorumlu olanların ilgisizliği, göçü bir umut olmaktan uzaklaştırıyor."(Ramiz Aydın, kişisel görüşme, Mayıs 2016) 'Güneydoğu Göçerleri' serisinde bütünüyle göç konusu ele alır. Göç temasının çağrıştırdığı, umut, hüzün, direnç, arayış, adalet/adaletsizlik gibi bütün temalar da kompozisyonuna yerleştirilir. Örneğin serinin 1977 yılında yapılan aynı adlı (Güneydoğu Göçerleri) resminde bir kadın ve bir erkek figürü vardır. kadın ve erkeğin yüz ifadeleri, resmin bütün renkleri, kadın ve erkeğin ellerinde taşıdığı eşyalar dahil her ayrıntı göç olgusunun önce bireysel sonra toplumsal etkilerini ve bu etkinin çağrıştırdığı estetik izleri yansıtır.

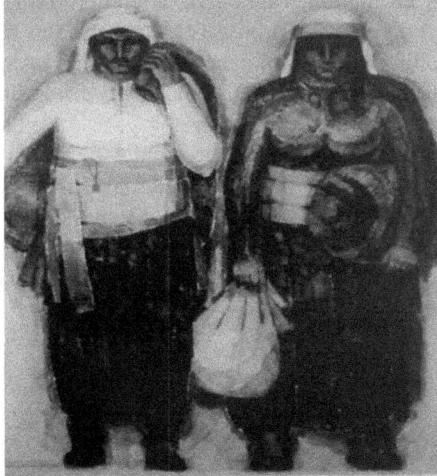

Resim 8: Ramiz AYDIN, "Güneydoğu Göçerleri", 1977, tuval üzerine yağlıboya, 100X70cm.

1990 yılında yaptığı 'Rüzgara Karşı' adlı resim öncelikle fonda mat sarı ve gri tonlarının yarattığı atmosferle okunmalıdır. Kompozisyonun önünde yer alan kadın ve erkek, resimde görünmeyen belki de kendilerinin de göremediği ufka doğru yol almaktadırlar. Bu bilinmezlik göçün 'sonra'sının da belirsizliğine, insanların biraz da zorunluluklar yüzünden göç ettiğine yorulabilir. Göç temalı bütün resimlerinde günün geç ve soluk vakitlerini tercih etmesi de göç olgusunun zorunluluğuna ve yıpratıcı etkisine yapılmış bir vurgudur.

Resim 9: Ramiz AYDIN, "Rüzgara Karşı", 1990, tuval üzerine yağlıboya, 80X60 cm.

"Göç etmek hepimizin sorunudur. En çok göç edenin sonra karşılayanın, sonra hepimizin. En suçsuz, en mağdur olanlar da göç edenlerdir." (Ramiz Aydın, kişisel görüşme, Mayıs 2016) diyen sanatçı bu iki figür üzerinden göçün yarattığı toplumsal etkileri de sezdirmiş olur. 1996 yılında yaptığı 'Göçerler' resminde de kullanılan mavi (tek renktir) renk ve tonları ile göç eden topluluğun birlikte oluşu (birbirlerine yakın yürürler) ' umut' duygusunu besler. Ancak göç gibi komplike bir olguyu kaotik bir atmosferde resmetmeyi reddetmesi, benzer renkler ve tonlar kullanmasının yarattığı sadelik sanatçının göç olgusunun yarattığı toplumsal etkiyi içselleştirerek belki biraz da bireyselleştirerek anlattığını gösterir.

Resim 10: Ramiz AYDIN, "Göçerler", 1996, tuval üzerine yağlıboya, 70X100cm.

1995 yılında yaptığı 'At Arabaları' ve yine 1996 yılında yaptığı 'Dağlar Arasında Yolculuk' resimlerine hakim olan sarı, sanatçının göçü, gözlemleyerek tecrübe ettiğini yani biyografik etkiyle ele aldığını gösterir. " resimlerimde uzun bir süre kırsal kesim yaşamı ve insanları yer aldı. Kırsal kesimi destansı bir tavırla anlatan Yaşar Kemal, Fakir Baykurt gibi yazarların etkisinde kaldım. Daha sonra Kurtuluş Savaşı'nda Anadolu insanının efsaneleştirdiği, idealleştirdiği resimler yaptım. Kökleri bozkır yaşamının şiirsel görüntüleri... Bir bölümü hala belleğimde canlı olarak yaşarken bir bölümü koyu bir sis tabakası ardında uzak anılar olarak yok olup gitmekte." (Anadolu'yu Destanlaştıran Ressam, 2014: 27)

Sanatçının tarihsellik bağlamıyla da görmeye çalıştığı 'bozkır' adlandırması anlamlıdır. Bozkır sıcağı, sarılığı, konar-göçerliği de çağrıştıran bir coğrafyanın temsili kelimesidir. 'Dağlar Arasında Yolculuk' resmi de bütün bu çağrışımları göç olgusunda birleştiren bir estetiğe sahiptir.

Resim11: Ramiz AYDIN, "At Arabaları", 1995, tuval üzerine yağlıboya, 50X70cm.

Resim 12: Ramiz AYDIN, "Dağlar Arasında Yolculuk", 1996, tuval üzerine yağlıboya, 70X100cm

Resim 13: Ramiz AYDIN, "Isınan Arabacılar", 1987, tuval üzerine yağlıboya, 80X60 cm.

1995 yılında yaptığı 'At Arabaları' ve yine 1996 yılında yaptığı 'Dağlar Arasında Yolculuk' resimlerine hakim olan sarı, sanatçının göçü, gözlemleyerek tecrübe ettiğini yani biyografik etkiyle ele aldığını gösterir. " resimlerimde uzun bir süre kırsal kesim yaşamı ve insanları yer aldı. Kırsal kesimi destansı bir tavırla anlatan Yaşar Kemal, Fakir Baykurt gibi yazarların etkisinde kaldım. Daha sonra Kurtuluş Savaşı'nda Anadolu insanının efsaneleştirdiği, idealleştirdiği resimler yaptım. Kökleri bozkır yaşamının şiirsel görüntüleri... Bir bölümü hala belleğimde canlı olarak yaşarken bir bölümü koyu bir sis tabakası ardında uzak anılar olarak yok olup gitmekte." (Anadolu'yu Destanlaştıran Ressam, 2014: 27)

Sanatçının tarihsellik bağlamıyla da görmeye çalıştığı 'bozkır' adlandırması anlamlıdır. Bozkır sıcağı, sarılığı, konar-göçerliği de çağrıştıran bir coğrafyanın temsili kelimesidir. 'Dağlar Arasında Yolculuk' resmi de bütün bu çağrışımları göç olgusunda birleştiren bir estetiğe sahiptir.

Resim 14: Ramiz AYDIN, "Özlem ve Kavuşma", 1986, tuval üzerine yağlıboya, 81X100 cm.

1987 yılında yaptığı 'Isınan Arabacılar', 1986'da yaptığı 'Özlem ve Kavuşma', resimleri de dolaylı yollardan göç temasına vurgu yapan, gerçekçilik anlayışının çizgisel ve flulaşmış darbelerle değiştirildiği resimler olarak dikkat çekmektedir.

1993 yılında yaptığı 'Mola' adlı resim de göç temasının doğrudan ele alındığı yapıtlardan biridir. Kadın ve erkekli beş kişilik bir grubun ağaç altında ısınmaya çalıştığı resimde fonda yerden yükselmiş ve açık mavi gökyüzü ile birleşen beyaz bulutlar, gölgesi ve korunaklığı işe yaramadığı belli olan gövdesi uzun bir ağaç ve ağacın arkasında grili, beyazlı tonlarla duran at arabaları yer almaktadır. Uzun bir yolculuk sırasında verilen bir mola atmosferini andıran resimde ufuksuz ama umutlu insanların bir aradalığı, göç sırasındaki yalın halleri dikkat çeker.

Resim 15: Ramiz AYDIN, "Mola", 1993, tuval üzerine yağlıboya, 100X81 cm.

Sonuç

Çağdaş Türk resmi, özellikle 1950'li yıllardan bugüne çoklu anlayışların bir arada olduğu bir iklimde gelişme göstermiştir. Bu anlayışlar arasında kentleşme olgusunu resimlere yansıtan bu olguya bağlı olarak gecekondu, yoksulluk, kent halleri gibi temaları ele alan ressamların ön plana çıktığı görülür. Toplumsal ve bireysel hassasiyetlerin öncelendiği bu anlayışta göç gibi psikolojik ve sosyolojik açıdan pek çok nedenselliği olan ve pek çok sonuç doğuran bir tema da ihmal edilmemiştir. Neşet Günal, Nuri İyem, Nedim Günsür gibi ressamlar göç olgusunu doğrudan resimlerinde ele aldıkları gibi göçü, doğasına uygun biçimde dolaylı yollardan da anlatmışlardır. Ekonomi, savaş, uygarlığın kent kavramıyla birlikte ele alınışı gibi nedenler göçü ortaya çıkarırken gecekondulaşma, altkültür, farklı dil, yoksulluk gibi sonuçlar da göçe bağlı olarak ortaya çıkmıştır. Çağdaş Türk ressamları da göçü bütün bu yönleriyle ele almıştır.

Ramiz Aydın da göç temasını 1970'li yıllardan beri işleyen ressamlardandır. Ramiz Aydın'ın göç konusunu ele almasının nedenleri pek çok farklı bileşenin bir araya gelmesiyle temellendirilebilir. Çocukluğunda Doğu ve Orta Anadolu'da yaşaması ve bu bölgelerde sıkça yer değiştirmesi bu bileşenlerden ilkidir. Yanı sıra takip ettiği ressamlar ve okuduğu yazarların etkisiyle de bu temaya yönelmiştir.

Ramiz Aydın'ın göç temasının biçimlenmesinde, göç eyleminin mağdurları olan 'göç edenler' baş rol oynar. Bütün resim atmosferlerinde göç edenlerin hüznünü, mağduriyetini, umutlarını anlatmaya çalışan sanatçı günümüz Türk resminde toplumsal duyarlılığını kaybetmemiş ressamların da var olduğunu gösterir.

Kaynakça

"Anadolu'yu Destanlaştıran Ressam, Ramiz Aydın." (Haziran-Temmuz 2014). *İstanbul: EQ İnsan ve Yaşam Dergisi.* (Sayı: 059)

Arısoy, D. Ve Altınkurt L. (Kasım-Aralık 2012). "Türk Resminde Kent". *Akademik Bakış Uluslararası Hakemli Sosyal Bilimler Dergisi.* (Sayı:33)

Çimen, E. (2003). *19. Yüzyıldan Günümüze İstanbul Kent Dokusunun Türk Resminde Yansımaları.* İstanbul: Mimar Sinan Güzel Sanatlar Üniversitesi Sosyal Bilimler Enstitüsü Yayınlanmamış Yüksek Lisans Tezi.

Gezgin, Ü. (2004). *Ramiz Aydın.* İstanbul: Bilim Sanat Galerisi Yayınları.

Gönülal, Ö. (2007, 2 Aralık). Sanat Kavramı İle İç Göç İlişkisi Üzerine Düşünceler. Erişim Tarihi: 03 Mayıs 2016, http://www.sanatteorisi.com/sanatteorisi.asp?sayfa=Makaleler&icerik=Goster&id=2695

İhtiyar, T. (Ekim 2010). "Ramiz Aydın (Ramiz Aydın ile söyleşi)". *İstanbul: RH+ Art Magazine.* (Sayı:74)

İşanç, Y. (2008). *Yeni Türk Gerçekçiliği ve Nedim Günsür.* Trakya Üniversitesi Sosyal Bilimler Enstitüsü Yayınlanmamış Yüksek Lisans Tezi.

Koçak, Y. ve Terzi, E. (2012). "Türkiye'de Göç Olgusu, Göç Edenlerin Kentlere Olan Etkileri ve Çözüm Önerileri". Kars: *Kafkas Üniversitesi İktisadi ve İdari Bilimler Fakültesi Dergisi.* (Cilt 3, Sayı 3).

Sezal, İ. (1992). *Kentleşme.* İstanbul: Ağaç Yayınları Alternatif Üniversite Serisi.

Görsel Kaynakça

Gezgin, Ü. (2004). *Ramiz Aydın.* İstanbul: Bilim Sanat Galerisi Yayınları.

http://www.artpointgallery.com/index.php?Page=Auction&ID=2471&displays_id=14&lno=707 (Erişim Tarihi: 20/05/2016)

http://blog.peramuzesi.org.tr/sergiler/umut-yuklu-kervanlar/ (Erişim Tarihi: 21/05/2016)

http://www.neseerdok.com.tr/ (Erişim Tarihi: 21/05/2016)

http://www.nuriiyem.com/eser/s763-016/ (Erişim Tarihi: 20/05/2016)

Bölüm 5.

Fransız Çocuk Yazınında Göç Örneği: Buranın Çocukları Başka Yerlerin Anne-Babaları

İrfan Atalay

Giriş

Günümüzde farklı boyutları ve etkilediği alanla içinden çıkılmaz bir sorun haline gelen ve kavramsal boyutta bile farklı adlandırmalarla ele alınan göç ve göçerlik, artık dünya ölçeğinde küresel oluşumlardan ülke yönetimlerine, toplumsal kurumlara, sivil toplum örgütlerine ve tikel düzeydeki *yerli* ve *yabancı* diye adlandırılan bireye kadar her kesimi derinden etkileyen, sebep ve sonuçlarıyla devasa bir boyut kazanan sorundur. Doğal olarak bu sorun yaşamın ve onu şekillendiren her araçta ve her alanda olduğu gibi, yazın alanında ve onun alt alanlarından biri olan gençlik yazınında da geniş ölçüde yer alan bir sorundur. Ekonomik koşullar ve sosyal yaşam koşullarının daha yüksek düzeyde olduğu ülkeler ya da bir genellemeyle Avrupa kıtası sıklıkla bu sorunla karşı karşıya gelen bir coğrafyadır.

XIX. yüzyılın başları ve özellikle ortalarından hareketle İngiltere'de başlayan ve domino taşları etkisiyle Avrupa'nın diğer ülkelerinde de etkisini gösteren ağırlıklı bir burjuva girişimi olan sanayi devrimi ve onun sağladığı ekonomik koşullar, öncelikli olarak tarımsal toplum yapısına sahip ülkelerin nüfus yapısında hareketlenmelere yol açar. Kurulan fabrika ve atölyelerde gereksinim duyulan işgücü, başlangıçta mevsimlik işçi çözümüyle, sonrasında çalıştırılacak işçi için gerekli yaşam koşulları iyileştirilerek fabrikanın bulunduğu merkezlerde yaşamaya teşvik edilerek, ülke içinden işçi alımı yoluyla karşılanmaya çalışılır. Ne var ki, sanayi devriminin başlangıcını takip eden yüzyılda Avrupa'nın iki büyük savaşı yaşaması ve çalışma kapasitesi yüksek genç nüfusunu savaşlarda kaybedilmesi, savaş sonrası ülkeleri ayağa kaldırmak için gereksinim duyulan işgücü açığını katlayarak büyütür. Bu durumda sanayileşme sürecindeki ülke kendi kaynaklarının yetersizliği karşısında, başka ülkelerden işçi isteğinde bulunarak ya da çeşitli nedenlerle ülkeye yönelen göçlere izin vermek yoluyla gereksinim duyduğu açığı kapatmak yoluna gider.

Sanayileşmiş ülke öncelikli olarak, varsa, kendi sömürgesi olan ülkelerden ya da sömürüye karşı savaşımını kazanıp bağımsızlığını elde eden ülkelerden, ikinci olarak ekonomik anlamda nüfusuna gerekli yaşam koşullarını sağlayamamış veya savaş ve toplumsal çatışmalar yaşamış ülkelerden yasal veya yasal olmayan yollardan kendisine yönelen işgücü alımına öncelik verir. Kuşkusuz, Orta Avrupa'nın önemli ülkelerinden biri olan Fransa da tarihsel anlamda yaşadığı süreç içinde aynı yolları kullanırken, yer yer bu göçlerden oldukça etkilenir. Başlangıçta ülkenin gelişmişliği ve ekonomisi için olumlu olan bu etkilenme, ekonomik krizlerin yaşandığı dönemlerde olumsuz biçime döner; bu da ülke genelinde toplumsal rahatsızlıklara, yabancı düşmanlıklarına ve insanların başkalarına mesafeli duruşlara, yer yer kültürel çatışmalara yol açar.

Günümüz gerçeğinden hareketle, geçmişin tek kültürlü ve tek dinli toplum yapısından, çok kültürlü, çok dinli ve çok renkli toplum yapısına geçilme aşaması ne yazık ki sancıları bol ve halen devam etmekte olan bir süreçtir. Bu süreçte yaşanan çatışmaları, oluşan önyargıları, sahip olunan hoşgörüsüz davranış modellerini bir kenara bırakarak, her yönüyle çeşitlilik ve zenginliği bol bir toplumu kitlelere ve kuşaklara aşılamak ve göç olgusunu farklı boyutlarla tanıtmak gereklidir. Bu amaca yönelik olarak yazılan ve özellikle toplumun geleceği olan genç kuşağa yönelik olan birçok yapıt söz konusudur. Bu çalışmada, Fransız çocuk yazınında sorunu ele alan kimi yapıtlar ve özellikle eksenimizi oluşturan, kendisi de bir göçer olan Carole Saturno'nun *Enfants d'ici et parents d'ailleurs[1]* adlı gençlik yazını ürününden hareketle, Fransız çocuk yazınındaki "göç olgusu"na derinlemesine bir bakış hedeflenmektedir.

Örnek olarak seçilen yapıtlar, Çin, Cezayir, Çeçenistan, İtalya, Portekiz gibi ülkelerden farklı nedenlerle Fransa'ya göçmüş ailelerin bireyleri ya da doğrudan göç serüveninin kahramanları olan çocukların ve onların tanıklıkları ışığında ailelerinin sürecin başından itibaren yaşanmışlıkları, göçerliğe ilişkin farklı başlıklar altında yer alacaktır.

Tanımlar: Göç, Yabancı, Göçer ve Göçer Yazını

Göç sorunuyla ilgilenen bilim dallarının uzmanları terimleri farklı ifadelerle tanımlamış olsalar da, göç, yabancı, göçer ve göçer yazını hepsinin tanımında aynı bağlamda birleşir. Bu nedenle kimi tanımları öz bir sentez halinde vermek olasıdır.

Buna göre *göç*, hangi şekilde olursa olsun, her durumda, yaşam alanlarında var olan ya da yaşam alanlarında dayatılan olumsuz koşullardan isteyerek veya zorla uzaklaşıp daha uygun koşullarda yaşama arzusuyla yapılan yer değiştirme hareketidir. Dolayısıyla göçün esasında ekonomik, sosyal, siyasal, demografik, kültürel ve hatta hukuksal koşulların uygun olmayışı, yetersizliği ya da bu koşullardan bir hoşnutsuzluk vardır. (Saturno, 2005, s. 132-134) Öyleyse göç; coğrafya, demografi, ekonomi, antropoloji, psikoloji, pozitif bilimler, hukuk, toplumbilim gibi birçok bilim dalının inceleme alanına giren olgudur ve modernleşmeye bağlı toplumsal değişim biçimlerinden biridir.

Göçün, iç ve dış göç olmak üzere iki biçimi vardır. İçgöç; bir ülkenin herhangi bir yöresinden aynı ülkenin başka bir yöresine çeşitli etkenlerle göçme eylemidir. Dışgöç ise, ulusal bir sınırı aşıp bir başka ülkeye göçme eylemidir.

Göçer olarak gidilen yer ya da ülkede sıklıkla göçer için kullanılan *yabancı* ise, teknik ve yaygın tanımlarının yanı sıra toplumbilimsel anlamda, "grup üyeleriyle ortak amaç ve ortak noktaları olmasına karşın tam anlamıyla çoğul bir gruba aidiyeti olmayan ve grubun dışında tutulan kişiye yabancı denir." (Fichet, 1993, s. 112) Dolayısıyla yabancı, göçerden farklı olarak ya kendini gruptan farklı görerek gruba karşı mesafeli bir tutum takınır ya da grup onu kendilerinden faklı görerek ona mesafeli davranır. Ancak, göç alan ülke toplumlarında gerek göçerin diyaloğa kapalı duruşundan, gerekse toplum bireylerinin bilgisizliğinden ve büyük oranda dışlayıcı bir gözle göçere bakmalarından dolayı bu terim göçer için sıklıkla kullanılır (Beauclair, 2011, s. 22).

Göçer ya da *mülteci* teknik anlamda yaşam alanlarının sınırlarını aşıp, kendi toplumuna ait olmayan bir coğrafya ya da demografik yapıya geçenlere denmekle birlikte, Fransız İstatistik ve Ekonomik Araştırmalar Enstitüsü'nün tanımında, yaşadığı ülke dışında doğmuş ve sonradan yaşadığı ülkenin vatandaşlığını elde etmiş gerek eski koloni ülkelerinden, gerekse diğer ülkelerden olan ve ülke dışından gelen

---

[1] Türkçe çevirisi olmayan kitap, *Bura(sı)nın Çocukları, Başka Yerlerin Anne-babaları* olarak çevrilebilir.

yabancıya verilen addır (INSEE, 19.06.2016). Göçer, yalnızca bir başka ülkeden gelip yurttaşlık haklarını elde eden veya geldiği ülkenin toplumsal olanaklarından yararlanan kişi değil, aynı zamanda bu kişinin geldiği ülkede doğan ikinci, belki de üçüncü kuşak aile bireyleri için de kullanılan bir terimdir. Toplumbilimsel bağlamda göçer ya da "mülteci" terimleri daha az ötekileştirici bir niteliğe sahip olduğu için "yabancı" terimine tercih edilir. Çoğunlukla göçerle aynı anlamda kullanılsa da, mülteci terimi göçme eylemi sonunda gittiği ülkeden yaşamının güvence altına alınmasını ve kendisine vatandaşlık verilmesini isteyen sığınmacı anlamında da kullanılır.

Günümüz Fransa ölçeğinde, toplumda var olan algı bakımından, göçer ya da mülteci; yasal olmayan yollarla ülkeye giren, genelde inşaat sektöründe ve kanalizasyon işleri gibi ağır ve pis işlerde düşük ücretle çalıştırılan, banliyölerde uygun olmayan yaşam alanlarında topluca yaşayan ve çoğunlukla İslam kültürüne sahip gençler için kullanılan bir terimdir (Hmed & Laurens, 2008).

Göçer yazını ise, bir ülkeden diğerine farklı gerekçelerle geçiş yapmış, yerleşmiş ya da ana yurdu dışında göçtüğü ülkede doğmuş olan yazarların oluşturdukları yazınsal üretimin tümüne denir. Göç yazını adlandırılmasıyla genelde XX. Yüzyılın ikinci yarısı, çoğunlukla da 1980'li yıllar sonrasında yazılan ürünler anlatılmak istenir. Günümüz gerçeğinde, göçer yazını yalnızca sürgün ya da yer değiştirmeyle karşı karşıya kalmış veya ailesinden dolayı etkilenmişlerin oluşturduğu yazın değildir, çünkü bu yazının ortaya çıkışı aynı zamanda küreselleşme ve gittikçe artan göç dalgalarıyla olgusuyla çok yakından ilintili olduğu için, göç olgusunu doğrudan yaşamamış yazarların da bu bağlamda oluşturdukları yazınsal birikimi de göçer yazını adıyla anılır. Bu nedenledir ki günümüz göçer yazını, büyük anlatıları kuşkulu hale getiren, parçalı ve yamalı görüntüler sunan, eldeki kırıntı ve kalıntılarla yeni yapılar oluşturmaya çalışan modern ötesi güzelduyuyla yakından ilintili bir alandır.

Fransa nüfusunun % 10'undan biraz fazlası ülke dışında doğduğuna ve nüfusun dörtte birinin göçer bir anne-baba ya da göçer nine-dedeye sahip olduğu (Héran, 2007) göz önüne alınırsa, göçer yazınının Fransa'daki boyutu daha kolay anlaşılır.

Göçer yazınına koşut biçimde gençlik yazını da her geçen gün genişleyen ve yeni izleklere yönelen bir alandır. Yeni biçimler altında bir yandan gelişmeye, bir yandan çağdaş yazını yenilemeye çalışır. Her yönüyle biçimleri, dili ve görsel söylem ve metinsel düzlemiyle birliktelikler oluşturarak türleri sorgular hale gelir. Geleneksel yazının araç ve yöntemleri yanında, gençlere ve çocuklara yönelik izlekleri ve dünyanın sorunsallarını kullanır. Bu yazınsal alanın içine günümüzün araştırmacılarının ve yazın kuramcılarının kural ve sınırlarını saptayıp tanımlamaya çalıştığı pek çok alt alan ve akım girmeye çalışır. Toplumsal gerçekliklerin, okul ve kurumlarda karşılaşılan tutum ve yöntemlerin zorlamasıyla gençlik yazınına bir şekilde girmeyi başaran alanlardan biri de çocukluk dönemini ilgilendiren göçer gençlik yazınıdır. Göçer gençlik yazını şimdilik, birçok kişi tarafından genel anlamdaki göçer yazını içinde değerlendirilse de, hız kesmeden devam eden göçün itici işleviyle (Er, 2015) yakın gelecekte kendi başına bir dal olacağı kuşkusuzdur. Böylesi bir ad altında anılması, toplumsal yer değiştirmeler, sürgünler, uzun süreli yolculuklar, gidiş-gelişler; açlık, sefalet, savaş ve korkuyla başka topraklara taşınma gibi oldukça dinamik konuları içermesindendir (Bondoux, 2009, s. 113). Roman, tiyatro, şiir, vb. yazınsal türlerin hangisi olursa olsun gençlik yazını; söylemi, motifleri, grafiksel dili ile diğer yazından ayrı yöntemler kullandığını ve farklılıkları olduğunu göz önünde bulundurmak gerekir.

Fransız çocuk ve gençlik yazını alanında göçü konu edinen her kitap başlığı, bir çocuğun ve onun ailesinin öyküsünden hareketle Fransa tarihinin belli bir dönemini ele alır. Köken ülke, yolculuk, umdukları ve buldukları Fransa gibi anı ve öykülerle dolu bir alandır. Kurguyla oluşturulmuş anlatı genelde küçük ve büyük öyküler içerir. Küçük öykü çocuk/genç kahramanın öyküsü iken, büyük öykü aileyi, ulusu ve uluslararasını içeren ve farklı boyutları yansıtan anlatıdır. Böyle olunca, kitap okuyan çocuk ya da genç, okumalarıyla yalnızca özel bir alana değil, aynı zamanda özelin göndermede bulunduğu genele ve evrensele de giriş yapmış olur.

Gençliğe yönelik bazı yazınsal ürünlerde göçerlik sürecinin anlaşılması bakış açılarının değişim ve değişikliğiyle sağlanır. Öykü, anlatı kişilerinin kimliklerinin oluşturulmasına katkı sağlayan farklı bakış açılarıyla gelişir. Çocuk kişilerin sorunları okur çocukların sorunu hale gelir ve bu sorunlar ortaya konur. Aynı şekilde anne-baba kişiliklerinin bu sorunlara verdikleri karşılık ve yanıtlar, okur çocukların anne-babalarının da kullanabilecekleri türden yanıtlardır.

Fransa'da Göç Tarihi ve *Buranın Çocukları Başka Yerlerin Anne-Babaları*

Günümüzde Fransa olarak bilinen topraklara, tarih boyunca, kuzeyden barbar toplumların, güneyden İtalyanları oluşturan farklı unsurların, doğudan Hunlar ve diğer Asya kökenli toplulukların, batıdan ise İber Yarımadasını ele geçiren Müslümanlardan kaçarak Orta Avrupa'ya sığınan gruplar ile Normanlarla yapılan savaşlar sonucunda Britanya'dan Fransa'ya göçen Brötonların göçlerinin olduğu bilinmektedir. Katolik ve Protestan çatışmalarının yaşandığı XVI ve XVII. yüzyıllarda gerçekleşen geniş çaplı sürgünler ve sığınmalar da aslında göçü ilgilendiren konular olmasına karşın, toplumbilimsel bağlamda bir göçer hareketi olarak kayıtlara geçmezler.

Fransız tarihinde göçler, özellikle sanayileşmenin kendini belirgin bir şekilde gösterdiği 1850 yılı sonrasında içgöçlerle dikkat çekmeye başlar. Dönemin başta Paris ve diğer önemli liman kentleri olmak üzere, pek çok yerde açılan fabrika ve atölyelerde gereksinim duyulan işgücü için kırsal kesimde yaşayan genç nüfus, kentlerde yaşamaya ve çalışmaya teşvik edilir. Bu amaçla yapılan göç hareketleri Fransa'daki ilk göç hareketi olarak kayda girer. Bu tarih itibarıyla günümüzde gerçekleşenler hariç olmak üzere, Fransa'ya doğru yönelen göçler üç temel başlık altında toplanabilir: 1850'den sonra sanayi devrimiyle başlayan göçler, 1920'li yıllar civarındaki göçler ve 1960-1975 yılları arasındaki göçler.

XIX. yüzyılın ortalarından XX. yüzyılın başlarındaki I. Dünya Savaşına kadar ülkede rastlanılan göçler kırsal kesimden sanayileşme yolundaki kentlere doğru yapılan ve genç insanların gerçekleştirdiği içgöçlerdir. Bu göçler ulaşım araçlarının gelişip çeşitlenmesi, özellikle de demiryollarının yaygınlaşmasıyla en başta Paris'e, sonrasında önemli liman kentlerine doğru başlangıçta aktif tarımın yapılmadığı mevsimlerde, sonrasında ise tüm yılı kapsayacak şekilde gelişir.

1917 Bolşevik İsyanı sonrasında Çarlık Rusya'nın çöküşüyle yaşamları tehlikeye giren Rusya Yahudileri ve çarlık yanlısı Rusların göçü, Fransa'ya yönelen ilk dışgöçlerdendir. Ermenilerin, 1877 yılı sonrasında gerilen Osmanlı-Rusya ilişkilerinin bir malzemesi olarak kullanılarak Osmanlıyı tehdit aracı haline getirilmesinin ardından, 1915 yılı ilkbaharında, Osmanlı İmparatorluğunun Rusya ile savaşa girmesi arifesinde, doğu sınırını ayrılık iddiasında bulunan Ermenilere karşı güvence altına almak amacıyla çıkardığı Tehcir Yasasıyla ülkenin güneyine gönderilen ve dramatik olaylara da tanık olan Ermenilerden nitelikli olanların, artık birer Fransa sömürgesi durumundaki Suriye ve Lübnan gibi ülkelerden Fransa'ya götürülmesi bir diğer dışgöç dalgasını oluşturur. Bunu, Fransa'daki sanayi tesislerinde gereksinim duyulan enerji malzemesi kömürün çıkarılması için Polonyalıların işçi olarak Fransa'ya gelişlerinin teşvik edilmesi, devamında İtalya'da faşist hareketlerin yükselişi ve yoksulluğun artışı sonucu çok sayıda İtalyan'ın Fransa'ya yasal olmayan yollarla geçişi izler.

İspanya'da 1936 yılında faşist Franco yönetimine karşı başlayan sivil savaş, Franco güçlerinin köy ve kasabalarda yaptığı katliamlar ve 1939 yılında Katalonya'nın Franco askerleri tarafından işgal edilmesi çok sayıda İspanyol'un Pirene Dağları üzerinden yasal olmayan yollarla Fransa'ya geçişini tetikler. Benzer biçimde Portekiz'de 1928 yılında iktidara gelen ve 1970 yılındaki ölümüne kadar ülkeyi Katolik ilkeler ve komünizm karşıtlığı temelinde demir yumrukla yöneten Salazar'ın uygulamaları ve ekonomik sorunlara çare bulamaması da çok sayıda Portekizlinin İspanya üzerinden Fransa'ya yönelmesine neden olur.

XX. yüzyılın başında yaşanan büyük savaş ve onun sonucu genç nüfusun önemli bir bölümünün savaş sırasında kaybedilmesi, ülke dışından destek güçleri ve işgücü için insanların Fransa'ya girişini zorunlu kılar. Bu bağlamda öncelikle sömürge ülkelerinin insanları tercih edilmekle birlikte, ağırlıklı olarak Kuzey Afrika sömürgelerinin insanları ülkeye getirtilir.

İki savaş arası ekonomik canlanma için yapılan yatırımlar, yabancı kökenli insanların ülkede kalmasını zorunlu kılar, ancak meydana gelen küresel ekonomik kriz, göçerlerin yaşadıkları toplumda istenmemeleri sonucunu doğurur. İkinci Dünya Savaşıyla yabancı düşmanlığı arka plana itilse de, savaştaki başarısızlıkların sorumlusu olarak sömürge ülkelerinden gelen askerlerin gösterilmesi yeniden bu düşmanlığı körükler. Bunun üzerine 1927 yılında kendilerine vatandaşlık verilen binlerce yabancıdan vatandaşlık hakları 22 Temmuz 1940 tarihli bir yasayla geri alınarak ülkelerine gönderilirler. Bu süreçte daha önce Fransa'ya göçmüş olan Yahudilerin %40'ı toplama kamplarında "kontrol altında tutmak" uygulamasıyla Nazi Almanya'sında karşılaşılan kötü uygulamaları düşünerek Fransa'yı terk etmek durumunda kalır (Laguerre, 1988).

Kuzey Afrika sömürgelerinin savaşla ya da barışla elde ettikleri bağımsızlıklarından sonra, gerek Fransa sömürgesinde kalmaktan yana olan, gerekse İkinci Dünya Savaşından sonra yeni işgücüne duyulan gereksinimle ülkelerinin dışında çalışmak isteyen Magripliler bir kez daha Fransa'ya yönelir.

1960 sonrasında Almanya ve Türkiye arasında nitelikli ve bekâr işgücü alımına ilişkin anlaşma sonucu gittikçe Avrupa'da çoğalan ve 1965 yılındaki anlaşmayla Fransa'ya kabul edilen Türk işçilerle yeni bir etnik kökenin Fransa'ya göçü sağlanmış olur. Devamında sosyalist blokun bir üyesi olmasına karşın, ekonomik anlamda ülkeye para girişi için sınırlarını açık tutan Tito'nun izin verdiği Yugoslav göçü gelir.

Belli bir kültür düzeyine getirdiği nitelikli insan gücüne istihdam olanağı sağlayamayan Orta Afrika cumhuriyetleri de Fransızcayı resmi dil olarak öğrettiği insanlarını Fransa'da iş bulmaya özendirerek yeni bir göçe neden olurlar. Afrika'daki çatışma ve sefalet de göçün bir başka gerekçesi olur.

1980 yılı sonrasında Orta Doğu ve Kafkas coğrafyalarında meydana gelen iç ve dış çatışmalar Lübnanlıları, Afgan ve Pakistanlıları, Kürtleri, Arapları, Çeçenleri Fransa'ya doğru göçe zorlarken, Sosyalist Blokun çöküşünün ardından kapitalist ülkelerin yaşam koşullarını elde etmek isteyen Orta Asya Türk Cumhuriyetleri vatandaşları da aynı yönde yola koyulur.

1880, 1930 ve 1980'li yıllarda yaşanan ekonomik krizler ve iş alanlarındaki daralma, göçün biraz olsun yavaşlamasına ve gerilemesine yol açsa da, son yıllarda özellikle Arap coğrafyasında yaşanan istikrarsızlık göçer oranını artırır.

2004 yılındaki araştırmalardan elde edilen rakamlara göre Fransa nüfusunun %8'den biraz fazlasını göçer diye tanımlananlar oluşturur. Günümüzde kesin veriler olmamakla birlikte bu oranın halen devam ettiği varsayılır. 70 milyon dolayındaki Fransız yurttaşının beş milyonunun Fransa dışında doğan göçerler (2 milyon) ve onların Fransa'da doğan çocuklarından (3 milyon) olduğu; Fransız yurttaşlığı almamış ya da alamamış üç buçuk milyon yabancının Fransa'da yaşadığı ve bunların 550 bininin Fransa'da doğduğu (Colombat, 2014); Cezayirliler, Faslılar ve Portekizlerin en kalabalık göçer gruplar olduğu, ancak son yirmi yılda Orta Afrika, Asya ve Doğu Avrupa göçerlerinin büyük göç dalgalarını oluşturduğu gerçeği söz konusudur (Saturno, 2005, s. 134).

Göçer nüfusun tarihsel süreçte erkek ağırlıklı bir nüfustan kadın ağırlıklı bir nüfus haline geldiği ve göç edenlerin eskiye oranla daha uzak ülkelerden Fransa'ya geldiği de bir gerçeklik olarak göze çarpar.

Üzerinde yoğunlaşacağımız Carole Saturno'nun *Enfants d'ici, parents d'ailleurs* adlı yapıtı öncelikli olarak Fransa'da göçün tarihini, seyir sürecini, aşamalarını, yönlerini küçük öykülerin yanında yer alan büyük öyküler ve tarihsel notlarla tanıtmaya çalışırken, göçerlerin göç sıkıntılarını, geldikleri ülkede kabul görüp görmediklerini, bütünleşme sorunlarını, kültürel çatışmaları ve kimlik sorunlarını satır aralarında genç okurlarına vermek ister. Fransa'da sanayi devriminin başlangıcı sayılan 1850 yılı sonrasından günümüze iç ve dış göçü ve onların bileşenlerini yapıtta çocukların rahatlıkla anlayabileceği bir biçemde ortaya konur.

Genç okurlara yönelik yapıt, ilk olarak içerikle uyumlu resimlerle zenginleştirdiği "kırsal göç ve göçerlik" tarihini ele alır. "Tarlalardan Kente" anlatısıyla başlayan yapıt, genç okurlarına kırsal kesimden kentlere göçün alt yapısını ve gerekçelerini vermek ister. Buharlı makinelerin keşfi sonrasında makinelerin çalıştırılabilmesi için gereksinim duyulan kömür madenlerinin işletilmesi öncelikli olarak toplumsal hareketliliği tetikleyen unsur olarak vurgulanır. Fransa'nın değişik kırsal kesimlerinden insanlar daha iyi koşullar altında yaşamak amacıyla işgücüne gereksinim duyulan sanayi merkezi haline getirilen Paris'e doğru göçe başlarken, ülke ölçeğinde değişmese de, bölgeler ölçeğinde artan ve azalan nüfus hareketlerinin doğmasına neden olurlar. Bu göç, yalnız bir nüfus hareketi olarak kalmaz, yer değiştiren insanlar için köklerinden uzaklaşma ve kendi değerlerinden kopma hareketini de oluşturur. Kendisi de yıllar önce Fransa'ya yerleşen bir İtalyan göçer ailenin çocuğu olan yazar, kırsal kesimden kente göç konusunda ilk olarak Bröton kökenli bir çocuk olan Alice'in anlatısına yer vermeden önce, tarihsel süreçte Fransa'da farklı dillerin kullanıldığına, ancak III. Cumhuriyet Döneminde yaygınlaştırılan okulların sayesinde bir dil birliğinin oluşturulabildiğine dair kısa bilgilere yer verir (Saturno, 2005, s. 12).

Yapıtta sırasıyla, günümüz ülkelerini oluşturan toplumların sanayileşme süreci içinde derinden altüst oluşlarına, 1930'lu yılların küresel ekonomik krizine, demiryollarının gelişmesinin göçe katkısına, kültür ve değerlerden kopuşlara, ikinci Dünya Savaşı ve onun travmalarına, Yahudilerin acısına ve göçerlik süreçlerine, Ermenilerin göç ettirilmesiyle yaşanan olumsuzluklara, Çarlık Rusya'nın çöküşüyle ortaya çıkan kargaşa dönemindeki göç hareketlerine, İtalya'dan Fransa'ya, İspanya'dan Fransa'ya yönelişlere, Nazizm'in yükselişinin neden olduğu yer değiştirmelere, sömürge ülkeleriyle olan ilişkiler ve onların sonuçlarına, 1974 sonrası ekonomik krizine, Türk göçerlerin öyküsüne, eski Yugoslavya cumhuriyetlerinden Fransa'ya yapılan göçler ve sebeplerine, Çinli nüfusun Fransa'da artışına ve genelde Asya kökenli göçlere yer verilirken, son bölümde farklı kökenden gelen çocukların ağzından ve gerektiğinde yazarın tarihsel müdahaleleriyle günümüz Fransa'sında göçün ve göçerin konumuna, göçerliğin küresel boyutuna açıklık getirilir. Son olarak göç ve göçerliğin içerdiği terminoloji tanıtılır ve onların tanımları yapılır.

Özellikle son on beş yılda Avrupa'ya yönelen göçler konusunda Fransa ve Avrupa Birliğinin ne gibi önlemler aldığı hatırlatılır, toplumla göçerlerin bütünleşmesinin gerekliliğine ve bütünleşmenin yöntemlerine üstü kapalı biçimde satır aralarında vurgu yapılır. Bütünleşmeyi engelleyen unsurlar sıralanır, bütünleşmeyle kendi kültüründen ve inancından vazgeçmenin söz konusu olup olmadığı sorgulanır.

Çocuk Yazınında Göç Olgusu

Toplumbilimsel anlamda toplumun bir konuda sahip olduğu kanı, kamuya ve genele özgü bir tartışmanın ürünü olarak gösterilir ve bu kanı, taraflar arasındaki karşılıklı iletişimde kendini gösterir. Öyleyse, toplumun bir temsilcisi konumundaki yazarın, yapıtında yer verdiği kanı ve düşünceler de toplumun geneline aittir denebilir.

Göçerliği ele alan yazınsal ürünlerde çoğu kez üstü kapalı olarak duyumsattırılan şey, göçerin çoğunlukla göç ettiği ülkenin dilinden farklı bir anadile sahip, yoksul, sığınmacı, yasal olmayan yolları kullanmış, yabancı, suça eğilimli, vb. niteliklere sahip olduğudur. Uyumsuzdur ve tıbbi, eğitimsel, ruhbilimsel ve toplumbilimsel desteğe gereksinimi vardır. Üstelik böylesine sorunları olan yalnızca ilk gelen göçerler değil, aynı zamanda onun ardılı durumundaki ikinci ve üçüncü kuşaklar da sorunludur. Ne var ki, kuşaklar değiştikçe aşılması gereken sorunlar azalma eğilimine girse de, göçerin yaşadığı ülkenin toplumuyla bütünleşmesi için uygun yöntemlerin kullanılmaması sorunu daha da karmaşık hale getirir. Kendi dil, din ve değerlerini "yozlaşmamak" adına koruma güdüsüne sahip göçer, bir anlamda toplumla bütünleşme çalışmalarını aksatan unsur olarak gösterilir. Göçerin yozlaşmamak diye önem verdiği konuya Fransızlar kendi değerlerinin küçümsenmesi algısıyla bakar (Mahy, 2016). Böyle olunca, kuşkusuz aşağılama, değersizleştirme, ötekileştirme, dışlama ve reddetme gibi insanlık için olumsuzluklar ortaya çıkar.

Fransız çocuk ve gençlik yazınında, konunun öncelikle benzer olumsuzluklarıyla ele alındığı, ardından olumluya çevirmek için neler yapılabileceğine ilişkin önerilerde bulunulduğu fark edilir. Ancak, birçok yazınsal ürün egemen Fransız kültürünü odak alarak göçerlerin bu kültüre uyumları ve bütünleşmelerini önemle vurgularken, bazı ürünler de yoğun göç alan ülkelerde artık egemen bir kültürden söz edilemeyeceğini, bütünleşme için her bir kültürün eşit düzeyde kabul edilip kültürlerarası bir ortam oluşturulması gerektiği iletisini verir. Bunun için de öncelikli olarak göç olgusunun ve göçerin iyi ve derinlemesine anlaşılması gerektiği salık verilir.

Göçerliği ve göç olgusunu kavramak, çocuk açısından entelektüel yeteneklerinin farklı bir ortama taşındığının, yeni duygulara açıldığının kabul edilmesi anlamına gelir. Farklılık ve yeniliğin kabullenilmesi kavramaktan geçtiğine göre, çocuğa yardım etmek için yazarlar farklı yöntemlere başvurur. Öğrenmeye açık çocukta sorun olmayan "anlamak/kavramak" edimi, gerek yeterli dil bilmediği için, gerek kendisine farklı bir gözle bakıldığı için, gerekse de benzer nedenlerle kendini öğretmeye ve eğitime kapatmış çocuklar için büyük sorun oluşturur. Bu sorun belli yöntemler kullanılarak aşılmaya çalışılır. Bunlardan en belirgin olanı da, güç koşullara boyun eğmek durumunda kalmış, bu nedenle içine kapanmış, korku ve cesaretle davranmış, anılar ve duyguları arasında kalmış kişilerin kahraman olarak yapıtlarda yer alması yöntemidir. Örneğin, *La fille qui parle à la mer* (Galéa, 2013) adlı yapıtın çocuk kahramanı Oyana, herkesin korkudan birbirine kenetlendiği, motor gürültüsünün bol olduğu, oturacak yeterli yerin olmadığı, yiyecek sıkıntısının çekildiği, çığlıkların, evine dönmek isteyip ağlayanların yer aldığı bir teknede yorucu ve korkunç bir yolculuk yapar. Ancak her şeye karşın Oyana, kendi kendine, "ıslanmak umurumda değil, istediğim kıyıya varmak. Korkmuyorum ve kalbim de rahat" (s.24), diyen türdeki bir kahramandır. Cesaretine ve engelleri aşmadaki kararlılığına karşın yine de Oyana, sahip olduğu zayıflıkları aşmak için annesiyle yaşadığı güzel anları yolculuğu sırasında denize anlatır (s. 27-28).

Anne Scheider'in Cezayir'den Fransa'ya göçle ilgili anlatılara yer verdiği *La Littérature de jeunesse migrante* (Schneider, 2013) adlı yapıtı da benzer yöntemi kullanır. *Guide du mieux-vivre ensemble: Ma laïcité, ma religion, mon identité* (Banon, 2016) adlı yapıt:

"Küreselleşme bizi dünya çapındaki bir uygarlığı oluşturmaya doğru götürüyor. Burası evrensel özlemler ve kültürel özelliklerin bir arada olduğu yeni bir uygarlık yeri. Bu yerde herkes küresel vatandaşlık, bir geleneğe aidiyet ya da yerel bir bağlanma isteğinde bulunabilir. İnsanlık için bugüne kadar dillendirilmemiş bu durum, kişisel kimliklerin kırılmasını sağlayabilir, ancak gruplar arasındaki çatışmaları doğurabilir"[2] (s.5), diyerek artık kişi ve gruplara özgü alanların bir kenara bırakılarak yeni ve farklı boyutları olan bir toplumu oluşturmak gerektiğine işaret eder.

Farklı köken ve kültürleri birer zenginlik sayarak birlikte yaşamayı aşılamak isteyen gençlik yazını yapıtlarından bir diğeri de, yazarları da Kuzey Afrika göçerleri olan *Vivons ensemble. Pour répondre aux questions des enfants sur l'immigration* (Messaoudi & Harzoune, 2012) adlı yapıttır.

Kuşkusuz yazının gözünden kaçırmadığı konulardan biri de, birlikte yaşamanın güçlükleri konusudur. Göçer kabul eden ülkenin insanlarının bakış açısından göçerler, mesafeli durulması gereken ve genelde istenmeyen birey ve gruplardır. Çeçenistan'dan Fransa'ya göçün anlatıldığı *Le Jeu des sept cailloux* (Sampiero, 2010) adlı kitap kahramanı olan genç yaştaki kadın Larissa'nın durumuna ilişkin üçüncü şahısta yapılan anlatı, bu anlayışı en iyi yansıtan örneklerden biridir: "Gelip geçen bazı kimselerin soğuk bakışları Larissa'yı kurşunla vurulmuş kadar yaralıyor. Ancak Larissa hiçbir zaman ne gözlerini ne de ellerini indiriyor. Barınacak yer istiyor o, sadaka değil. Karnındaki küçük yıldızına bir gökyüzü arıyor" (s. 48).

Les deux vies de Ning (Goby, 2013), göçer olmanın genel sorunlarının yanında özellikle kültürel farklılıkların öne çıktığı bir yapıttır. Çocuk kahraman Ning, kültürel farklılıklar konusunda okulda kendine yöneltilen sorular aracılığıyla ilk kez ülkesi Çin'e dışarıdan bakar:

"Dudaklarımın titrediğini, nefesimin hızlandığını hissediyordum, hızlı konuşuyor, Çin'i sanki kendisine kötülük yapılan sevdiğim bir insanı savunuyormuşçasına savunuyordum. Annemi savunur gibi. Çin'i bu kadar özlediğimi hiç fark etmemiştim" (s.59).

Ning, Çinli kimliğinin bilincine varırken, kendisininkinden farklı olan Fransız göreneklerini gözden geçirme olanağı bulur. Kültüründe olmayan ancak hoşuna giden

---

[2] Kitaplardan alıntı olarak verilen metinler, kitapların Türkçe çevirileri olmadığı için tarafımdan yapılmıştır. İ. Atalay.

egemen kültür öğesini kabullendiğini belli eder. Annesi kendisine gerçek nitelikli bir iş bulduğunu söylediğinde çok gururlanır, kendi kendine söylenmek niyetiyle olsa da, annesinin duyacağı bir tonda: "Daha önce hiç görmediğim şekilde, kolejin önünde Fransız çocukların annelerinin bedeninde kaybolmak istercesine onların boyunlarına sarılıp, yanaklarına öpücükler kondurması gibi ben de seni kucaklamak istiyorum" (s.65), der.

Küçük ve büyük öykünün iç içe girmesine ilişkin bir örnek *João ou l'année des révolutions* (Goby, 2010) adlı anlatıda yer almaktadır. João ve ailesi uzun yıllar Portekiz'i ekonomik sıkıntılar ve dinsel bir baskı altında yöneten Salazar'ın diktatörlüğünden kaçar. Yapıt, bir yandan João'nun öyküsüne yer verirken asıl büyük öykü olan Portekiz'in baskıcı yönetiminin uygulamaları çocuk kahramanlar aracılığıyla serimlenir:

"Manuel'den özellikle bir kıza sarılmayı birçok kez öğrendim. Babası da bana bir şeyler öğretmişti. Örneğin, Portekiz'de Salazar ve onun hükümetteki adamlarının gerçek anlamda korkunç olduklarını. Özel bir polisi Fransa'ya, Champigny'e kadar gönderdiklerini, burada, binanın içinde bile Portekizli göçerlerin ihbar edilebileceğini. Kendisi gibi Salazar'a muhalif olanları, özellikle de komünistleri tespit ettirdiklerini; sonra da onları hapse attıracakları için muhaliflerin ülkeye dönmeye cesaret edemediklerini" (s. 21).

Les Vitalabri (Grumberg, 2014) adlı yapıt, yersiz, yurtsuz ve evraksız insanları simgeleyen bir adı taşımaktadır. Yersel ve uzamsal belirginsizlikler içerse de, gerçekte İkinci Dünya Savaşı yıllarında Yahudilerin ve Çingenelerin kimliklerini belli edecek yıldız biçimindeki bir simgesini üzerlerinde taşıması olayını anıştırır: "(…) sonra da Vitalabri'lere yönelik bir yasa çıktı (…). Erkek ve bayanların tümü (…) tanınmaları için, burunlarının üstüne iki kaşlarının arasına görünür bir V işareti dövmesi yaptıracaktır (…)" (s.66). Bu anıştırma kurgusal olsa bile gerçek tarihin belli bir döneminde yaşanan sıkıntı ve göçlerle ilgili büyük öyküyü gözler önüne serer.

Göç olgusundan hareketle bireysel ve ortak tarihin bir arada anlatılması anlayışı farklı yöntemler kullanılarak da gerçekleştirilir. Bu yöntemlerden biri de, anlatı kişisi olan çocukların sordukları sorular aracılığıyla büyük öyküye yönelik kapalı ve merak uyandıran yönlerin aydınlatılmasıdır. *La fille qui parle à la mer* adlı yapıtın paralel bir anlatısı niteliğinde olan ve aynı yapıtta yer alan *Le garçon au chien parlant* (Galéa, 2013) adlı yapıtta küçük Loïc, plajda bitkin halde kumsala sere serpe uzanmış durumda bulduğu Oyana'nın öyküsünü öğrenmek ister, bu amaçla Oyana'nın anne-babasına sorular yönelterek merak ettiği öykünün ayrıntılarını öğrenir:

"Tabii ki, çok uzak yerden geliyor.
Peki, ama nereden? Diye ısrar etti Loïc.
Şimdilerde mültecileri Afrika'dan getiren gemiler var.
Mülteciler ne demek?
Ne toprağı, ne de evleri olan insanlar. Bilirsin, bazı ülkelerde savaş vardır, yiyecek bir şeyleri bulunmaz, insanlar kaçıp uzaklaşır, gemilere biner ve okyanusu geçerler" (s. 21-22).

Yapıtların okuru konumunda olan çocukların da anlatı kişisi çocuklar gibi sürekli kimlikleri konusunda kendilerini sorguladıkları duyumsanır. *Les deux vies de Ning* adlı albümdeki çocuk kahraman, Fransa'da deneyimlediklerinden farklı olarak, geldiği ülke olan Çin'in bilmediği, bir bölgeden diğerine gidildiğinde adın değişmesi gerektiği, evlenecek kadın ve erkekleri ülkeyi yöneten komünist partinin bizzat seçtiği, anne-babasının da bu yolla evlendiği şeklindeki görenek ve geleneklerini öğrenir (s.69). Doğal olarak, Fransa'da yaşayan ve göçmen aileden olan okurlar da bu türden bilgilendirmeleri ve kimliklerini oluşturmayı çocuk kahraman aracılığıyla öğrenmiş olur.

Göç olgusunun toplumları gittikçe kültürlerarası bir ortamda yaşamaya sürüklediğini, kültürlerarası bir yaşam alanının sorunsuz bir alan olmadığını, kişi ve toplumların çatışma ve uzlaşmazlıklardan kaçınmak için kendi değer ve kimliklerinden ödün vermek durumunda olduğunu ortaya koyan pek çok yapıt gibi, *Guide du mieux-vivre ensemble* (Banon, 2016) da bunu açıkça vurgular:

"Küreselleşme bizi dünya çapında bir uygarlığa doğru götürüyor. Evrensel özlemler ve kültürel farlılıkların bir arada yaşadığı yeni bir uzam. Burada herkes gezegene özgü kimliğini ya da bir geleneğe aidiyetini ve yerel bir bağlanmasını ileri sürebilir. Şimdiye kadar gerçekleşmemiş böylesi bir durum, insanlığın bireysel kimliklerini yok edebilir, ancak kültürel gruplar arasındaki çatışmaları açığa çıkarabilir" (s.5).

Göçerlerin yaşadıkları ülke toplumu tarafından önyargıyla karşılandıklarını ve dışlandıkları, bunun da toplumla bütünleşmeye engel oluşturduğu, böylesi durumda kişilerin kendi kültürüne daha fazla sarılmak durumunda kaldığı konusu da yapıtlarda yer alır. Örneğin, *Les deux vies de Ning*'te kahramanlar ait oldukları ulus ve kültüre ilişkin önyargılarla karşılaşır:

"Altıncı sınıflar aldıkları notlarla geldiler... ve (benim kültürüm hakkında) yazdıkları düşüncelerin tamamı yanlıştı. Onların, Çinlilerin her öğün çamurumsu kıvamda, hamur biçiminde pirinç yediklerini, pastalarında ve ekmeklerinde bile pirinç kullandıklarını; judo, karate ve tekvando yaptıklarını; çoğunlukla da çizgi roman türü kitapları okuduklarını söylemelerini şaşkınlıkla dinledim" (s.57).

Çocuk kahraman Ning, gerektiğinde yanlış tanınmalar ve bilgilenmelerle de mücadele etmek durumunda kalır:

"Dudaklarımın titrediğini, nefesimin kesildiğini hissediyor, hızlı bir biçimde konuşuyor, sevdiğim bir kimseyi kötülük yapan birine karşı savunuyormuşçasına Çin'i savunuyordum. Daha önce annemi savunduğum gibi. Çin'i ne kadar da özlediğimi fark ettim. Nasıl da onu seviyordum (…)" (s.59).

Göçü ele alan yapıtlarda karşılaşılan bir durum da, göçerlerin toplumsal bütünleşmeye ve kültürlerarası bir yaşam biçimine hazır oldukları ve bunu kabullendikleri gerçeğidir. Ning, Çin'le ilgili duygularını ifade ederken Çinli kimliğinin bilincindedir, kendisininkilerden farklı Fransız göreneklerine bakarken de Fransız kimliği ön plana çıkar. Annesini Fransızların tarzıyla kucaklayıp öpmek istemesi, *Joao ou l'année des révolutions*'da morina balığının kullanıldığı Portekiz mutfağına özgü çeşitli yemeklerin diğer kültürden insanlar tarafından beğenilerek yenilmesi (s. 79), *Le Jeu des sept cailloux*' da farklı kökenden gelen çocukların bir Çeçen oyununu oynamaya çalışması bunun göstergesidir.

Temel inceleme yapıtımız *Enfants d'ici parents d'ailleurs* gibi, *Vivons ensemble: pour répondre aux questions des enfants sur l'immigration* ve *L'Immigration à petits pas* (Lamoureux, 2011) adlı kitaplar da sırf göç ve onun ortaya çıkardığı sorun ve sonuçları anlatmak için kaleme alınmıştır. Kuşkusuz Fransız çocuk ve gençlik yazınında göç olgusunun daha iyi anlatılması için gösterilen çabalar, birlikte yaşamak sorununun çözümüne katkı sağlamak ve bireylerde o anlayışın gelişmesine katkı sağlamak amacına yöneliktir.

Çocuk Yazınındaki Göç Nedenleri

Çocuk yazınında yer alan göçün nedenlerine ilişkin saptamaları yine küçük ve büyük öyküleri bir arada barındırarak tarihsel bir bağlamda anlatan ve şimdiye kadar göç konusunda Fransız toplumunda oluşmuş kanıların bir özeti niteliğinde olan *Enfants d'ici parents d'ailleurs*'den hareketle yapmak yerinde olacaktır.

On beş ayrı etnik kökenden grup adına bireysel ve genel anlatıyı gerçekleştiren çocuk kişilikler, anlatılarında göç nedenlerini de çoğu kez açık biçimde ortaya koyar. Bu nedenler sıralandığında, farklı etkenlere bağlı olarak göçlerin gerçekleştiği görülür.

Ekonomik Nedenler

Fransa'ya göçenlerin en önemli göç nedeni olarak ekonomik nedenler ön plana çıkar. On beş etnik gruptan yalnızca Yahudiler, Ruslar ve Ermenilerin birincil planda ekonomik olmayan nedenlerle göçtüklerine yer verilir. Bunlara ilave olarak İtalyan, İspanyol ve Portekizlilerin göçünü tetikleyen unsur faşist yönetim baskıları gösterilse de, asıl neden yine ekonomik göçtür.

Ekonomik gerekçelerle gelen göçerlerin geldikleri ülkenin gelişme düzeyinde gerekli yatırım ve hamlelerini yapamaması, yerüstü ve yeraltı zenginliklerinin kıt olması, yeterli iş olanaklarının olmaması, yaşadıkları yörelerde kuzey-güney, doğu-batı gelişmişlik farkı gibi bir takım kısıtlamalarla karşı karşıya kalması, çatışma ve ölüm korkusuyla yaşadıklarından dolayı geçimlerini sağlayacak koşullara sahip olmaması gibi ekonomiyle doğrudan ya da dolaylı gerekçelerle göçerler. Kendi ülkelerinde sahip oldukları refah düzeyinden daha yüksek bir refah düzeyini elde etmek arzusu da onları göçe yönlendiren nedenlerden biridir.

Buna göre, yapıtta içgöçü temsil eden Brötonlar daha uygun koşullar için yaşadıkları coğrafyadan ayrılmak zorunda kalır. Cezayir, Fas, Tunus gibi eski sömürgelerden, Polonya'dan, Afrika'dan, eski Yugoslavya cumhuriyetlerinden, Yunanistan'dan, Türkiye'den, Çin'den gelen göçerler ise geçimlerini sağlayacak yeterli iş olanaklarından yoksunlukları nedeniyle göçer. İtalya, İspanya ve Portekiz göçerleri faşist diktatörlerden kaçma gerekçesi öne çıksa da, aslında yoksulluk ve yoksunluk ön plandadır.

Nüfusa İlişkin Nedenler

Göçe neden olan zorlayıcı gerekçelerin en belirgin olanlarından bir tanesi, göçerlerin geldikleri ülkelerdeki nüfus yapısının olası olduğu ölçüde homojen bir yapıya dönüştürülmesi amacına yönelik olarak, azınlık ve farklı etnik kökenlilere uygulanan baskıdır. Nazi Almanya'sı ve onun etki alanındaki ülkelerin özellikle Yahudi ve Çingeneleri arındırma siyasetinin neden olduğu göçler bu türden göçtür.

Benzer şekilde, savaşa girecek ordunun ve savaş alanının güvenliği gerekçesiyle Ermeni nüfusun Anadolu'dan göçe zorlanması, bazı Afrika cumhuriyetlerindeki klan savaşları, Irak ve Türkiye'den gelmiş Kürt sığınmacıların ileri sürdüğü tartışılır nitelikteki bahaneler, faşist Franco'nun Katalonya'nın nüfus yapısını değiştirmek için giriştiği katliam ve sürgünler göç veren ülkelerin demografik yapısını şekillendirmeyle ilgili nedenler arasındadır.

Siyasal Nedenler

Rejim değişikliklerinin ve diktatörlük rejimlerinin kendilerine muhalif kişi ve grupları yok etmek, cezalandırmak, sürgüne göndermek gibi yaptığı uygulamalar göçe neden olan siyasi nedenler arasında yer alır. Saturno'nun kitabında Çarlık rejiminin yıkılıp yerine farklı bir rejimin getirilmesiyle cezalandırılmak ve öldürülmekten korkan Yahudi ve çarlık yanlısı Rus grupların Fransa'ya sığınması bu tür siyasi neden çerçevesinde gerçekleşir.

İtalya'da Mussolini, İspanya'da Franco ve Portekiz'de Salazar yönetiminden kaçanlar, Çeçenistan'daki kontrolü elde tutmak için Çeçenler ve Ruslar arasındaki savaşın etkisiyle ülkeden ayrılmak zorunda olanlar siyasi nedenlerle göçmek durumunda kalır.

Kültürel Nedenler

Birbirinden uzak ülkeler arasındaki iletişim araçlarının gelişmesi, ilgili ülkeler arasında bir takım çekim olguları yaratır: "Batı kültürü" diye adlandırılan batı usulü yaşam tarzı gelinen ülkeye göre daha güvenli yaşam tarzı olarak görülür. Bu bağlamda Fransız yurttaşlarına sağlanan eğitim olanakları ve sosyal güvenlik koşulları da çekim gücünü artırır. Bunun sonucunda Batı'ya, doğal olarak da Fransa'ya göçer yönelişleri artar. Savaş ve açlık dışında, özellikle frankofon Orta Afrika'dan Fransa'ya yapılan göçler bu niteliği taşır. Kitapta yer verildiği ölçüde, kısmen eski Yugoslav cumhuriyetlerinden eğitim amaçlı Fransa'ya geçişler bu bağlamda değerlendirilebilir.

Ailesel Nedenler

Bireysel olarak yasal ya da yasadışı yollarla Fransa'ya göçenler, sosyal haklarını elde ettikten sonra ülkeler arasındaki anlaşmalar ve yasal düzenlemeler çerçevesinde diğer aile bireylerini yanlarına getirtme hakkını elde eder. Bunun sonucunda zaman zaman göç dalgalarında göçen insanların sayısını aşan düzeyde aile bireylerinin bir arada toplanması yeni bir göçü oluşturur. Yapıtta, İtalyanlar, Türkler, İspanyol ve Portekizliler ağırlıkta olmak üzere, hemen hemen her kökenden kişilerin ailelerini bir araya getirme eyleminin anlatısına yer verilir.

Göçlerin Sonuçları

Ekonomik Sonuçlar

Tarih boyunca farklı göç dalgalarıyla karşı karşıya kalmış Fransa'da, sanıldığının aksine göç dalgaları genelde olumlu sonuçlara yol açar. Küresel tarihte yaşanan önemli yıkımların içinde yer alan Fransa, çalışma kapasitesi yüksek nüfusunun çoğunu kaybettiği her defasında, göçlerle kabul ettiği etkin nüfus sayesinde yeniden yapılanmalarını gerçekleştirir ve gelişmişlik düzeyini artırır. Örneğin, I. Dünya Savaşının devam ettiği yıllarda ülkeye Rusya üzerinden gelen Yahudi ve Ruslar ile Suriye ve Lübnan üzerinden aldığı Ermenilerle önemli oranda nitelikli işgücü açığını kapatır. Fabrikalarında ve askeri sanayide çalıştırmak üzere Çin Hindi ve Mağrip ülkelerinden getirttiği sömürge unsurları sayesinde sürdürülebilir askeri ve ekonomik yapıyı elde eder.

1920'li yıllarda ülkeye giren İtalyan göçerler gibi 1965 yılı öncesindeki göç dalgalarıyla gelen insanların Fransa'da çok düşük ücretle ve ağır koşullarda çalıştırılması ülkenin ekonomik anlamda gelişmesini sağlar. Üstelik yerli işçinin yüksek ücret ve daha iyi koşullar yönündeki talepleri bunlar sayesinde frenlenir.

Nüfusun yaşlanma süreci hem çalışanların sayısını artırmayı gerektirir, hem de sosyal güvenlik sisteminin sağlıklı işlemesini zora sokar. Bu nedenle ekonomik istikrar için genç ve çalışan nüfus oranının artırılması zorunludur. Bu amaçla bir yandan çocuk doğumları, diğer yandan sanayinin modernleştirilmesi, işlerin otomatik makinelerce yapılması teşvik edilirken, emeklilik yaşlarının yükseltilmesi ve çalışma koşullarının iyileştirilmesi gerekir. Yasal ve yasal olmayan göç dalgaları da, genelde orta ve yüksek nitelikli insanların ağırlıkta olduğu hareketleri kapsadığı için, Fransa'da nüfusun yaşlanmasıyla ortaya çıkan emeklilik sistemini ayakta tutabilecek finansmanı sağlamaya katkı yaparak olumlu ekonomik etkiler bırakırlar.

Şüphesiz göçün ülke üzerindeki ekonomik etkileri her zaman olumlu değildir. Özellikle ekonomik krizlerin yaşandığı dönemlerde Fransız yurttaşların işsizlikten etkilenmesine, iş alanlarının daha da daralmasına yol açar. Yapıtta 1930 yılı ve sonrasındaki krizle ilgili İtalyan işçilerin istenmeyen yabancılar olarak görülmesi bu nedenledir. Benzer durum 1970 sonrası krizinde yaşanır (Saturno, 2005, s. 57). Bunun yanında, göçerlerin aile bireyleri de sosyal güvenlik hak ve hizmetlerinden yararlandığı için zaten zorlukla finanse edilen, çoğu kez sübvansiyon gerektiren sisteme yeni yükler getirerek olumsuz bir etki yapar.

Göç veren ülkeye para akışının sağlanması da bu ülkedeki mal ve hizmet değişim oranlarının hareketlenmesine yol açtığı için etkileri olumlu olur. Ancak göç veren ülkenin işgücü kaybetmesi sonucu ekonominin yavaşlaması olumsuzlukların en önemlisidir.

Yazın alanında göç dalgalarının olumsuz ya da olumlu yönleri lehinde bir uzlaşı söz konusu değildir. Bu konuda yapılan çalışmalar kamu finansları üzerinde önemsenmeyebilir etkiler ortaya koyar. Bu durumda, göçlerin lehinde ya da aleyhinde olma gibi bir algı nesnel olmaktan uzak tümüyle öznel değerlendirmeleri gerektirir.

Toplumsal Sonuçlar

Göç alan ülke konumundaki Fransa'da etnik azınlıkların artması ırkçılık ve yabancı düşmanlığını körükler. Toplumsal düzen ve eğitimin dengeli bir biçimde toplumun geneline yayılması için toplumsal kurumlarda farklı plan ve yatırım zorunluluğu ortaya çıkar. Toplumla bütünleşme ya da uyumsuz sorunları her geçen gün daha maliyetli ve emek gerektiren hal alır. Toplumun yerli ve yabancı kökenli bireyleri arasında marjinalleşmenin artışı, toplumu yöneten siyasal organların oluşumunu da etkiler. Irkçı ve aşırı sağcı anlayışlara olan ilgi fazlalaşır.

Göç veren ülkede ise nüfusun azalması toplumsal çatışma oranlarını azaltır. Özellikle çalışma amacıyla gençlerin köy ve kasabalarını terk etmesi, bu yerleşim birimlerinin boşalmasına hatta zaman zaman tümüyle ortadan kalkmasına yol açar.

Kuşkusuz ekonomik büyüme üzerine kurulan sosyal güvence sisteminde ekonomik daralma, kriz, uluslararası pazardaki rekabet koşulları, işsizliğin artışı, yoksulluğun yükselişi gibi gibi konular öngörülmediği için söz konusu durumlarda iş ve işveren ile halk ve yönetim arasında anlaşmazlıklar ve çatışmalar ortaya çıkarır. Bu durumda, çalışanların azaltılmasını gerektiren her konuda öncelikli olarak göçerler etkilenir. Böyle olunca da şehirlerin kenarındaki gecekondu türünden yapılaşmalar artar ve zamanla bunlar ağır toplumsal sonuç ve maliyetlere yol açar.

Hukuksal Sonuçlar

Göç, göç alan ülke için kişilerin serbest dolaşım haklarının gelişmesi ve yapılandırılmasını sağlarken, yabancıları ilgilendiren İnsan Hakları, Uluslararası Özel Hukuk, Aile Hukuku, Sosyal ve Yönetim Hukuku ve Ceza Hukuku gibi diğer hukuk alanlarının da iyileştirmeler yapılması sonucunu doğurur.

Göçerler kısa süreler için de olsa geldikleri ülkeye yaptıkları ziyaretler sırasında karşılaştıkları hukuksal sorunlar, karıştıkları hukuksal davalar ve karşılıklı iki ülkenin sosyal güvenlik sistemindeki uyuşmazlıklar gibi doğurdukları durumlardan dolayı göç alan ve göç veren ülkeler arasında sorunların aşılması, karşılıklı işbirliği gibi konularda yasal ve hukuksal düzenlemelerin yapılmasına katkı verirler.

Kültürel Sonuçlar

Sanayileşmenin hızlandırdığı kırsal kesimden kente göç, farklı ağız ve dili kullananlar ve farklı kökenden olanlar için kendi ağız ve dillerini unutmak gibi yeni kültürel bir sorun ortaya çıkarır. XIX. Yüzyıl sonlarına kadar ülkede dil birliğini sağlayamamış Fransa için, Brötonların, Korsikalıların dar yaşam alanlarından alınıp şehirlerdeki sanayi işletmelerinde çalıştırılmaları başlangıçta iletişim sorunu olarak ortaya çıksa da, sonrasındaki kuşaklar için kendi dilini unutmak kaygısının giderilmesi arayışına dönüşür. Sonuç olarak Fransızcayı ortak anlaşma dili olarak kullanan bu insanların sorunu, Fransızcanın yanı sıra Brötonca, Baskça, Korsika Dili gibi iki dille eğitimin verildiği okullar aracılığıyla çözülür (Saturno, 2005, s. 12).

Göç alan ülkeye farklı kültür ve anlayışların, yeni yaşam tarzlarının girmesi yerli halkı rahatsız etmediği, onun alanını daraltmadığı ve egemen olma iddiasında olmadığı sürece bir zenginlik olarak algılanır. Dinsel simge taşımayan giyim-kuşama, gelenek ve göreneklere ve beslenmeye dayalı farklı kültürler bu kategoride değerlendirilenlerdir. Ne var ki, dinsel bağlamda, toplumda her geçen gün sayıları artan ve dinsel işlevi olan her türlü kültürel ürün ve etkinlik dışlamaya, tepkiye, ırkçılık ve yabancı düşmanlığına malzeme oluşturur.

Her şeye karşın toplumdaki kültürel çok renklilik, göç alan ülke insanı ve göçer için yeni bakış açılarının ortaya çıkmasına, hoşgörünün ne derece gerekli olduğunun anlaşılmasına olanak sağlar.

Siyasal Sonuçlar

Yetmişli yıllara doğru ani göç dalgalarının önüne geçmek için Fransa, bundan böyle ülkeye giren göçer işçilerin nitelikli olmaları gerektiği yönünde önlemler alır. Ancak önlemlere karşın, kendilerine çalışma izni verilmeyen yasadışı yollarla gelmiş işçilerin sosyal güvence haklarından yoksun olarak, gizlice kayıtsız bir biçimde çalıştırılmalarına ucuz işgücü olması nedeniyle göz yumulur. Bu durum ülkedeki siyasetçilerin çatışma konularından biri haline gelir. Aşırı solcu siyasetçiler, bu işçilere gerekli izinlerin verilmesini ve sisteme dahil edilmelerini savunurken, aşırı sağcılar kamu düzeni ve güvenliği için böyle bir şeyin tehlikeli olduğunu ve bu tür göçerlerin sınır dışı edilmesi gerektiğini savunur. Bu koşullar altında ülkenin siyasal anlayışların değişmesi üzerinde göçerlerin etkisi büyük olur. Örneğin, kömür madenlerinde çalıştırılmak üzere getirilen Polonyalı işçilerin, Katolik kültüre sahip olmanın da verdiği avantajla Fransız toplumuyla bütünleşmeleri daha kolay olur ve siyasi iktidarlara karşı sendikal etkinliklerde ve hak arayışlarında öncü rolü üstlenirler (Saturno, 2005, s. 51) Örneğin aşırı sağcılarda ırkçılık ve yabancı düşmanlığı anlayışı gelişir. Bu anlayış önemsenmese bile, hükümetlerin ülke sınırlarını gittikçe daha fazla kapatma uygulamalarını gerçekleştirmelerine yol açar.

Göçer olgusunun karmaşık çözümlemesinin en önemli görünümlerinden biri de ırkçılıktır ve tüm Avrupa'da var olan ırkçılığın ve yabancı düşmanlığının geldiği boyutu inkar edilemez. Ne yazık ki Fransa'da ırkçılık, yoksul ve aşırı uçtan ideolojik kuramların kışkırttığı yerli grupların marjinal yapısı içinde gelişmesi için kendine uygun ortam bulur.

Günümüzde göçer nüfusun yoğun olduğu yerlerde aşırı sağcılar eski faşist ve Nazi yanlısı kuramlardan esinlenerek, ırk üstünlüğünü savunur ve göçerlerin ülke dışına çıkarılmasını isterler. Bu grupların sayısı çok olmasa da, yaptıkları eylem önemlidir, zira kimi siyasi ve yönetimsel yetkililerin hoşgörüsünden yararlanırlar. Bazı hükümetler de, kendi yaşam koşullarından endişe ederek sesini yükselten halkını susturmak için ayrımcı bazı önlemler alarak yangını büyütürler. "Vatan-Aile-İş" sloganıyla bir ulusun diğerine, bir kültürün diğer bir kültüre üstünlüğünü savunurlar. Bu tutumlarıyla İnsan Hakları Evrensel Bildirgesini "tüm insanlar özgür ve eşit doğar" ilkesine aykırı davranarak bir anlamda bildirgeyi de tanımadıklarını ifade ederler.

Göçerlerin Niteliği

Katolik dine sahip Polonya, Çek Cumhuriyeti gibi Orta Avrupa ülkelerinden tarihsel süreçte Fransa'ya yönelen göçün toplumsal bütünleşmede sorun yaratmadığı, diğer din ve kültüre sahip göçer gruplara göre daha kabul edilebilir oldukları fark edilir. Hatta inceleme konusu yaptığımız yapıtta Lehlerin gerek savaş yıllarında, gerekse savaş sonrası toplumsal ve kültürel hakların savunulmasında dayanışmacı ve örgütsel yapılanmaya uygun bir grup olduklarına övgüyle yer verilirken, Katolik inanç ve kültürün Fransız ve Polonyalıları hızlı bir bütünleşme süreci yaşamalarındaki en etken öğe olduklarına dikkat çekilir (s. 50-51). İtalyan, İspanyol ve Portekizli göçerler sayıca en kalabalık grupları oluşturmalarına karşın Fransız toplum yaşamında sorun yaratmayan göçmen gruplar arasında yer alırlar.

Yunanistan, Rusya, Romanya ve Eski Yugoslavya cumhuriyetlerinden gelen Ortodoks göçerler de sorunlarıyla değil, kültürel zenginlikleriyle ön plana çıkarılırlar (s. 105).

Uzak Doğu ülkelerinden, özellikle de eski bir Fransız sömürgesi olan Çin Hindi'nden ve Çin'den gelen göçerlerin toplum kurallarına daha uyumlu davranışlar sergiledikleri ve işgücü olarak verimli olduklarına dikkat çekilir. İkinci Dünya Savaşı sonrasında askeri sanayi alanında ağırlıklı olarak fabrikalarda silah yapımında kullanılan bu işçilerin uyumsuzluk sorunlarına yer verilmez. Çinlilerin kendi kültürlerini, özellikle de yemek kültürünü Fransa'ya taşımaları bir zenginlik olarak gösterilir (ss. 118-119). Diğer kültürleri kabullenmekteki tutuculukları ve gittikleri ülkelerde kendi mahallelerini ve diasporalarını oluşturdukları satır aralarında verilir (s.120).

Ne var ki, İslam dininin egemen olduğu ülkelerden gelen göçerler, çoğu kez eski Fransız sömürge unsurları olmalarına karşın uyumsuzluğun, kötü gidişin, savaş kaybetmenin ve toplumda artan suç oranlarının sorumluları olarak ortaya konur. Üstelik bu anlayış ve önyargıyı genç kuşakların dimağından silecek etkin bir çağrıya da yer verilmez. Çağrı çoğunlukla hoşgörü içinde, kültürel zenginliklerle yaşamanın ön plana çıkarılması yönündedir. Buna ek olarak son yıllarda Fransız Ulusal Eğitim Bakanlığı ve kimi sivil toplum örgütleri, okullarda verilen din eğitiminin değiştirilmesi ve bir dinin öncelikli ve ayrıcalıklı konumdan çıkarmak yoluyla tüm dinlerin ana hatlarıyla öğrenilmesinin genç kuşakların birbirini daha iyi tanımasına ve kaynaşmasına katkı sağlayacağı yönünde politikalar geliştirir. Bu sayede Ramazan Ayında oruç tutan bir Müslüman çocuğun okul başarısızlığının artış nedeni diğerleri tarafından bilinmiş ve anlayışla karşılanmış olur (s.91).

Eski Fransız sömürgelerinden gelen göçerler Birinci Dünya Savaşı sırasında ve sonrasında gerek askeri alanda, gerekse ekonominin canlandırılması için fabrika ve atölyelerde aktif katkı verdikleri için olumlu bir imaja sahip olsalar da, 1930 yılı itibariyle kendini gösteren küresel ekonomik kriz ve işsizliğin müsebbipleri olarak görülüp istenmeyen insanlar olarak kabul görürler. İkinci Dünya Savaşında Alman yenilgisinin faturası bu göçerlere çıkar. Özellikle Kuzey Afrika ülkelerinin Fransız sömürgesi olmaktan kurtuldukları tarihten itibaren nefret edilen, toplumdan uzak tutulması gereken kişiler diye algılanırlar. Bu algı zamanla zayıflasa da var olmaya devam eder.

Göçmenlerin meslek ve çalışma alanlarına gelince, iç göçerler olarak verilen grup erkeklerinin tamamı Michelin lastik fabrikası, Renault otomotiv fabrikaları gibi sanayi tesislerinde istihdam edildikleri, bayanlarının da çizgi romanlara konu olan "bécassine"[3] nitelendirmesinden anlaşılacağı üzere ev işleri ve çocuk bakıcılığı işlerinden para kazandıkları görülür (s. 15).

Romanya ve Rusya üzerinden gelen Yahudileri ağırlıklı olarak kendi kurdukları terzi atölyesi gibi işletmelerde çalışmayı yeğler (ss.25-26). Rusların genelde eğitimli olmaları, memurluk gibi farklı devlet kurumlarında iş bulmalarını kolaylaştırır (s.32). Aynı zamanda ayakkabıcılık gibi sanatlara yönelik iş yerleri açarlar (s.34). Ermenileri çoğunlukla ticaret alanındaki esnaf ve sanatkârlar olarak görürüz (s.39). Birinci ve İkinci Dünya Savaşı sırasında Çin Hindi'nden ve Kuzey Afrika'dan getirilen göçerler askeri sanayi ve silah yapımında istihdam edilir (s.45). "Les gueules noires"[4] diye adlandırılan Polonyalılar kömür ve demir madenlerinin vazgeçilmez işçileridir (s.49). İtalyanlar, Portekizliler ve Türkler ağırlıklı olarak inşaat ve metalürji sanayisinin çalışanları olarak gözükür (s.56). İspanyollara bağcılık ve tarım alanlarında yer verilir (ss.65-66). Franco rejiminden kaçan ünlü ressam Picasso'nun da Fransız vatandaşlığı almadan yaşamının sonuna kadar Fransa'da bir göçer olarak yaşadığına vurgu yapılır (s.67). Kuzey ve Orta Afrika kökenliler için özellikle belli meslek adlarına yer verilmez, ancak bakkal gibi küçük işletmelere sahip oldukları resimlerle vurgulanır (s.91). Yugoslav cumhuriyetlerinden gelenler de kendi ülkelerinden getirdikleri yerel ürünleri sattıkları ticari işletmeleriyle ön plana çıkarlar (ss.104-105).

Göçün Çocuklar Üzerinde Bıraktığı Etkiler

"Her uzamda göçü çeken ya da iten sayısız faktör vardır ve bunlar göç eden insanları farklı şekillerde etkiler" (Er, 2015) . Öyleyse göç ve göçer olma olgusu çocuk üzerinde farklı travma ve izler bırakır. Bu travmalar göç öncesi ve göç sırasında yaşanabileceği gibi, göç edilen ülkedeki yaşam sırasında da oluşmuş olabilirler. Anlatılarımız içinde yer alan bu izleri ayrıntılarına girmeden şu şekilde özetlemek olasıdır:

Göçe sürükleyen neden ya da göç sırasında yaşanan travmatik durum çocuğun yoğun bir korkuya kapılmasına, korku ve güçsüzlük duygusunu yaşamasına neden olur. İnceleme yaptığımız yapıtta Rus ve Almanların uygulamalarından kaçan Yahudilerin, Tehcir serüveninden kurtulan Ermenilerin, Ruanda'daki katliamlardan kaçan Afrikalıların ilk kuşağının yaşadıkları travmalar bu türdendir. Afrikalıların öyküsünü anlatan Mamadou'nun "bizde büyümek, çekip gitmek demektir" (s.110) sözü durumu özetler niteliktedir.

Fiziksel şiddet, cinsel taciz, doğal yıkım, savaşlar, saldırılar, şiddet sahnelerine tanık olmak gibi bir dizi travmatik olayı yaşamakta çocuklarda özellikle ruhsal bozukluklara yol açar. Yapıtta özel bir başlık altında yer verilmese de, satır aralarında adları geçen Afgan ve Irak kökenli göçerler bu bağlamda değerlendirilebilir.

Yaşanılan ülkede karşılaşılan umduğu ortamı bulamama, kendini ifade etme, yalnızlaşma, dışlanma ve kendini değersiz görme gibi duygusal yönlerin neden olduğu travmalar çocuğu bir herhangi bir yaratıcılıkla bile deşarj olmayan ve kendi savunma mekanizmalarını oluşturmayı gerektiren bunalıma iter. İnceleme yapıtımızdaki Türk temsilci Nazım, her koşulda kendini rahat hissetmeyen, sürekli aidiyetini sorgulayan, kendi aidiyetini seçse de, muhataplarınca kabul görmeyen bunalımlı çocuklara örnek oluşturur (s.96).

---

[3] Su çulluğu diye bilenen kuş adı.
[4] Fransızcada "kara suratlılar" anlamındaki ifade.

Yaşanmış bir travma ruhsal, duygusal, uzamsal, zamansal, tarihsel ve kültürel kopuşun bilinçli ya da bilinçsiz biçimi olur. Anlatılan tüm öykülerde var olan, sürekli özlenen, hep dönülmek istenen ancak bir türlü dönülemeyen yer ve zamanlara, kültürel zenginlik ve uygulamalara, geçmişle günümüz ayrımlarına vurgu vardır (s. 108).

Yaşanan travma ve etkiler, gelinen ülkede karşılaşılan her türlü şaşkınlığın ardından sıklıkla göçten sonraki birkaç ay içinde daha belirgin hale gelir. Çocukta düzensiz bir davranış biçimine sahip olma, saldırgan bir tutum kazanma, çoğunlukla oynanan oyun, yapılan resimler ve sürekli tekrarlanan kâbuslarla travmayı yeniden yaşama, bağlanmama duygusu ve travmatik olayı anımsatabilecek her şeyden kaçma gibi semptomlara yol açar (DSM-IV-TR American Psychiatric Association, 2000, s. 783-788).

Savaş ve savaş türündeki olaylar da, çocuklarda korkulu rüya görme, uykudan irkilerek uyanma, saldırganlık, karanlıktan, hayvanlardan, hırsızdan korkma gibi korku ve fobiler, tikler, sinirlilik, uykusuzluk, titreme, duygularını dile getirememe, sıkça ağlama, toplumdan kaçma, yoğunlaşma güçlüğü yaşama, unutkanlık gibi etkiler bırakır (Crocq, 1998).

Çocuk ve erişkinin yaşadığı bu türden sıkıntılar zamanında ve etkin biçimde tedavi edilmezse, çocuğu farklı işlev, kimlik ve nitelendirmelerle toplumda görmek olasıdır. Bunlar; sürgünde tek başına kalmış çocuk, sürgün, sömürülmüş, kullanılmış, kaçak, serseri, uyuşturucu kullanıcısı, hırsız, tehlikeli gibi şeylerdir.

Göçer Çocuğun Toplumla Bütünleşme Sorunu

Yaşanılan toplumla bütünleşme, göçer toplumun genelinin aynı şekilde yaşadığı ve aynı şeyleri duyumsadığı tek biçimli bir süreç değildir. Bütünleşme bireyin kişisel yetkinliğine, yerel değerler, kabullenme ve anlayışa, kültürel düzeye ve toplumsal başarıya bağlıdır. Örneğin, yükseköğrenimini tamamlayan genç bir göçer, diğer kültürlere daha açık olmasından dolayı toplumla bütünleşmeyi kısa sürede sağlar, buna karşın, yeterince eğitilmemiş ve nitelikli birey olamamış bir genç/çocuğun toplumla bütünleşmesi daha zordur. Kendi kültürünü bile daha iyi tanıyan bir kimsenin başkalarına karşı hoşgörü düzeyi artar. Benzer şekilde, uygun yaşam koşullarına sahip olan bir yabancı yerli toplum tarafından daha kolay kabul görür ve kültür çatışmasını daha az yaşar. Aksi durumda, "(…) kültürel ve dinsel kökenlerini korumaktan yana seçim yapan göçmen, her geçen gün büyüyen bir kültür çatışması, bir dışlama ve ötekileştirme sorununun parçası olur" (Atalay, 2015).

Başka kültürlere kapalı olup, yaşadığı toplumun dilini bile öğrenme gereği duymayan çocuk, okul ya da daha sonraki çalışma yaşamındaki niteliksizliği nedeniyle de sıklıkla yaptırımlarla karşılaşır. Kendini ifade etme araçları olarak çoğunlukla jestlerini, kendine ait kültürün dinsel uygulama ve inanış biçimlerini kullanır. Kendi vatandaşlarıyla bir araya gelip kendi dillerinde yaşadıkları deneyim, güçlük ve karşılaştıkları uygulamaları anlatma yolunu yeğler. Ancak böylesi bir davranış yabancı çocuk/ergeni gittikçe daha fazla marjinalleştirir ve toplumla bütünleşmesini zorlaştırır. Oysa göçer, "ülkeler, kentler, diller evler arasında savrulan birey yeni bir aidiyet, yeni bir kimlik yaratmak durumundadır" (Sivri & Kuşca, 2015)

Yerliler için, bir grup ya da bireye karşı diyaloğa girmeden sergilenen önyargılı tutum ve tanımlamalar, o grubun zamanla kendi içine çekilmesi, zenginliklerden yoksun bir kimlik edinmesi ve yine marjinalleşmesi sonuçlarını doğurur.

Dışlamaya neden olan tutumlar, sözler, bakışlar ve uygulama biçimleri kültürler arası uzlaşı yollarını kapatmaya ve toplumsal bütünleşmenin daha da zor hale gelmesine neden olur. Böylesi bir durum kini, şiddeti, düşmanlığı, ötekileştirmeyi, yoksulluğu artırırken barış, hoşgörü, adalet ve gelişmeyi uzaklaştırır.

Benzer durumu yaşayan erişkin düzeydeki çok sayıda göçer de, belli mahallelerde toplanmayı yeğler. Bu toplanma, bireyleri kendi dilini kullanan kimseleri bulup onlarla bir araya gelme isteğini de körükler. Böylesi koşullarda göçer ile toplumun diğer kesimi arasındaki kopukluklar belirginleşir. Devamında, göçer gruplar ekonomik anlamda farklı bir yaşam sürme ve kriz ortamında yaşamak durumuyla karşı karşıya kalır. Göçer halk gittikçe fakirleşir. İşsizlik, yaşlanma, yaşanılan mahalledeki sosyal ortamların köhneliği ve mahalle bakımının ihmali gibi konular kültürel yaşamın da zayıflamasına ve diğer toplumla makasın açılmasına neden olur. Bu tür mahallelerde insanların sahip olduğu düşük gelir, alt yapı eksikliği ve kamu hizmetlerinin verilmeyişi ya da eksik verilmesi suç oranlarını yükseltir. Bunun sonucunda da getto ve varoşların oluşması kaçınılmaz olur.

Böylesi göçer mahallelerinde yaşayan göçer işçilerin egemen kültürü özümsemeleri zorlaştığı gibi, geldikleri ülkenin kültürünü de azar azar kaybederek yoz bir kültüre sahip grup haline gelirler. Geldikleri ülkede dünyaya gelen çocukları da kendilerini kabullenmeyen ve dışlayan bir ülkenin kültürünü benimsemeyi reddettikleri gibi, anne-babalarının getirdikleri kültürden daha farklı hale gelmiş, kısmen unutulmuş esas kültürü de kabullenmedikleri için yerli halk tarafından uzak durulması gereken yoz gençlik olarak görülürler.

Göçer çocuklar ve ailelerinin göç kabul eden ülke toplumuyla bütünleşmesinde yedi temel engel tespit edilebilir: Değerlerin çatışması, okul başarısızlığı ve bütünleşme güçlüğü, Fransızcanın aile tarafından yeterince öğrenilmemesi, toplumsal ve ekonomik olarak kalıcı olmama düşüncesi, sağlık hizmetleri ve psikososyal hizmetlere ulaşamama ya da bu hizmetlerin yetersizliği, yönlendirme desteği ve mesleki bütünleşmedeki yetersizlik, okul dışı etkinliklere katılmama ya da bu etkinliklerin yetersizliği.

Çocuklar, kendi yakınlarının model olarak öğrettikleri değerler ile kabul eden toplumun temsilcileri durumundaki iletişim araçları, toplumsal ve kurumsal yetkililerin dayattığı değerler arasındaki farkı çok çabuk kavrarlar. Çocuk kendi kişiliğini bir yandan aile kültürüyle, bir yandan yaşadığı toplumun kültürüyle oluşturmak durumundadır. Ancak farklı coğrafya ve inanç ortamlarına ait kültürlerin çatışması kaçınılmazdır.

Sırf kendi kültürünü benimsemesi onu toplumda ve kurumlarda dışlanmaya iterken, tümüyle yaşadığı toplumun kültürünü benimsemesi de kendi ailesiyle çatışma ve dışlanma sonucunu doğurur. Böylesi bir durumda bocalayan çocuk hem o, hem bu olmak durumunda çoğu kez dengeyi bulamadığı için yoz kültürlü ve her iki tarafın da kabullenmediği birey durumuna gelir (Bouchamma, 2009, s. 47-50). Carole Saturno'nun yapıtında kültür ve değerlerin çatışmasında en belirgin örnek olarak Türk çocuk Nazım verilir. Nazım, ne yaşadığı Fransa'da, ne de zaman zaman geldiği anavatanında kabul görmeyen, her ikisinde de yabancı görülen örnektir (Saturno, 2005, s. 96-97).

Kültürel değerlerin çatışması kuşkusuz aynı yaşam alanını kullanan gruplar için bir kültürlerarasılık sorunudur. Kültürlerarasılık belli bir kültürel modele göre şekillenmiş bir gerçekliğe izin vermez ve hiçbir kültürün toplumsal gerçekliği temsil edemeyeceğinden hareketle kültürler arası bir uzlaşı gerektirir. Diyaloğu geliştirmeyi amaçlar.

Egemen kültürün içinde bir diğerinin eritilmesi ya da farklı kültürel kimlikleri ön plana çıkarılması anlamında değildir. Karşılıklı değişimi geliştirerek, yeni ortak kültürel bir gerçekliği oluşturur. Davranış biçimlerinde ortak kimliklere yaklaşımda karşılıklılık; ortak bir kimlik arayışı; güç paylaşımında denge ve karşılıklı içerir.

Kültürlerarasılık bilgiyi, ikna etmeyi, derin çözümleme yapmayı, engelleri ve engel olan kısıtlamaları ortadan kaldırabilecek yeni bir kültürü kurmayı ve desteklemeyi amaçlar. Hiçbirine ait olmadan birçok kültüre sahip olmak anlamına da gelmez. Kendi kimliğinin yanında başkasının da kimliğini kabullenmeyi gerektirir. Yerli ya da yabancı kültürden olsun, herkesin kendi ifade, yaşam, inanç ve alışkanlık hakları olduğunu ortaya koyar. Kültürlerarasılık aynı zamanda, her şeyi bir uluslararasılık potasına sokup tek bir genel kültür haline getirmek anlamına gelmez (Larousse, 19.06.2016). Dinamikleri, bireysel ve ortak yetenekleri ve sınırları açık bir biçimde kavramak anlamına gelir. Ülkenin tarihini, kültürel zenginliklerini, şimdiye kadar oluşmuş edebiyat ve bilimini bilmek ve bundan böyle ayrılıkçılık ve özellikli olma durumları aşıp yapılacakların bilincinde olmak anlamına gelir.

Kültürlerarasılık eğitimde belli bir hoşgörünün basmakalıp biçimde dayatılması ya da bir kültürel grubun düzenlediği eğlence ya da şenliğe katılma şekli değildir. O halde kültürlerarasılık ne diğer bir kültürde eriyip kaybolmak, ne de bütünleşmek değildir. Birlikte var olma ve farklılık düzeyinde, diğer bireysel ve toplu kimliklere açık olacak şekilde, daha insancıl ve daha kardeşçe bir toplumun arayışıdır (Manço, 2002).

Göçer çocuklarının toplumla bütünleşmesi okulun rolü ve işleviyle sıkı sıkıya ilintili olduğu gibi, var olan toplumsal hiyerarşinin ortak sosyalleşme mekanizmalarının için uygulanan politikalarla da yakından ilgilidir. Öyle ki, eğitim kurumlarında her kesimden gelen öğrenci için standart ölçütlerin kullanılması, seçkin kesimin bir parçası olamayan öğrencileri kaliteli eğitimin dışına iter.

Çocuğun okulda başarısız olması durumunda, bunun yalnızca kendi başarısızlığı olmadığı, aynı zamanda okulun da başarısız olduğu gerçeği yeni yeni gelişir. Başka bir deyişle, göçer çocukların okulda başarısız olmalarının "doğal" karşılandığı uygulamalardan, bunun sorun olarak irdelenmesi gereken okulun toplumsal ve işlevsel rolünün ne olduğu şeklindeki uygulamalara yeni gelinmiş olur (Bastin & Roosen, 1990, s. 34). Okul, işlevi ve düzenlemeleri konusunda başarısız olur. Böylesi durumda sorunlu olan çocuk değil, onu sorunlu hale getiren okuldur. Oysa bütünleşme sürecinde okul; öğrenciyi kendi başına yeterli ve öğretmenine bilgilerini geliştirmekte olanak sağlayan tutarlı, yeteneklerin işleyişinde ve öğrencinin tercihinde bireysel isteklere yanıt veren esnek, yaşam alanının sosyokültürel dokusuyla bütünleşik sistem ve gelişim etmeni olmak durumundadır.

Kuşkusuz çocuğun okul başarısızlığının çok sayıdaki nedeni yalnızca tarihsel ve siyasal kökenli değil, aynı zamanda psikolojik, toplumsal ve kültüreldir. Başarısızlıklara çözüm ortaya koymadan önce sebepleri bütüncül biçimde çözümlemeye tabi tutmak gereklidir. Her şeyden öte, okul başarısızlığının hangi ölçüde okuldan dışlanma sorununun semptomlarından biri olduğunu sorgulayıp öğrenmek gerekir. Farklı ideolojiler, çalışma ve uygulamalar, özellikle de ödüllendirme ve uyumsuz çocuğun uyumunu hedefleyen ideolojiler okulun etkin rolünü ön plana çıkarır.

Okul başarısının artması ve buna bağlı olarak çocuğun toplumla bütünleşmesinin sağlanması için bazı durumların gerçekleşmesi gereklidir:

Her şeyden önce çocuğa kendi kişiliğini oluşturmaya uygun bir ortam hazırlamak,

I. Atalay

Başka çocuklarla sosyalleşmesini ve Fransızcayı öğrenmeyi kabullenmesindeki koşulları kolaylaştırmak,

Anne-babanın, özellikle de annenin dil dersleri alarak Fransızcayı öğrenmesini sağlamak,

Göçer ailelerin yoksullaşmasının önüne geçmek, aksine ekonomik koşullarının iyileştirilmesi için farklı kaynaklardan aileyi desteklemek,

Mümkün olduğunca en kısa sürede göçer çocuğun öğrenme ve dil sorunu olan çocukların toplandığı sınıflardan alınıp, düzenli sınıflara geçmesini teşvik etmek gereklidir.

Yapıtta "classe d'accueil" diye tanımlanan ve normal bir sınıftaki eğitime uyum sağlayamayan çocukların toplandığı sınıfı ve terimi açıklayan ve oradaki diğer kökenlerden göçer çocukları sıralayan Hintli, Pakistanlı ve Bangladeşli göçerlerin temsilcisi Tamoor'dur (s. 124-125).

Sosyal çevre çocuğun topluma uyumunda, özellikle de okul ortamında eşitsizlik yaratan bir etkendir. Buna ek olarak çocuğun ortak kültürü yeterince oluşturamaması da bir başarısızlık nedeni görülür. Ne var ki, yapılan çalışmalar uyumsuz çocukların aldığı eğitimin, onları en düşük düzeydeki okullara yönlendirdiğini ortaya koyar, bu da bir ayrımcılığı doğurur. En düşük düzeydeki okullara yönlendirmede yabancılara karşı olan önyargılar da etkilidir (Valdois, 2010, s. 89-103).

Yapılan bir çalışma Fransız ve yabancı çocuklar arasındaki yüzde 10,2'lik uyum ve başarı farklılığından 3,5 puanın Fransız ulusundan olmanın avantajını oluşturduğunu, geriye kalan 6,7 puanlık farkın anne-baba mesleği, kalabalık aile gibi sosyal farklılığı oluşturduğunu ortaya koyar. Fransa dışında doğup Fransa'da öğrenimine devam eden göçer çocuklarıyla karşılaştırıldığında Fransız ulusundan olma ayrıcalığının oranı 5,4 puan düzeyine kadar çıkar (Mingat, 1991, s. 55).

Gerçekte, yabancı veya göçer çocuk ile Fransız çocuklar arasında yapılan çözümlemede, okul başarısızlığı ya da başarısının etkenlerini daha iyi açıklamak için göçer ailenin toplumsal ve mesleki kategorisi, babanın işi veya etkinlik alanı, annenin öğrenim düzeyi, ailenin boyutu, çocuğun cinsiyeti, ailedeki çocuk sayısı, çocuğun kardeşler arasındaki sırası, ailenin ekonomik ve kültürel düzeyi, çocuğun anaokuluna devam süresi, öğrenim gördüğü okullarda sınıf tekrarlaması yapıp yapmadığı gibi birçok etkenin önemli olduğunu ortaya koyar (Mingat, 1991, s. 56-57).

Sonuç

Fransa'nın dışarıdan yoğun olarak göç aldığı XX. Yüzyılın başlarından bu yana bir asır geçmesine karşın, göçerlik ve onun getirdiği sorunların ülke tarihinde halen bütün şiddetiyle devam ettiği görülmektedir. İçinde bulunduğumuz koşullarda, evrensel insan hakları ve demokratik ilkelerin içeriğine karşın, Avrupa ülkelerinin tamamı gibi, Fransa'nın da sınırlarını göçerlere kapatması konunun tartışılmaya devam edeceğini gösterir.

Bir yandan işgücüne duyulan gereksinim, bir yandan ekonomik kriz ve buna bağlı olarak kısıtlanan göçer alımı, demografik yapı ve uyumsuzlukların ortadan kaldırılamadığı çok kültürlü yapı sorunun temelini oluşturur. Her şeye karşın, Fransa tarihsel süreçte olduğu gibi, coğrafyası, sanayisi, demografik yapısı gibi birçok nedenden ötürü bundan sonra da göç almak durumundadır. Fransa için sorun göçten çok, göçerlerin Fransız toplumuyla bütünleşme sorunudur. Göçerler konusunda toplumsal ve ekonomik bütünleşmeyi istenilen düzeyde sağlayamadığı için kültürel bütünleşmeyi de gerçekleştirememenin sıkıntılarını yaşar. Göçer topluma yönelik uyguladığı siyasetlerin son yıllara kadar yoksullaşmayı, marjinalleşmeyi ve gettoların oluşumuna katkı verdiğini yeni yeni duyumsayan ülke, 2000'li yılların başından bu yana siyaset değişikliğine gitmesi gerektiğini fark eder (Sayed, 2014, s. 160-180). Toplumsal ve kültürel bütünleşmenin sağlanmasına yönelik çabaları ivedilikle uygulamaya koymaya çalışır. Bu amaçla, yoksulluk ve gelişmişlik; marjinallik ve kültür; ayrışma ve bütünleşme ile baskı ve ifade özgürlüğü arasındaki çatışma durumlarını ortadan kaldırmaya ya da toplumun genelinin bunlar konusunda bilinçlenmesi yönünde çaba harcar.

Göçerlerin toplumla bütünleşmesine engel oluşturan ırkçılık konusunda da, eğitim alanındaki çabaları ve yasal tedbirleri uygulamaya koyar, ancak ideolojilerin ve aşırı sağcı çizgideki siyasal partilerin gelişmesi, uygulanan olumlu adımlara karşın göçer nüfusun reddedilmesi anlayışının gelişmesine katkı sağlar.

Göç konusunda yaptığı siyaset değişikliğinin gereklerinden biri olarak, göçerlerin kültürel bütünleşmelerini sağlamak için okullarda uyguladığı eğitim programlarını gözden geçirir. Özellikle kültürel ayrımda önde gelen dinsel inancın öğretilmesi konusunda tek bir din merkezli öğretimden, toplumdaki tüm dinsel inançların yeterince öğretilmesi politikasına yönelir. Eğitimin ve bilinçlendirmenin çocuktan başlaması gerektiğinin önemine inanarak, çocuk ve gençlik yazını alanında konuyu ele elen yapıtların yazılmasını, bu yapıtların okul programlarında inceleme konusu yapılmasını teşvik eder. Her ortamda çok kültürlülük ya da kültürlerarasılığın ilke ve uygulamalarını göstermeye çalışır. Devlet kurumlarının bu yöndeki çabalarına ek olarak, ülke genelinde neredeyse yüzde on düzeyine gelen göçer nüfusun entelektüel birikimiyle de sorunun tartışılması, anlaşılması ve çözüme kavuşturulması yönünde yazınsal ürünler verilir.

Çalışmamıza konu olarak esas oluşturan Carole Saturno'nun *Enfants d'ici parents d'ailleurs* adlı yapıtı da bu bağlamda kaleme alınan bir çocuk yazını yapıtıdır. İç ve dış göç tarihini çocuklara öğretmeyi amaçlayan yapıt; resim, fotoğraf ve imgelerle çocukların anlayacağı düzeyde göçün toplumsal, tarihsel, ekonomik, siyasal, ruhbilimsel ve kültürel neden ve sonuçlarına on beş coğrafyayı temsil eden on beş çocuk kahramanın ağzından aktardığı "küçük" ve "büyük" öykülerle yer verdiği gerçeği saptanmıştır. "Küçük öykü" anlatıcı rolündeki çocuk kahramanın kendi konumunu, edimlerini, düşüncelerini ve karşılaştığı durumları anlatırken, "büyük öykü" anlatıcı çocuğun ait olduğu kültürel ve etnik grubun hangi gerekçelerle göç etmek durumunda kaldığını, ne gibi uygulamalarla karşılaştıklarını, yaşadıkları trajedi ve yıkımları tarihsel bilgi ve belgelerle ortaya koyduğu açıkça görülür.

Yapıtın satır aralarında göç olgusunun nedenleri, sonuçları, sorunları ve göçerlerin yaşadıkları toplumla bütünleşmelerine ilişkin olgular dikkat çeker. Bütünleşmede ekonomik, toplumsal, eğitimsel ve kültürel etkenler kuşkusuz iki toplum tarafından değerlendirilmesi konusu vurgulanır.

Toplumsal bütünleşmeyi gerçekleştirememiş göçer grupların bir yandan kabul edildikleri ülkenin egemen kültürüne göre, bir yandan da marjinalleşmiş mahalle kültürü üzerine oluşturdukları çift kimlikle yaşamaya çalıştıkları, ancak bu kimliklerin kendilerini hiçbir şekilde mutlu edemediğine ilişkin söylemler kolaylıkla saptanır.

Sonuç olarak, yarım yüzyılı aşan işçi göçü tarihi göçerle yerlinin bütünleşmesinde sürenin pek etkin olmadığını, egemen kültür ve göçer kültür çatışmasının grupları marjinalleştirdiğini, bunun sonucunda farklı bir yaşam, kültür ve ifade biçimlerinin ortaya çıktığı mahallelerin oluştuğunu ortaya koyar.

Çocukların anı ve sözlerine, göçerlerin tanıklıklarına, farklı göç dalgalarına ilişkin sentez ve bulgulara yer verir. Yaptığı sentezler bir tarihçinin bakış açısıyla verilir. Kitapta yer alan metinler kısa, olay ve kişilerin önemine göre çerçevelenmiş, tarihsel dönemlere göre gerekli bakış açılarını sunar niteliktedir. Verilen haritalar özellikle çocuk okurlara göçün nereden ve nasıl olduğunu, yerleşimlerin nerelerde yapıldığını gösterecek biçimde hazırlanmıştır. Kimi hassas konulardan Çeçenistan konusu Sacha ile, Türkiye'nin Avrupa Birliğiyle entegrasyon süreci Jules ile, Ermeni sorunu Sivaslian soyadlı bir Ermeni çocuk aracılığıyla anlatılırken, Fransa'nın Afrika'da döktüğü kanların bedeli niteliğindeki kaçak Afrikalılar, Türklerdeki görücü usulü evlilik gibi göçer toplumların gerçekliklerine de yer verir.

Son bölüm göçerliğin yeni biçim ve sonuçlarını, nüfusun yaşlanması ve azalmasına bağlı olarak nitelikli göçer alımı konusundaki siyasal iradeyi, özellikle güney ülkelerini etkileyen beyin göçünü ortaya koymaya çalışır.

Saturno'nun yapıtının, şimdiye kadar ayrıntısıyla bilinmeyeni, yadsınan ya da küçümsenen bir konu olan göç konusunun anlaşılmasını, ulusal kimliğin ne olduğu konusunda düşünmeyi sağlamak ve günümüz göçerlerine yönelik bakışı çözümlemek için oldukça pedagojik biçimde hazırlanmış bir yapısı vardır.

Kaynakça

Atalay, İ. (2015). İki yazar ve bir sürgün kenti: Özlü ve Livaneli'de Stockholm. *Göç Dergisi*, 85-104.

Banon, P. (2016). *Guide du mieux-vivre ensemble : Ma laïcité, ma religion, mon identité.* Paris: Actes du Sud Junior.

Bastin, G., & Roosen, A. (1990). *L'école malade de l'échec.* Bruxelles: De Boeck Wesmael.

Beauclair, A. (2011). *Vivre avec l'étranger.* Paris: Gallimard Jeunesse.

Bondoux, A.-L. (2009). *Le Temps des miracles.* Paris: Bayard.

Bouchamma, Y. (2009). *Bouchamma, Y., (2009) L'intervention interculturelle en milieu scolaire.* Québec: Les Éditions de la Francophonie.

Cantin, M. (2000). *Moi, Félix, 10 Ans Sans Papiers.* Paris: Milan Poche Junior.

Colombat, I. (2014). *Partir.* Paris: Thierry Magnier.

Crocq, L. (1998). Panorama général de séquelles psychiques de guerre chez l'adulte et chez l'enfant. *Ann. de Psychologie et des Sciences de l'Education Vol: 14*, 1-40.

DSM-IV-TR American Psychiatric Association. (2000). Troubles de l'adaptation. *Manuel Diagnostique et Statistique de Troubles Mentaux (Version française)*, s. 783-788.

Er, A. (2015, Mayıs). İtici ve çekici faktörler bağlamında iç göç: Gaye Hiçyılmaz'dan Fırtınaya Karşı. *Göç Dergisi, cilt: 2 Sayı: 1*, 43-58.

Fichet, B. (1993). Etrangers et immigrés, deux termes problématiques. *Revue des Sciences Sociales de la France de l'Est*, 112-117.

Galéa, C. (2013). *La fille qui parle à la mer/, Le garçon au chien parlant.* Arles: Editions du Rouergue, coll, "Boomerang".

Goby, V. (2010). *Joao ou l'année des révolutions.* Paris: Autrement Jeunesse.

Goby, V. (2013). *Les deux vies de Ning.* Paris: Editions Autrement Jeunesse.

Grumberg, J.-C. (2014). *Les Vitalabri.* Arles: Actes Sud Junior.

Héran, F. (2007). *Le Temps des immigrés. Essai sur le destin de la population française .* Paris: Le Seuil.

Hiçyılmaz, G. (1996). *La Cascade gelée*. Paris: L'école des loisirs, coll. Médium.

Hmed, C., & Laurens, S. (2008). L'Invention de l'immigration. *Revue Agone, no: 40*.

INSEE. (19.06.2016). *Immigré, définition.*
www.insee.fr/fr/methodes/default.asp?page=definitions/immigre.htm.

Laguerre, B. (1988 Volume: 20 No: 1). Les Dénaturalisés de Vichy 1940-1944. *Vingtieme Siecle, Revue d'histoire*, 3-15.

Laird, E. (1995). Si loin de mon pays. Paris: Gallimard, coll. Folio Junior.

Lamoureux, S. (2011). *L'immigration à petits pas.* Arles: Actes Sud Junior.

Larousse, E. (19.06.2016). Interculturalité. *Encyclopédie Larousse en ligne.* içinde
http://www.larousse.fr/encyclopedie/divers/interculturalit%C3%A9/178843.

Mahy, F. (2016). L'immigration dans la littérature de jeunesse. Vers une compréhension du monde dans lequel on vit. *https:lectures.revues.org/434*.

Manço, A. (2002). *Compétences interculturelles des jeunes issus de l'immigration, Perspectives théoriques et pratiques.* Paris: L'Harmattan.

Messaoudi, S., & Harzoune, M. (2012). *Vivons ensemble : pour répondre aux questions des enfants sur l'immigration.* Paris: Albin Michel Jeunesse.

Mingat, A. (1991). Expliquer la variété des acquisitions au cours préparatoire: les rôles de l'enfant, la famille et l'école. *Revue Française de Pédagogie, No: 95*.

Sampiero, D. (2010). *Le jeu des sept cailloux.* Paris: Editions Grasset-Jeunesse.

Saturno, C. (2005). *Enfants d'ici parents d'ailleurs.* Paris: Gallimard.

Sayed, A. (2014). *L'école et les enfants de l'immigration.* Paris: Le Seuil.

Schneider, A. (2013). *La littérature de jeunesse migrante, Récits d'immigration de l'Algérie à la France.* Paris: L'Harmattan, coll. "Espaces littéraires".

Sivri, M., & Kuşca, S. (2015). "Bin parçaya bölünmüş yüz" dünyasının sınırları genişlemiş bir dil, bellek ve mekan sürgünü Nedim Gürsel'de sürgünlük ve göçebelik halleri. *Göç Dergisi*, 9-24.

Valdois, S. (2010). Evaluation des difficultés d'apprentissage de la lecture. *Revue Française de Linguistique Appliquée, Volume: 1*, 89-103.

Bölüm 6.

Türk Sinemasında 'Dış Göç'ün Temsili

Levent Yaylagül & Nilüfer Korkmaz Yaylagül

Giriş

30 Ekim 1961'de önce Federal Almanya Cumhuriyeti, daha sonra da diğer Avrupa ülkeleriyle yapılan anlaşmalar çerçevesinde endüstriyel işgücü açığını kapatmak için Türkiye Cumhuriyeti'nden işçi alınmaya başlamıştır. 1970'li yılların başına gelindiğinde 500 binin üzerinde Türk işçisi Avrupa ülkelerine göç etmiştir. 1973 yılında yaşanan küresel krizin ardından işçi alımı durdurulmuştur. Bu gelişmeler Türk sinemasında da yansımasını bulmuş ve 1970'li yıllarda Avrupa'ya göç eden insanların dramını anlatan filmler yapılmıştır (Makal, 1987). Bu kapsamda bu incelemenin amacı, 1970-80 döneminde yapılan Dönüş (1972- Türkan Şoray), Otobüs (1975-Tunç Okan), Almanya Acı Vatan (1979- Şerif Gören) filmleri çerçevesinde Türk sinemasında dış göç olgusunun nasıl yansıtıldığını ortaya çıkarmaktır.

Sinema, tarihsel ve toplumsal koşullar altında drama düşmüş insanların hikayelerinin görüntüsel göstergelerle anlatıldığı bir sanat formudur. Bu yönüyle hem tarihsel toplumsal gerçeklerden beslenen hem de insan bilinci aracılığıyla bu gerçeklerin sanatsal yolla yeniden biçimlendirildiği bir kurmaca alanıdır. Dolayısıyla sinema filmleri farklı toplumsal katmanlardan gelen insanların yaşadıklarını dramatik bir anlatıya dönüştürmektedir. Sinema filmleri bir toplumsal bilinç, dil, tarih ve kültürel üründür ve bir anlam taşıdıkları için toplum, tarih ve kültürle bağlantılıdır. Burada benimsenen toplumbilimsel yaklaşıma göre sinema belirli bir tarihsel ve toplumsal dönemin ürünüdür ve içinde gerçekleştiği toplumsal koşulların bir ifadesidir. Bundan dolayı, sinema filmleri de kendilerini oluşturan toplumsal yapı çerçevesinde anlamlandırılabilir (Tolan, 1975: 155-162).

Yöntem

Bu incelemede, Türk sinemasında dış göç olgusunun nasıl sunulduğu incelenmiştir. Dolayısıyla konu, sinema ve toplum ilişkilerinin ön planda tutulduğu, tarihsel/nitel bir yönteme dayanmaktadır. Bunun için örnek olarak seçilen filmler "nitel içerik analizi" tekniğiyle ile incelenmiştir. İçerik analizi, film içeriklerinde bu içerikleri yaratanların düşüncelerinin açık ya da örtük bir şekilde yansıtıldığı görüşünden hareketle içeriklerde yansıtılan görüş ve düşünceleri açığa çıkarmak için kullanılan bir veri toplama tekniğidir (Berger, 1998: 23). Burada daha çok filmlerde ne anlatıldığı sorusunun cevabı arandığından filmlerin teknik yönüyle ilgilenilmemiş, daha çok filmler tematik olarak analiz edilmiştir. Bunun için temaları ifşa eden görüntüsel göstergelere ve diyaloglara bakılmıştır. Filmlerde kullanılan sözcük, cümle ya da kelimeler, kullanılan simge ve semboller, filmlerin tema'sı, filmlerdeki karakterler filmin bütünü içindeki işlevleri açısından incelenmiştir.

Araştırmanın Bulguları
Kimler, Hangi Ülkelere, Nasıl Göç Etmektedirler?

Filmlerde kırsal bölgelerde yaşayan ve tarımla uğraşan 20-30 yaş arası, (vasıfsız) kadın ve erkekler Almanya ve İsveç gibi Avrupa ülkelerine göç etmektedirler. Karakterler, yerel ağızlarla Türkçe konuşmaktadırlar. Göç edenlerin daha çok Sünni-

İslam inancına sahip oldukları görülmektedir. Dönüş filminde cami cemaatinin kendi aralarındaki diyaloglardan, Otobüs filminde işçilerden birisinin namaz kılması ve çeşitli diyaloglardan, Almanya Acı Vatan filminde de çöpçülük yapan Pala lakaplı işçinin Ramazan'da oruç tutması ve diğer diyaloglar işçilerin Türk ve Müslüman olduğunu göstermektedir. Bunun dışında herhangi bir etnik ya da dinsel gruba vurgu yapılmamıştır. Farklı cinsel tercihlere yönelik bir kimlik anlayışına incelenen filmlerde rastlanmamıştır.

Otobüs filminde Stockholm'e işçiler kaçak yollardan götürülür. Dönüş ve Almanya Acı Vatan filminde de göçülen ülke Almanya'dır. Dönüş filminde İbrahim, yapılan anlaşma çerçevesinde Almanya'ya giderken, Otobüs filminin kahramanları insan kaçakçılığı yapan çetenin aracılığıyla kaçak yollardan İsveç'e gider. Almanya Acı Vatan filminin kahramanı Mahmut ise, Almanya'da işçi olan Güldane ile para karşılığında anlaşmalı evlilik yaparak Almanya'ya gider.

Göç Etme Nedenleri ve Gelecekle İlgili Beklentileri

Cumhuriyet kurulduğunda Mustafa Kemal'in "asıl savaş yeni başlıyor" diyerek girişilecek ekonomik savaşın ve kalkınma çabalarının zorluğundan bahsettiği rivayet olunur. 1960'lı yılların başına gelindiğinde bu savaşın başarılamadığı, kalkınmanın gerçekleştirilemediği görülür. Kendi vatandaşlarına iş ve aş imkanı sağlayamayan genç cumhuriyet, Avrupa ülkeleriyle yapmış olduğu anlaşmalar çerçevesinde kendi vatandaşlarını ucuz işgücü olarak çeşitli Avrupa ülkelerine gönderir.

Göçün en önemli nedeni işsizliktir. İncelenen her üç filmde de kırsal alanda yaşayan insanların emek güçlerini satarak geçinmeye çalıştıkları görülmektedir. Dönüş filminin İbrahim'i borçlanarak kendisine küçük bir tarla alır ancak ürün tarlanın borçlarını ödemekten ve geçimlerini sağlamaktan uzaktır. Çünkü toprak küçük ve verimsizdir. Onun için İbrahim'in Almanya'ya gitmekteki amacı tarlasının borcunu ödemek için para kazanmaktır. Aslında bu fikri ona, tarlayı satan Müslim emmi vermiştir. Müslim Emmi:

> "Herkesler Alamanya'ya işçi olarak gitmekte, duymuşsundur herhalde. Tabi ya, günde 30-40 Alaman lirası kazanmakda en kötüsü. Bizim paramızın beş altı hatta yedi misli. Demek ki günde 250-300 lira. Buna karşılık masrafın ne? Yemesi içmesi, yatması da onlardan. Yap hesabını, üç hadi beş ayda bütün borcunu ödedin demektir ".

Otobüs filmindeki dokuz işçi ve Almanya Acı Vatan'ın kahramanı Mahmut da işsizlikten dolayı Almanya'ya göç eder. Dolayısıyla göçün nedenleri işsizlik, toprakların verimsizliği ve geçinememektir. Göç edenlerin öncelikli beklentileri iş ve paradır. Doğdukları yerde doyamayanların yapabileceği tek şey göç etmektir. Göçteki temel beklenti refah, huzur ve mutluluktur. O da para ile ölçülür Otobüs filminde işçileri kaçak olarak Stockholm'e götüren şoför Ahmet: "Kurtuldunuz lan, medeniyet lan burası, para lan para!" ya da benzer şekilde kumarda kazandığı paralarla evine gelen Almanya Acı Vatan'ın Mahmut'u "Para, para, para, istersen sigaranı yak bunlarla, Bütün rezillik bunun için değil mi?" şeklinde ifadesiyle göç edenlerin beklentilerini özetlemektedir.

Bu yönüyle Türk toplumu açısından Avrupa uygarlığı, adeta özlenen bir ütopyadır. Türk insanları Avrupa tarihiyle ve bugünkü toplumsal koşulların hangi mücadelelerle yaratıldığıyla ilgilenmez. Onlar için Avrupa, insanların maddi anlamda konforlu bir hayat sürdüğü ve yaşamında özgür olduğu yönündeki temel düşüncenin Türk insanının hayal gücünde güzelleştirildiği bir sahte gerçekliktir (Berkes, 2006: 380-81).

Ne İş Yapmaktadırlar?

Dönüş filminin kahramanı olan İbrahim ve Almanya Acı Vatan'ın gurbetçileri fabrika işçileridir ve düzenli bir işleri vardır. Buna karşın Almanya Acı Vatan filminin kahramanlarından Mahmut düzenli bir iş bulamaz ve inşaat işlerinde geçici olarak çalışır. Aynı filmin kahramanlarından Pala isimli gurbetçi ise Belediye'de çöpçülük yapmaktadır. Otobüs filminin talihsiz göçmenleri herhangi bir iş arama fırsatı bile bulamadan geldikleri ülkeye ve kaçtıkları temel sorun olan işsizliğin kucağına yeniden atılırlar. Buna göre, vasıfsız emek gücünden oluşan Türk göçmenleri işsizlikten, çöpçülüğe, inşaat işçiliğinden fabrika işçiliğine kadar fiziksel güç ve dayanıklılık isteyen tekdüze işlerde çalışmaktadırlar.

Göç Edilen Ülkelerde Karşılaşılan Sorunlar

Kültürel Dönüşüm ve Uyum: Göçün, göçmenlerin yaşamı üzerinde travmatik bir etkisi vardır. Gurbetçilerden bir kısmı göç ettiği ülkeye uyum sağlamak için mücadele ederken bir kısmı, değişime direnmekte, kimisi de değişmekle değişime direnmek arasında sıkışıp kalmaktadır. Karşılaştıkları en önemli sorun, dil bilmeme ve çoğunlukla kültürel farklılıklardan kaynaklanan uyum sorunudur. Uyum, gündelik yaşamın zamana ve mekana uygun şekilde organize edilmesidir. Kültürel uyum ve dönüşüm ve dönüşüme karşı direniş sorunu genellikle maddi ve düşünsel alanda gerçekleşmektedir.

Otobüs filminde gece bile ışıl ışıl yanan Stockholm'ün sokakları, köprüleri, marketler, mağazalar, lokanta vitrinleri, tatil şirketleri ile tam bir bolluk ve tüketim cennetidir. Kütüphane ve kreşler hem Otobüs filminde hem de Almanya Acı Vatan filminde konforlu ve rahattır. Burada bilime eğitime ve tekniğe vurgu yapılmaktadır. Dönüş filminde köylü çocuklar kara tahta karşısında beş sınıf bir arada ilkel koşullarda eğitim almaya çalışırken ya da Almanya'daki Türk çocukları sokaklarda vakitlerini başıboş geçirirken Avrupalı çocuklar rahat, güvenli, konforlu ve kalabalık olmayan ortamlarda hepsiyle tek tek ilgilenen öğretmenlerden eğitim almaktadırlar. Çocuklar kulaklıklarla yabancı dil öğrenmektedirler. Otobüs filminde camdan dışarıya bakan işçinin gözü, "Teknikboken" adlı bir dergiye takılır. Tekniğin üstünlüğüne yapılan bu vurguya paralel olarak Türk işçilerin döner merdivene binememeleri, tekniğe yabancı Türk işçisini gösterir. Almanya Acı Vatan filminde ise Gülcan ve diğerlerinin koşullar oluştuğunda nasıl akar bant sisteminde kurallara uygun üretim yapabildikleri vurgulanır.

Yurt dışına işçi olarak gidenlerin geçirdiği kültürel dönüşüm ve uyum sorununu en iyi anlatan karakter, Dönüş filminin İbrahim'idir. İbrahim kılık kıyafet ve tüketim açısından Almanya'ya entegre olmuştur. Köyüne döndüğünde üzerinde takım elbise, kravat ve püsküllü fötr şapka, omzunda fotoğraf makinesi, kol saati, pilli radyo, teyp kayıt makinesi, oyuncaklarla gelir. İbrahim: "Daha neler var orada görmeli" der. İbrahim banyo yapar, eşi Gülcan tasla su dökerken İbrahim, "Su aynı borulardan gelmekte, tepesinde de su süzgeci var. Bi güzel akmakta … Su kendisi gelmeli evimize. Mutfakta, bahçede, odalarda elini attığım her yerde musluk var. Su var. Herkesin canı kıymetli. Aklını parasını yormakta, rahat etmekte" ya da gaz lambası yakan karısına, "Aynı musluk gibi, düğmesi var. Çevirdin mi aydınlık yağmakta" diyerek Batılı kültürün konforuna, rahatlığına ve kolaylığına vurgu yapmaktadır.

Benzer şekilde, Otobüs filminin göçmen işçileri de Stockholm'e girmeden verilen son molada tıraş olurlar, saçlarını tararlar ve dişlerini temizlerler. Aynı işçi grubundan birisi, fötr şapkasını, gece Stockholm sokaklarında dolaşırken mağaza vitrininde gördüğü Humphrey Bogart'ınki gibi düzelterek giymeye çalışır. Bu durum Göçmen işçilerin aslında maddi konularda uyuma ne kadar yatkın olduklarını göstermektedir.

19. yüzyılın başından beri Osmanlı Türk modernleşme düşüncesi, Batı uygarlığının maddi yönünü almak, manevi yönlerini reddetmek şeklinde basitleştirilip, özetlenebilecek bir anlayış üzerine kurulmuştur. Oysa Batı uygarlığı maddi ve manevi yönleriyle bir bütündür (Berkes, 2006). Ziya Gökalp'in hars ve medeniyet şeklinde ayrıştırdığı Batı uygarlığı ekonomik, teknik, kültürel ve düşünsel yapının diyalektik birliğine dayandığı için, maddi olanla manevi olanı ayrıştırma yönündeki çabalar sonuçsuz kalmıştır. Ziya Gökalp burada medeniyet derken Batılı toplumların maddi üstünlüğünü kastetmektedir. Hars ile ise ümmet toplumunun düşünsel ve kültürel yapısı vurgulanmaktadır (Gökalp,1963). Böylece hem Batı medeniyetinin maddi unsurlarının alınabileceği hem de İslam ve Doğu toplumunun ümmet kültürünün korunabileceği yanılgısı oluşur. Kültürel açıdan tutucular, toplumsal yaşamdaki maddi değişimlerin kültürel değişime yol açtığı gerçeğini görmekten uzaktırlar. Türk toplumunun kurum ve kuralları ve düşünsel yapısı Doğuludur. Cumhuriyetle birlikte sanayileşme ve uluslaşma hedefine yönelen Türk toplumu, ekonomik anlamda sanayileşip kalkınamadığı gibi, ulusal bir kültür de yaratamamıştır. Türkiye'de Doğulu kültür hep kendisini Batı kültürüne karşıtlık üzerinden tanımlamış ve var etmiştir. Müslüman Doğu/Hristiyan Batı bu karşıtlığın iki ucunu oluşturmaktadır. Otobüs filminde işçileri Stockholm'e kaçak olarak götüren şoför'ün "Nasıl olsa yarın işe başlıyorsunuz, yemek bol, on günde domuz gibi olursunuz" şeklindeki ifadesine işçiler "Tövbe, tövbe!" şeklinde tepki verirler. Domuz İslam kültüründe haramdır ve Hıristiyan Batı kültürü ile özdeşleştirilmiştir.

Osmanlı döneminde din kuralları ile gelenek ve görenekler iç içe geçtiğinden din bir boyutuyla geleneğe dönüşmüştür. Ziya Gökalp'in kavramıyla harsın ne kadarının milli ne kadarının dini olduğunu ayırt etme imkanı bulunmamaktadır. İslamcı düşüncede milli demek aynı zamanda dini demektir. Onun için her kültürel değişim bir dinden uzaklaşma olarak sunulmuştur. Düşünsel alanda daha çok kadın erkek ilişkileri ve kimlik konusunda yaşanan bunalım bu kültürel dirençten kaynaklanmaktadır. Türkiye'de 1934 yılında yasal anlamda kadın erkek eşitliği sağlanmasına rağmen, kadınlarla erkekler arasındaki eşitsizlik toplumsal yaşamda devam etmektedir. Gündelik yaşamdaki davranışlar ve kadın erkek arasındaki ilişkilerdeki eşitsizlik geleneklere kutsallık atfedilerek korunmaya çalışılmaktadır. Çünkü gelenekler alışılmış davranışları sürdürmenin rahatlığı anlamına gelirken, değişim insanların rahatını ve iç dengelerini bozabilmektedir. Göç edenler düşünsel açıdan Batı kültürünün düşünsel boyutuna karşı direnmektedirler. Sahip oldukları düşünsel yapıyı maneviyat olarak görüp kutsallık atfetmektedirler. Yine de bazı geleneksel değerler göç sürecinde parçalanırken bazıları direnmektedir. Böylece bir yanda kültürel süreklilik ve kültürel kopuş sarmalında değişen ve değişmeyen yönler eklektik bir kültürel doku yaratmaktadır.

Göç sürecini deneyimleyenler ne tam anlamıyla bir dönüşüm geçirebilmekte ve uyum sağlayabilmekte ne de Türkiye'de sahip oldukları kültürel ve düşünsel bütünlüğü koruyabilmektedirler. Bunun neticesinde Türkiye'ye özgü kır ve İslam kültürü ve Avrupa ülkelerine özgü kent kültürünün karışımı olan hibrit bir kültüre sahip olmaktadırlar. Burada olduğu gibi, hibrit kültür, insanların yalnız tek bir kültüre ait olmaması, karışık karakterli iki unsurun birleşmesine dayanan bir kültüre sahip olmalarıdır. Hibritleşmenin nedeni Batı kültürünün diğer kültürler üzerindeki hegemonik etkisidir (Crehan, 2002: 61 ve 65). Bu da göç edenlerin yaşadıkları travmanın temel sebebidir. Geleneklerden kopmanın sonucunda yaşanan boşluk Batı kültürü ve düşüncesi tarafından doldurulamamaktadır. Çünkü göçenler, Batılı kent kültürünün düşünsel alt yapısına sahip değillerdir. Buna karşın yaşam biçimleri ve kimlikleri göç edilen ortamda farklılaşmaktadır. Kılık kıyafet ve tüketimle ilgili dönüşüme daha kolay uyum sağlarlarken dünya görüşleri ve kültürlerinden kaynaklı düşüncelerini çok kolay değiştirememektedirler. Bu durum daha çok kadın ve cinsellik (namus) gibi konularda dışa vurulmaktadır. Gelenek ve yenilik arasında sıkışan göçmenler, özellikle kadın konusunda yaşadıkları ortama uygun kuralları benimseyerek yeni bir insan olma konusunda başarısız olmaktadırlar. Genellikle bu durum, göç edenlerin değişime karşı direnen kodlar içinde yetiştikleri Türk-İslam kültürünün kendine özgü erkek egemen, ahlakçı ve cinsellik ve kadın konularını tabu sayan yaklaşımlarından kaynaklanmaktadır. Göç eden Türk erkekleri cinsel olarak tatminsiz oldukları için burada Alman ya da Türk kadınlarla çok daha kolay cinsellik yaşayabileceklerini düşünürken kendi kadınlarına yönelik daha ahlakçı ve korumacı bir tavır takınırlar. Örneğin, Dönüş filminde okuma yazma bilmeyen Gülcan'ın gurbetteki kocası İbrahim'e mektup yazmak için ilkokul öğretmeninden okuma yazma öğrenmeye çalışması köylüler tarafından hoş görülmemiş ve Gülcan recm edilmeye (taşlanarak öldürülme) kalkışılmıştır. Almanya Acı Vatan'da Alman erkekle gezen Türk kadınını döven işçinin; "Ağzını burnunu kırdım orospunun" izahatına verilen, "Erkek adamsın vesselam!" şeklindeki onayıyla namus anlayışının kadın açısından değişmediğini görülür. Almanya Acı Vatan filminin Gülcan'ı da kendisini sürekli taciz eden Türk işçiden kurtulmak için evlilik kurumuna sığınır. Ancak evlendiği adam da Türk kültürünün bir ürünü olarak kadın erkek eşitliğine inanmaz. Gerdek gecesi susayan Mahmut, Güldane'ye; "Güldane bana su getir" der. Kalk kendin al şeklindeki cevabı beğenmeyen Mahmut, "Su getir dedim lan…" diye bağırır ya da inşaatta işe başladığında Mahmut'un Gülcan'a "Çoraplarımı gördün mü"'şeklindeki tavrıyla Gülcan'a vazifesini hatırlatır. Karısını aldatan Mahmut basılınca "Ben aynısını yapsam sen ne yaparsın şeklinde soran Gülcan'a "Ben erkeğim" şeklinde cevap verir. Böylece geleneksel kadın erkek ilişkisi Avrupa ülkelerinde bile yeniden üretilir.

Oysa yabancılar açısından kadın ve cinsellik böyle bir sorun teşkil etmez. Dönüş filminin İbrahim'i: "Sarı sarı kadınlar da bira içmekte kısacık giyinmişler" şeklinde kadınların sosyal yaşama katılmadaki rahatlıklarına vurgu yapar. "Otobüs filminin karakterleri metro istasyonundaki tuvalete giderken bir kadın ve erkeğin telefon kulübesinde seviştiklerine tanık olurlar. Bu Böyle bir duruma tanık oldukları için bile çekinirler. Benzer şekilde Stockholm'deki mağazaların vitrinlerindeki çıplak cansız mankenler ve cinsel içerikli dergilere ve pornografik reklamlara dikkatlice bakarlar. İsveçli kadınlar sokaklarda çok rahat bir şekilde içki içip nara atabilmektedir. Tuvalette Memet'e musallat olan İsveçli onu sex bara götürür. Önce sex filmi izlenir. Sonra, yılın playboyu seçilir. Yılın playboyunu seçen kadın herkesin önünde onunla sevişir. Mehmet endişeli gözlerle etrafını izler hem kadın hem de erkek İsveçliler yeme içme gibi doğal bir şekilde heteroseksüel ve homoseksüel ilişkileri deneyimlerler.

Irkçılık: Irkçı olan Batı, yabancıya karşı dışlayıcı ve aşağılayıcıdır. Göç edilen ülkenin insanları gelen yabancılardan ürkmektedirler. Yabancılara karşı güvensiz, temkinli ve hatta ön yargılıdırlar. Otobüs filmindeki şoför Ahmet, çantasında paralarla Hamburg'a girerken, Avrupalı diğer insanlar pasaport kontrolünden ve gümrükten kolayca geçer. Polis tarafından pasaportunu dikkatle incelenir, gümrükte, makatı kontrol edilir. Hamburg havaalanında Taksiye binen şoför Ahmet, taksiciye "Guten tag" şeklinde selam verir. Şoför selamı almaya bile tenezzül etmez. Köprünün üzerinden geçerken Almanca "güzel köprü" diyen Ahmet'e taksi şoförü yine cevap vermez. Ahmet, Hamburg'ta çetenin şefiyle buluşmak için gittiği lokantanın önündeki güvenlik görevlisini görünce bile duraksar. Yabancı olmanın verdiği hislerle rahat değildir. Otobüs filminde gece otobüsten inen işçiler sokakta polise rastlarlar ve polisten kaçarlar. Bu esnada kaybolan işçilerden birisi köpeğini gezdiren bir İsveçli'ye rastlar. Ona, "Otobüs'ü gördün mü gardaş?" diye sorar. Türk işçiyi gören İsveçli vatandaş ona korkuyla ve endişeyle, sanki "uzaylı" görmüş gibi bakar. Avrupalılar kendi ülkelerinde bile yabancılara karşı kuşkulu ve temkinlidirler. Aynı işçi İsveç sokaklarında gece bir köprünün ayağında donarak ölür ve kendisine çarpan yayanın etkisiyle suya düşer. Donan işçiye çarpan İsveçli vatandaş "Pis herif" der ve geçer. Yabancıyı bir insan olarak bile görmez. Metronun tuvaletindeki bir İsveçli de Türk işçilere "Esrar var mı? İyi para veririm" der. Yabancıları farklı olanları kriminal faaliyetlerle özdeşleştirme eğilimindedirler. Metroda maskeli balo yapan İsveçliler, aç bir şekilde topluca dolaşan Türk işçiler ile dalga geçerler, plastik yiyecek ve içecekleri metronun farklı yerlerine koyarlar. Plastik yiyeceklere saldıran aç Türk işçileri ile yüzlerinde maskelerle dalga geçip korkuturlar. Bu sahneelr, hümanist Batı medeniyetinin düşünüldüğü kadar masum olmadığının bir göstergesidir. Almanya Acı Vatan filminin çöpçü Pala'sı Avrupalıların ırkçı yönünü şu sözlerle özetler: "Az parayla en pis işleri yabancılara yaptırıyorlar".

Yabancılaşma: Sanayi toplumunun yarattığı sorunların başında yabancılaşma gelmektedir. Sanayileşmiş Batılı ülkeler, üstün ekonomik ve teknolojik yapıyı kullanarak göç eden insanları ucuz iş gücü olarak sömürmekte ve onlara hiçbir şekilde eşit haklar tanımamaktadır. Almanya Acı Vatan filminde Gülcan ve diğer işçilerin, her biri 19 dakikada bir teleks üretmektedirler. Fabrikanın sahipleri 15 dakikada bir teleks üretilmesini talep etmektedirler. Dolayısıyla saatte 36 yerine 45 teleks üretilecek ve 12 işçinin işini 10 kişi yapacaktır. 30 bin kişinin çalıştığı fabrikada böylece 5 bin işçi işini kaybetmekle yüz yüzedir. Sömürüyü artırmak için elinden geleni yapan Alman sermayesi için Türk Yunan, Yugoslav, hatta Alman bile yoktur. Önemli olan üretimin artırılmasıdır. Dolayısıyla Almanya Acı Vatan filmi göçmen işçilerin hayatını dört kelime ile özetler. "Ev-metro-fabrika-vida". Bütün bir yaşam bu dört kelimenin arasına sıkışmış bir hayattan ibarettir. İnsan kaçakçılığı yapan Türk şoför Ahmet Tekin Almanca öğrenmiştir. İnsan kaçakçılığı yapar, herhangi bir duyarlılığı yoktur. Kendi türüne ve memleketinden insanlara karşı da yabancılaşmıştır. Kazandığı parayı içki ve sexe harcar. Sarhoşken iki kadınla birlikte olmaya çalışır ve beceremez. Kadınlar yatakta ruhsuz ve duygusuz bir şekilde yatarlar. Sızınca kadınlar cebindeki bütün paraları çalarlar. Otel sahibi de oteli sex amaçlı kiraya vermekte ve hiçbir insanı duyarlılık göstermemektedir. Burada Batının paradan başka hiçbir şeye kıymet vermeyen ruhsuz, duygusuz, acımasız yüzü sergilenmektedir. Otobüs filminde sokaklar sarhoşlarla doludur. Stockholm sokaklarında ilahi söyleyen rahibeler, insanları dine davet etmekte, kapitalist toplumun sonucu olan yabancılaşmaya hayali bir çözüm üretmeye çalışmaktadırlar.

Türkiye'ye Dönüşe Nasıl Bakmaktadırlar?

Göçmenler, bir gün mutlaka geri dönmek için gurbete giderler. Amaçları öncelikle Türkiye'de geçimlerini sağlayabilecek bir birikim elde edebilmektir. Bir süre sonra Avrupa ülkeleri, sunduğu imkanlarla göçmenlerde daha çok şeye sahip olma düşüncesini yaratır. Örneğin Dönüş filminin kahramanı İbrahim:

"Yeniden ırgatlık mı edelim? Neden sürüneyim? Neden başkasına avuç açayım? Eşek değilim ben, hayvan gider anca oralara bir tarla için, İyi ki gittim de gördüm. İnsanlar gurbetmiş, hasretmiş, hiçe sayıp adam olmaktadırlar. Benim de gençlik, dirilik zamanım, kazanacağım. Tütünü bile bıraktım, daha fazla kazanmak için. Gelişim otomobille olacak"

Dönüş filminin genç işçisi İbrahim otomobil hayali kurarken Almanya Acı Vatan filminin karakterlerinden Pala daha gerçekçidir. 15 yıldır Almanya'da çöpçülük yapan Pala yılın çöpçüsü seçilir ve kendisine madalya verilir. Türkiye'ye dönünce ne yapacağını soran belediye yetkilisine "Öleceğim, bu çalışmaya can mı dayanır" diye cevap verir. Almanya'da posası çıkan işçilerin memleketlerine ya ölüleri gelir, ya da ölmek üzereyken memleketlerine gelirler.

Kendilerini Nasıl Bir Son Beklemektedir?

Dış göç olgusu, göç edenler açısından olumsuz bir şekilde sonuçlanır. Göçün, göç eden birey ve aileler üzerindeki etkisi genellikle olumsuzdur. Göç edenlerin bir kısmı, şehre ve sunduklarına hayran kalırlar. Örneğin, Dönüş filminin kahramanı İbrahim, tarla parası biriktirmek için gittiği Almanya'da amacından uzaklaşır ve yeni amaçlar peşinde koşarken savrulur ve sonunda harcanır. Almanya Acı Vatan'ın kahramanı Mahmut, her şeyden önce düzenli bir iş bulamaz ve ayakta kalamaz. Çok para sahibi olarak iyi bir yaşam sürmek isteyen Mahmut, cinsellik, kumar ve alkol batağına yuvarlanarak elindekileri de koruyamaz. Cinsellik de dahil olmak üzere her türlü kişisel ve toplumsal açlık, tutarlı bir dünya görüşlerinin olmaması bu savrukluğun başlıca nedenidir. Otobüs filminin kahramanları, dolandırıldıkları için Avrupa'daki yaşama ancak birkaç günlüğüne otobüsleri polis tarafından çekilene kadar uzaktan tanık olabilirler. İkisi ölür. Geri kalanlar da polis tarafından geldikleri ülkeye geri gönderilecektir. Hem paraları çalınmıştır hem de geleceğe yönelik umutları yitmiştir. Otobüsün kapısını kırarak otobüse giren İsveç polisine boş gözlerle bakışları hem yenilmişliğin hem de geleceğe yönelik umutsuzluğun ifadesidir. Almanya Acı Vatan filminde ve Dönüş filminde de aileler dağılır. Almanya'ya toprak parası için giden İbrahim orada Alman bir kadına tutulur ve Türkiye'ye dönüşte trafik kazası geçirir ve ölür. Almanya Acı Vatan'ın Mahmut'u da Alman kadına tutulur ve ailesi dağılır. Hayat mücadelesi kimi zaman başarısızlıkla kimi zaman da ölümle sonuçlanır. Sınıf atlama ile yenilgi diyalektiğine sıkışmış Avrupa'da göç edenler öncelikle ayakta kalma mücadelesi vermektedirler. Otobüs filminin finalinde göç edenleri temsil eden hurda otobüsün kurtuluş olarak görülen Avrupa medeniyeti tarafından her bir işçiyi temsilen defalarca ezilmesi Avrupa'ya göç eden işçilerin yıkılan hayallerinin dramının sembolik ifadesidir.

Sonuç

Bu incelemede dış göç olgusunun Türk sinemasında nasıl temsil edildiği araştırılmıştır. 1970-80 yılları arasında dış göç konusunda seçilen üç film (Dönüş, Otobüs, Almanya Acı Vatan) nitel içerik analizi tekniği ile tematik olarak incelenmiştir. Buna göre, Türk sinemasında toplumsal bir gerçeklik olan dış göç olgusu, filmler aracılığıyla birer sorun/konu olarak ele alınmış ve sinemasal kodlarla temsil edilmiştir. Filmlerde yaşları 20-30 arasında değişen kadın, erkek, kırsal kökenli vasıfsız tarım işçileri ya da işsizler, iş bulmak, para kazanmak ve iyi bir hayat sürmek gibi ekonomik nedenlerle Almanya ve İsveç gibi Avrupa ülkelerine göç etmişlerdir. İlk dönem dış göç filmleri olarak değerlendirilebilecek bu filmlerde yurt dışına göç eden Türk işçilerinin dramı, dil bilmeme, işsizlik, dolandırılma, sömürülme, gurbet ve hasretlik, dışlanma, kendi toplumlarına ve kültürlerine yabancılaşma, kadın sorunu gibi konular kötümser bir bakış açısıyla ele alınmaktadır. Doğulu, geleneksel tarım toplumunun insanları Batılı kapitalist kültürle karşılaşmaları sonucu ekonomik kazanımla kültürel benliklerini koruma sarmalında bocalamaktadırlar.

Kaynakça

Berger, Arthur Asa (1998). *Media Research Techniques*. 2nd Edition. London: Sage.

Berkes, Niyazi (2006). *Türkiye'de Çağdaşlaşma*. Ed.: A.Kuyaş. 9. Baskı. İstanbul: YKY.

Crehan, Kate (2002). *Gramsci, Culture and Anthropology*. London: Plutıo Press.

Gökalp, Ziya (1963). *Türkleşmek, İslamlaşmak, Muasırlaşmak*. 2. Baskı. Ankara: Serdengeçti.

Makal, Oğuz (1994). *Sinemada Yedinci Adam*. 2. Basım. İzmir: Ege Yayıncılık.

Tolan, Barlas (1975). *Toplum Bilimlerine Giriş*. Ankara: Kalite Matbaası.

Bölüm 7.

Çatışma ve Göç Kültürü Modeli Bağlamında Bir Roman Okuması: Le Clézio'nun *Göçmen Yıldız*'ı

Kamil Civelek

Giriş: Yazın / Çatışma ve Göç Kültürü Kuramı

İnsanların bireysel ya da kitlesel olarak çeşitli nedenlerle bir yaşam alanından bir başka yaşam alanına doğru yaptıkları yer değişikliğinin süreci ve sonucu olarak kısaca tanımlanabilecek göç olgusu insanlık tarihinin her evresinde varlığını duyumsatır.

Toplum bilimleri çok farklı düzey ve içeriklerle göç olgusunu ele alırlar. Her bir bilim dalı göçe kendi penceresinden farklı anlamlar yükler. Yazın alanı ise birey/toplum, tarih, coğrafya, felsefe, kültür, politika, düşüngü (fr. idéologie), vb. birçok alanının harmanlandığı, gerçeklik ile kurgunun birbirlerine karıştığı, merkezine insanı alan estetik bir içerik sunduğundan diğer bilim dallarından daha farklı bir yaklaşımla göç olgusunu ele alır. Yazın dışındaki diğer toplum bilimleri göç olgusunu nedenlerini, sonuçlarını ve sorunlarını veriler düzeyinde irdeler ve çoğu zaman öznesi olan insanı göz ardı eder. Bu bağlamda göç olgusunun nedenleri, sonuçları, sorunları, verileri bağlamında ele alınmasından daha çok göçün süreçleri ve bu süreçlerde yaşananı/yaşanması olası olanı çevrelemesi ve duyumsatabilmesi, göç edenin bir öyküyü ve belleği taşımasını imlemesi açısından bambaşka bir alandır. Oysa yazın, özellikle de insanı merkezine alan roman türü denilebilir ki insanı içinden çıkardığınız anda geriye neredeyse pek bir şey kalmaz ya da kalan şey roman olmaz, bir başka şey olur. Bu bağlamda göç olgusunun kişi-zaman ve uzamı içine alan bir öyküden başka bir şey olmadığını söylemek yanlış olmasa gerek.

Göç ve yazın bağlamına kısa bir şekilde değindikten sonra genel göç devinimleri bağlamında bir çözümleme yöntemi olarak benimsenen ve İbrahim Sirkeci ile Jeffry Cohen tarafından kuramsal çerçevesi belirlenen, daha sonra Ali Tilbe'nin 2015'deki çalışmasında (Tilbe, 2015, ss. 458-467) *göç yazını* çözümlemeleri için bir yöntembilim olarak geliştirilen "Çatışma ve Göç Kültürü Modeli"nden burada söz etmek yerinde bir tutum olacaktır. Kuram "zorunlu ve gönüllü göç ayrımını reddederek, her düzeydeki çatışmaların, gerilimlerin, zorluk ve anlaşmazlıkların insanların ve grupların yer değiştirmesine neden olduğu gerçeğinden hareketle, her göçün şu ya da bu biçimde bir çatışma üzerine kurulduğu" (Tilbe-Sirkeci, 2015, s.1) varsayımından hareket eder. Çatışma ise mikro, mezo ve makro olmak üzere üç düzeyde tanımlanır. Mikro düzey bireylerarası çatışmaları, mezo düzey göç edenlerin yakın çevresi özellikle hanelerarası ya da hane içi çatışmaları, makro düzey ise uluslararası çatışmaları imler. Bir başka deyişle bireylerarasından uluslararası ölçeğe bir dağılım söz konusudur. Sirkeci bu modeli aşağıdaki gibi görselleştirir (Şekil 1).

Tilbe, çatışma ve güvensizlik ekseni üzerine kurulu yaklaşımında, Lucienn Goldmann'ın oluşumsal yapısalcı yazın toplumbilimi kuramından devinimle iki aşamalı bir çözümleme yöntemi önerir. Birinci aşama *anlama düzeyi*dir: yapısalcı bir yaklaşımla metne içkin olarak gerçekleştirilir ve metinde yer alan anlatı yerlemleri ile anlatısal uygulayımlar incelenir. Daha sonra, çatışma modeline göre göçer toplumsal yapı ve ilişkilerden oluşan yapıtın özü ve iç tutarlılığı çözümlenir. İkinci aşama ise *açıklama aşaması*dır; metinde söz edilen göç olgusu/izleği, çatışma modeli temelinde, yapıtı aşan ve çevreleyen toplumsal, ekonomik ve siyasal dışsal bağlanımlarıyla güvensizlik/güvenlik düzleminde açıklanmaya ve tutarlı eleştirel bir yaklaşım ortaya konmaya çalışılır (Tilbe, 2015, ss. 464-465).

Şekil 1. İnsani Güvenlik ve Çatışma Eksenleri

Kaynak: Sirkeci, 2012, s. 357

Yöntemi bir tabloyla aşağıdaki gibi göstermek olanaklıdır (ss. 464-465).

Tablo 1: Göç Yazını Yöntembilim Çizgesi

Anlama Aşaması > İçkin Çözümleme	Açıklama Aşaması > Aşkın Çözümleme
Anlatı Yerlemleri → Kişi, Zaman, Uzam	Dönemsel Göç Devinimleri ve Toplumsal Yapı
Anlatının Yapısı → Anlatım Uygulamaları	Öne Çıkan Temel İzlekler
Mikro, Mezo, Makro Düzeylerin Belirlenmesi	Göçten Sonraki Toplumsal Konum
Göç Olgusu → Göreli Güvensizlik Uzamı, Çatışma ve Göç Devinimi	Göreli Güvenlik Uzamı → İşbirliği mi? Bütünleşme mi? Ayrışma mı?

Anlama Aşaması/İçkin Çözümleme
Anlatı yerlemleri

İnceleme alanı olarak Jean-Marie-Gustave Le Clézio'nun 1992 yılında yayınlanan *Göçmen Yıldız* adlı romanı belirlenmiştir. Roman yukarıda sözü edilen makro düzey çatışma ve güvensizlik eksenine uygun düşer: bir yandan II. Dünya Savaşı öte yandan Arap (Filistin)-İsrail savaşı söz konusudur. İçkin çözümlemeyle yani anlama aşamasında anlatı yerlemlerine (kişi-uzam-zaman) geçmeden önce romanın başlığına değinmek önemli, yerinde ve anlamlı bir tutum olacaktır.

'Göçmen Yıldız' tanımlaması doğrudan insana ve onun öyküsüne göndermeler içerir: Sıfat içeriği bir öyküyü (uzam/zaman olgularını aynı anda imleyerek) yıldız adı ise bu öykünün etrafında geliştiği insanı simgeler. Böylelikle Gérard Genette'in yanmetinsel/metinçevresi (fr. paratextuel/péritextuel) (Civelek, 2015, s. 91) bir unsur olarak belirlediği başlık türlerinden izleksel başlığa (Genette, 1987, ss 59-98) uygun olan romanın adı doğrudan roman içeriğine yöneliktir. Başlık yalnızca romandaki kahramanlara değil aynı zamanda onların göçmenliklerine simgesel bir göndermedir. Adları çocuksu hareketlilikleri, yetimlikleri, hareketsiz kalmayı reddedişleriyle iki kız çocuğu, iki genç kız, iki kadın, savaşların yollara düşürdüğü iki sürgün olarak romanın ikili anlatı düzeyinde tam bir uyumluluk gösterirler. Kısaca söylemek gerekirse başlık yapısal bir bütünlük içerisinde metni önceler.

Bunun yanında iki önemli metinçevresi unsur daha bu içeriği destekler. Bunlardan ilki "esir düşen çocuklara" şeklindeki ithaf yazısı ve onu izleyen bir Peru şarkısından alınmış "göçmen yıldız, geçici aşk, kendi yoluna devam et, hem denizde hem karada, yoluna devam et" şeklindeki beş satırlık tanımlık yazıdır. Böylelikle yapısal bir bütünlük içerisinde bu üç unsur (başlık, ithaf ve tanımlık) metni önceleyerek okurun göç eden bir çocuğun öyküsüne tanıklık edeceğini önsel olarak duyumsatır.

Kişi

Romanın iki katmanlı anlatı yapılanmasında her bir anlatının kahramanları olan Esther ve Nejma adlı iki genç kızdır. Farklı kökenlerden gelen bu özel adlar ortak bir anlama sahiptir: YILDIZ.

Esther Farsça ve Yunanca "yıldız" ve İbranicede ise "gizli saklı kalmış" anlamına gelir. Aynı zamanda Tevrat'ın bir bölümünün adıdır. Özellikle birinci bölümde Nazilerin Yahudi soykırımı yüzünden ailesinin onu kökenini ve dinini gizlemesi amacıyla Hélène (2. Bölümün başlığıdır aynı zamanda) olarak adlandırması ve bu adla sahte kimlik edinmeleri anlamlıdır: Nejma ise Arapça kökenli bir addır. Roman genelinde iki genç kızın Esther ve Nejma'nın adlarıyla birlikte taşıdıkları diğer etiketler ise şöyledir:

Ad	Esther	Nejma
Anlam	YILDIZ	
Etiket	Fransa doğumlu, Fransız, İsrailli ve Kanadalı, Yahudi/Musevi Kız çocuk, genç kız, kadın	Akka Doğumlu Filistinli, Ürdünlü (?) Arap/Müslüman Kız çocuk, genç kız, kadın

Kişi adlarının bu bilinçli seçimi ve varlığı, dilsel, dinsel, kökensel, ekinsel, toplumsal, aidiyet, eşeylik ve simgesel açılardan zengin bir içerik sunarak, roman evreninde gerçeklik etkisini ve içeriği oluşturmaya doğrudan katkı sağlar. "İnsan mikrokozmozunun simgesi" olan 5 kollu yıldız, dişiliği ve erilliği aynı anda temsil ettiğinden aslında sadece roman kahramanlarını değil savaşlardaki genel insanlık durumuna da böylelikle göndermede bulunur. Her yönüyle birbirinden değişik bu iki din ve ekinin bireyleri olan Esther ve Nejma'nın savaşlar nedeniyle aynı anlamsal dizgeye sahip adlarla birlikte aynı yazgıyı paylaşmaları yazar tarafında özellikle tasarlanmış gibi görünmektedir. Gösterenden gösterilene güçlü bir anlamsal yüklemeyle donatılmış bu adların seçimi rastlantısal değil bilinçli bir tercih olarak göze çarpar. Bu durum gösteren ile gösterilen ilişkisinin dilsel düzeyde saymaca olmasına karşın yazınsal uzamda *Göçmen Yıldız* örneğinde tam tersi olduğunu ispatlayan özgün bir işlevselliği gözler önüne serer. Esther ve Nejma adları onları farklı uyruk, din ve kültür çevrelerinde farklılaştırsa da adlarının simgelediği anlam çevreninde birleştirir.

Uzam ve zaman

Temel izleği sürgün, göç ve göçmenlik olan bir romanda yer adlarının seçimi ve düzenlenmesi kaçınılmaz olarak zorunludur. Zira göç izleği en azından iki faklı yerin olması zorunluluğunu taşır. *Göçmen Yıldız* bu bağlamda çok zengin bir içerik sunar: üç kıta ve çok sayıda şehir romanda yerini alır. Sürgünle başlayan iki farklı yer arasındaki uzam ilişkisi yer değiştirmelerin çokluğuyla karmaşık bir yapıya dönüşür. Esther örneğinde bir yaşam süreci okura sunulur: Saint Martin'den Festiona'ya Alon limanından Ramat Yohanan Kibutzuna, Montreal'den Tel-Aviv ve Nice kadar uzanan, beş ülke ve üç kıta arasında süren sürgün ve göçmen bir yaşam. Aynı durum Nejma için iki yıllık bir kesit içerisinde Orta Doğu coğrafyasında üç ülkede Akka'dan Nur Samş (Filistin ve İsrail) kampına, oradan Amman'a (Ürdün) kadar uzanır.

Topografik ve süredizinsel kodlamalar birbirlerinden ayrı düşünülemezler. Anlatının yapılanmasına bakıldığında bazı alt bölümlerin başlıklarının bu uzamsal-zamansal belirleyicilerle oluşturulduğu görülür. Örnek olarak, ilk bölümün ilk altbölüm başlığı: Saint-Martin-Vésubie, yaz 1943, 13. altbölüm: Festiona, 1944, 2. bölüm ilk altbölümü: Alon limanı, Aralık 1947, 3. bölümün ilk altbölümü: Nur Şams kampı, yaz 1948, 4. bölümün ilk altbölümü: Ramat Yohanan, 1950, altıncı altbölüm: Montréal, Notre-Dame Sokağı, kış 1966, son olarak 5. bölümün ilk alt bölümü: Nice, yaz 1982, Yalnızlık Oteli, başlıkları Esther ile Nejma'nın yaşamlarındaki sürgün ve göç uzamı ile zamanını imler. Böylelikle bir yandan nereden nereye geldikleri belirlenirken öte yandan vatansız, topraksız kalışları, bir yere kök salamamış oluşları vurgulanır.

Bu sürgün ve göçmen yaşamların sunulmasındaki anıştırmanın gerçekliğe uygunluğu ve yakınlığı romanın uzamsal ve zamansal verilerin yani kahramanların kronotoplarının bildik tarihsel kronotoplarla (Bakhtine, 1978, s. 237) çakışması tam bir anlatımsal ve yapısal uyum ile yazarın stratejisinin göstergeleridir. 14 Mayıs (1948 yılı verilmez, ancak okur bunun 1948 olduğunu okuma sürecinde kolaylıkla belirleyebilir) sabahında ve gün içerisinde olan bitenlerin yazar-anlatıcı tarafından öykülenmesi buna iyi bir örnektir. Söz konusu tarih İsrail devletinin kuruluş tarihidir. Görüldüğü üzere Tarihle iç çe geçmiş ancak tarihsel roman olma özelliğinden uzak bir anlatı söz konusudur.

Anlatı düzeyinde iki tür zamansal sapım (ileri-geri sapım) arasında zamanın düzenlenmesi *Göçmen Yıldız*'da düzeni belli bir çizgisellik göstermesine karşın öyküleme düzeyinde bu çizgiselliğini kaybeder. Kahramanlar için sürekli olarak şimdide geçmişi yaşama durumu söz konusudur. Örneğin Esther'in hikâyesi 1943'te başlamasına karşın öyküleme 1940'a kadar inmektedir. Esther 'in anlatısı 1943 yılında başlayıp 1982 yılında son bulur. Bir yaşamı imleyen bu süreç Nejma örneğinde ise kesitsel olarak verilir: 1948-1950 arasında. Böylelikle romanın genelinde süredizinsel çizgisel özellikte olan zaman, geçmiş sürekli olarak anlatının şimdiki zamanıyla iç içe geçmiş olarak düzenlendiğinden anlatı genelinde gerisapımlı bir görünüm sergilemektedir. Ancak azda olsa ilerisapımlı kesitler de söz konusudur. Durumu özetlemek gerekirse;

ZAMAN	
Anlatı Düzeyi	1943-1982 arası (Esther için)
	1948-1950 arası (Nejma için)
Öyküleme Düzeyi	Süredizinsel, daha çok gerisapımlı az da olsa ilerisapımlı

Zamanın bu şekilde düzenlenmesiyle, Esther'in çocukluğundan yaşlılığına kadar, Nejma'nın ise çocukluk ve genç kızlık anılarının kırıntıları arasında göçmenliklerine tanık olunur. Bu bağlamda çocuk kahramanların seçimi, kimlik kazanımının başladığı evre olarak göze çarpar. Böylelikle zorunlu yaşamların hangi kaynaktan geldiği ve nasıl ve ne derece değişikliklere uğradığının süreçleri anlatının konusunu ve içeriğini oluşturur. Esther için çocukluk uzamı Fransa'dan sürgün olma ve 'Vaat Edilen Topraklar'da (İsrail) göçmen olma durumları ne de Kanada'ya yerleşmesi yaşamı boyunca sürgün ve göçmen olma durumunu değiştirmez. Durum Nejma için de aynıdır: doğduğu topraklardan sürgün edilmiş ve göçmen bir yaşam sürmek zorunda kalmıştır. Nitekim dinsel ve felsefi açıdan bakıldığında her ikisinin bu durumu evrensel ortak bir anlamı imleyerek genel insanlık durumuyla örtüşür: hepimiz bir yerden geldik, bir yere gideceğiz.

Sürgün ve göçmen olmaları göz önüne alındığında bu şimdide geçmişi yaşama durumu Esther ve Nejma'nın kimlikleri, tinsel durumları ve kişilikleri üzerinde etkilidir. Öyküleme düzeyindeki bu özellik bir bölümden diğerine, bir paragraftan ötekine bazen de bir cümleden bir başka cümleye anlatıyı kesintiye uğratır. Bu bağlamda okur da şimdi ile geçmiş ve burası ile orası arasında gidiş-gelişlerle tıpkı anlatının kahramanları gibi oradan oraya sürüklenir. Böylelikle romanın adıyla başlayan, "ikilik" (fr. dualité) zaman ve uzamın kurgulanmasında da varlığını sürdürür.

Anlatının Yapısı

Anlatının yapısına gelince, roman biri hariç her birinin kişi adının imlendiği beş ana bölüm ve toplamda 41 altbölümden oluşur. Birinci bölüm Hélène, ikinci bölüm Esther, üçüncü bölüm Nejma, dördüncü bölüm Güneşin Oğlu (Esther'in oğlu Michel), beşinci bölüm ise Elisabeth (Esther'in annesi) olarak adlandırılmıştır. Romanın başlığı, ithaf ve tanımlık yazısı gibi metinçevresi yanmetinsel unsurlara değinildiği için burada tekrar edilmeyecektir. Ancak bu noktada metnin mimarisi ile bir yandan beş bölüm aracılığıyla beş köşeli yıldız imgesiyle insanı bir kez daha çağrıştırması özellikle sürgün ve göçmen insanın durumuna simgesel olarak göndermede bulunması göz ardı edilemeyecek kadar ilginç öte yandan yapısal, anlatımsal ve sözcelemsel açılardan önemli ve anlamlıdır.

Anlatıcılar

Yukarıda değinilen bu yapısal özelliğiyle beraber *Göçmen Yıldız* anlatımsal açıdan tek merkezli ve tek bir kişiye ya da sese bağlı olmayan bir başka özellik daha gösterir: çokseslilik. Anlatı üç ses arasında tıpkı kahramanları gibi göçer durur. Özetle söylemek gerekirse anlatı boyunca kimi zaman soyut bir dış ve elöyküsel bir anlatıcı olan yazar-anlatıcı kimi zamanda bir benöyküsel/özöyküsel ve iç öyküsel olan anlatıcı-kahramanlar Esther ve Nejma tarafından dönüşümsel bir yapılanma içerisinde öyküleme yapılır. Birinci tekil kişi ile üçüncü tekil arasında değişkenlik gösteren bu anlatım tutumları, öznel ve nesnel tutumların biçimsel ve sözcelemsel yansımaları ve izleksel bütünlüğün bir zorunluluğu ve düzenlemesi olarak ortaya çıkarlar. Göçmen Yıldız'da anlatıcıların anlatıyla olan ilişki ve düzeylerini aşağıdaki şekilde özetlemek olanaklıdır.

İlişki/Düzey	Dışöyküsel Anlatıcı	İçöyküsel Anlatıcı
Elöyküsel Anlatıcı	Tüm bölümlerde yazar-anlatıcı: 3. Tekil Aamma Huriya: 3. Tekil	-
Benöyküsel/özöyküsel Anlatıcı	-	Esther: 2,4 ve 5. bölümler Nejma: 3. bölüm Her ikisi için 1. tekil

Bakış Açıları/Odaklayım

Romanın bu çoksesliliği beraberinde bakış açılarının/odaklayımın da çeşitliliğine yol açar. Böylelikle baskın tek bir bakış açısı yerine anlatının iki göçmen yıldızı Esther ve Nejma ile birlikte yazar-anlatıcı ve diğer anlatı kişilerinin bakış açılarından olaylar sıfır ve iç bakış açısı/odaklayım şeklinde aktarılır. Tıpkı anlatıcının değişkenliğinde olduğu gibi bakış açısı da bir varlıktan diğerine geçer. Sıfır odaklayım ve iç odaklayım anlatının genelinde baskındır: birinci ve ikinci bölümlerde anlatıcı-yazar, Esther ve Esther'in öyküsündeki diğer iki anlatı kişisi Tristan ile Rachel'in, üçüncü bölümde Nejma ile anlatıcı-yazar'ın, dördüncü ve beşinci bölümlerde ise Esther ile anlatıcı-yazar'ın bakış açıları.

Göçmen Yıldız'da sürgün ve göçü farklı boyutlarıyla ortaya koyan, birlikte var olan, birbirleriyle kesişen ve birbirlerini tamamlayan sesler ve bakış açıları karmaşık bir ağa dönüşür. Okur bu ağ içerisinde oradan oraya savrulur tıpkı romanın kahramanları gibi. Sürgün ve göçün böylelikle yazıya dökülmesi bakış açılarının değişkenliği ve çoğul bir sözceleme edimiyle (yani anlatıcıların değişmesi) gerçekleşir.

Metinlerarasılık

Göçmen Yıldız'a bu çok sesliliğini sağlayan bir diğer uygulayım metinlerarasılıktır (fr. Intertextualité) (Bakınız: Aktulum, 1999). Tamamı göç ve göçmenlik olgusunu imleyen doğrudan "alıntı" (fr. citation) olarak Esther'in öyküsünde Tevrat'tan kesitler, *1001 Gece*'nin denizcisi Sinbad'ın öyküsü, Peru şarkısının sözleri, klasik müzik beste adları, Yahudi şair Hayyim Nahman Bialek'in dizelerinin varlığı söz konusudur. Metinlerarasılığın bir diğer biçimi olarak "anıştırma"ya (fr. allusion) örnek olarak da, *Parmak Çocuk Masalı*, Dickens'tan *Nicolas Nickleby*, Thomas Bentley'den *Bay Picwickin Maceraları*, Zola'dan *Nana*, La Fontaine'den *Vebaya Tutulmuş Hayvanlar*, Gustave Aymar romanları, Garcia Lorca, Mayakovski'nin şiirleri, Dante ve Petrarca'dan bölümler, Cesar Pavese'den parçalar, Camus'den *Yabancı*, gibi yazınsal metinlerle birlikte Billy Holliday'in *Solitude* ve *Sophisticated Lady* adlı şarkılarına göndermeler söz konusudur. Nejma'nın öyküsünde ise Aamma'nın masalları, Nejma adının Kateb Yacine'nin *Nedjma* adlı romanına örtük göndermesi dikkati çeker.

Böylelikle metinlerarasılık aracılığıyla Le Clézio, *Göçmen Yıldız*'dan başka metinlere gidiş gelişlerle anlatısını bezeyerek sürgün ve göçü imlemeyi ve bu izlekleri anlatısı boyunca canlı tutmayı başarır.

Mise en abyme/ öykü içinde öykü

Anlatının yapısına katkı sağlayan bir diğer uygulayım ise *mise en abyme/*öykü içinde öykü etkisidir. Böylelikle birincil ile ikincil anlatı, anlatı ile mikro-anlatılar, öykü (fr. diégèse) ile üstöykü (fr. métadiégèse) arasındaki öykülemenin arasındaki gelgitler ve iç içe geçmişlik durumu dikkati çeker. Romanın bu yapılanmasını öncelikle *Göçmen Yıldız'*ın Tarih'le, daha sonra Tristan ve Rachel'in öykülerinin Esther'inkiyle, son olarak da Nejma'nın öyküsünün Esdther'inkiyle iç içe geçmiş olmasıyla bir bütünlük ve derinlik kazanır. Bu bağlamda yapıtın bütününü temsil eden ya da bütünlüğe göndermede bulunan tüm kesitleri içeren bu gelgit alanları biçimsel, anlatısal, yapısal, sözcelemsel ve izleksel düzeylerde durmaksızın sürgün ve göçe anıştırma yaparak okurun üzerinde derin bir etki bırakır. Bu mise en abyme etkisi hem metnin kurgusal gerçekliğinde hem de dış gerçeklikte karşılığını yapıtın da yazın tarihi ve insanlık tarihinde yerini alması, Esther'in öyküsüyle tüm bir Yahudi toplumunun ve Nejma'nın öyküsüyle Filistin toplumunun öyküsünün iç içe geçmesiyle anlamsal bir karşılık bulur.

Göçün sözvarlığı

Göçmen Yıldız'da göç olgusunun sözvarlığına göz atıldığında ilginç bir görünüm söz konusudur. Kahramanlarının gerçekleştirdiği yer değiştirmelere bağlı olarak roman göç olgusunu imleyen zengin bir söz dağarcığı içerir. Sözlükbirimsel bütün, romanla tam uyumlu bir yerdeşlik[1] (fr. isotopie) gösterir. Bu yerdeşlik göçmenliğin edimsel ağına ait özellikle yolculuk, hareket ve devinim bildiren eylemleri (hareket etmek, yola çıkmak, gitmek, varmak, geçmek, çıkmak, inmek, ulaşmak, vb. gibi) çok çeşitli özel ve genel yer belirten sözcükleri ve şehir ile ülke adlarını (burası, orası, sığınmacı kampı, Saint-Martin-Vésubie, Paris, Hayfa, Montreal, Fransa, İtalya, Almanya, Kanada, İsrail, Ürdün, vb. gibi) coğrafi görünümleri imleyen sözcükleri (dağın arkası, denizin ötes, tarlalar, vb. gibi) içerir.

Buna karşılık, baştan sona yapısal ve izleksel olarak göç ve sürgün olgusunu doğrudan imleyen sözcük dağarcığı oldukça azdır. Bu bağlamda toplamda sadece altı sözcük kullanılmıştır: 'göç' sadece bir, 'sürgün' bir, 'göçmen/ler' beş, 'mülteciler' dört, 'sığınmacılar' bir kez, "kamp" sıklıkla olmak üzere. Bunun yerine anlatımsal bir tutum olarak romanda baştan sona göç ve sürgünü doğrudan imlemektense sözcüklerin çağrışımsal işlevlerinden yararlanarak sözcelemsel yerdeşlik tercih edilmiştir. Örneğin, hareketliliği ve yolculuğu imleyen fiiller (yürümek, koşmak, hareket etmek, gitmek, varmak, ulaşmak, yola koyulmak, yola çıkmak, vb.) sıklıkla tercih edilmiştir. Yazar-anlatıcının "kasabanın sokaklarında, anne ve babasının arasında, onların ellerinden tutarak yürürdü" (Le Clézio, 1996, s.11) ifadesiyle Esther'in devinimli halinin betimlenmesiyle başlayan anlatı son sayfada yine bir "sonra, çantasını kapatıp dalgakıran boyunca kayadan kayaya atlayarak oradan uzaklaşıyor" (Le Clézio, 1996, s.262) devinimiyle son bulur. Ancak kesin bir sonucu, tamamlanmışlığı betimlemeyen bir eylem durumu söz konusudur: gidilen ya da varılacak yerin belli olmadığı, hareket halindeki göçmenin durumudur betimlenen. Durağan olmayan bir evrende hareket halinde olan yıldızı imleyen Esther ve Nejma adlarıyla birlikte yer adları özellikle

---

[1] Yerdeşlik: 1. Bir söylem çerçevesinde anlamsal tutarlılığı, bildirinin bir anlam bütünü olarak kavranmasını, tek yönlü anlaşmayı sağlayan uyum; aynı düzlemde yer alan öğelerin oluşturduğu, çokanlamlılığı engelleyen ve anlambirimcik yinelemelerinden doğan uyumluluk. 2. Hem içerik, hem anlatım düzleminde dil öğelerinin yinelenmesiyle oluşan uyum. Berke Vardar, Açıklamalı Dilbilim Terimleri Sözlüğü, Abc kitapevi, İstanbul, 1988, s. 232.

şehir adları da (Paris, Lyon, Toulon, Tel-Aviv, Kudüs, Akka, Amman, Montreal, Saint-Martin-Vésubie, vb.) varılan, gidilecek, özlenen, anımsanan, bir süreliğine yerleşilen yerler olarak hareket halindeki göçmen insanın durumunu imler. Bu durumu destekleyen anonim topluluk ve meslek adlarının (gidenler, gelenler, kaçanlar, askerler, yolcular, direnişçiler, çoban, kaptan, vb.) kullanımı sıklıkla yinelenmesi göze çarpan bir diğer anlatımsal tutumdur. Uzam ve zaman belirteçlerinin (şimdi/burada, eskiden/orası, vb.) karşıtlıklar oluşturarak yinelenmesi ise anlatı kahramanlarının sadece fiziksel değil aynı zamanda tinsel göçerliklerini imlemeyi sağlar.

Düzey/Düzeyler ile çatışma ve göreli güvensizlik uzamı

Esther'in anlatısında İtalya-Fransa sınırına yakın bir kasabada Saint-Martin Vésubie'de 1943 yılında II. Dünya Savaşının sürdüğü bir dönemde savaş nedeniyle Avrupa'nın çok çeşitli yerlerinden (Fransa, Almanya, İtalya, Polonya, Avusturya, Macaristan ve diğer yerlerden) kaçarak gelen ağırlıklı olarak yaşlılar, kadınlar ve çocuklardan oluşan bir topluluk olan Yahudiler, yerli halk ve işgalci İtalyan askerlerinin oluşturduğu heterojen toplumsal bir yapı söz konusudur. Yahudiler burada İtalyanların denetiminde kontrol ve baskı altında bir yaşam sürmektedirler. Yerinden yurdundan olmuş, hayatta kalabilmek için sığındıkları bu küçük kasaba geçici bir yerleşkedir. Nitekim İtalyanların geri çekilmesi ile çok önceden başlamış ve devam etmekte olan Nazi tehlikesi karşısında tam bir dayanışma halinde yaşarlarken burayı da terk etmek zorunda kalırlar. Her ne kadar İtalyanlarla mezo düzeyde bir çatışma söz konusu olsa da gerçekte Esther'i ve ailesini devinime iten asıl çatışma ekseni makro düzeydedir: II. Dünya Savaşı.

Nejma'nın anlatısında ise sığınmacı kampı söz konusu olduğu için dizgeli bir toplumsal yapıdan söz edilemez. Yetişkin erkeklerin savaşta olması nedeniyle Nur Şams Sığınmacı kampını daha çok yaşlı kadınlar, erkekler ve çocuklar toplumsal yapıyı oluşturur. Kamp yaşamının getirdiği zorunluluk nedeniyle bireyler kendi aralarında dayanışma ancak dışarısı ile çatışma halindedirler.

Bu bağlamda yapıtın tamamı göz önüne alındığında üç düzeyde çatışma eksenlerinin olduğunu belirtmek gerekir. Ancak Esther ve Nejma'yı göç devinimine iten asıl çatışma ekseni öncelikle makro düzeydedir. Makro düzeyden kaynaklanan bu göç devinimi sırasında tarihsel olayların büyüklüğü ve şiddeti göz önüne alındığında, göç sürecini yaşarlarken kahramanlar Esther ve Nejma'nın yaşam alanlarında yakın çevreleriyle mezo düzeyde çatışmalar yaşadıkları göze çarpar: Esther'in annesi Elisabeth ile kavgaları, tartışmaları, Gasparini ve Rachel ile olan rekabeti, Nejma'nın kamptaki yetersiz kaynaklara ulaşmada diğerleriyle yarışması ve Birleşmiş Milletler Askerleriyle göreli çatışma durumları bunlara örnek gösterilebilir.

Sürgün ve göçmen yaşamın doğal sonucu olarak anlatı kahramanları tinsel boyutta etkilenirler. Bu durum kimi zaman kendi kendine çatışma durumlarına neden olur. Durumu kabullenememe kimi zaman kendi köşesine çekilip içe kapanmalara kimi zamanda amaçsızca etrafta gezinmelere yol açar. Ancak ne mezo ne de mikro düzeydeki çatışmalar kahramanların fiziksel göç devinimine yol açmaz, buna karşılık, zamanda ve uzamda geçmişe, anılara ve gelecek ile ilgili düşlere doğru tinsel göçlere yol açar. Özellikle zorunlu kaldıkları fiziksel göç süreçlerinde yoğun olarak bu tinsel göçleri yaşarlar.

Özetle söylemek gerekirse, anlatı kahramanlarının zorunlu olarak sürgün ve göçmen bir yaşam sürmelerinin ana eksenini tarihsel iki büyük çatışma belirler: II. Dünya Savaşı ve Arap-İsrail Savaşı. Yapıtın bütünü göz önüne alındığında Esther için

II. Dünya Savaşı/Nazi Soykırımı ve Arap-İsrail Savaşı, Nejma için Arap-İsrail Savaşı /Filistin Sorunu ve Nur Şams Kampındaki veba makro düzeyleri oluşturur. Tam bir ölüm kalım sorunuyla yüz yüze geldiklerinden zorunlu olarak sürgün ve göçmen olmak zorunda kalırlar.

Açıklama Aşaması /Aşkın Çözümleme

Le Clézio, romanında II. Dünya Savaşı yılları ve coğrafyası, Orta Doğu coğrafyasında İsrail devletinin kuruluş süreci ile birlikte Arap-İsrail savaşı ve bunun devamında ortaya çıkan İsrail-Filistin sorunu kaynaklı göç devinimleri ve toplumsal yapıya odaklanmıştır. Bu aşamada, romanda ele alınan ve sorunsallaştırılan temel sürgün ve göç olgularını metni aşan ve çevreleyen dışsal bağıntılarıyla incelemeye geçmeden önce romanın iç dinamiklerini tam anlamıyla dış dünyayla yani gerçeklikle bağdaştırabilmek için yeterli bir özetinin verilmesi uygun düşecektir.

Anlatı Saint-Martin-Vésubie'de 1943 yazında II. Dünya Savaşı ortamında başlar. Burası Esther'in ve parçalanmış birçok Yahudi ailesinin sığınağı olan İtalyan işgali altında bir yerdir. Esther on üç yaşındadır. Aynı yılın eylül ayında İtalyan birliklerinin yerini alman askerlerinin almasından hemen önce bir daha hiç görmemek ve ne olduğunu bilmemek üzere babasını da geride bırakarak annesi Elisabeth'le birlikte yaşlı kadınlar, erkekler ve diğer çocuklarla birlikte kaçarlar. Bu arada birçokları Alman askerleri tarafından yakalanır, bazıları öldürülür çoğu da Nazi kamplarına götürülür. Mucize eseri kurtulan Esther ve annesi Festiona'ya geçici bir süre yerleşip savaş sonuna kadar orada yaşadıktan sonra Paris'e dönerler. 1947 kışında Toulon limanından Vaat Edilmiş Kutsal Topraklara yolculukları başlar. Bir süre Hayfa'da kibutz[2] yaşamı sürerler. 19 Mayıs 1948 İsrail kurulur ve Kudüs'e yerleşmeye giderken yolda Nejma ile karşılaşır. Birbirlerinin dillerini konuşamasalar bile bakışları her şeyi anlatır. Her ikisi de yerinden yurdun olmuş sürgün ve göçmen yaşamlara mahkûm iki genç kız Esther'in kara kaplı defterinin yapraklarına isimlerini yazarak değiş tokuş ederler. Esther'in kara kaplı defteri bundan sonra Nejma'nın çocukluğunun geçtiği Akka'daki yıllardan sonra şehirlerden, topraklarından kavulmuş ve Birleşmiş Milletler ve dünya tarafından diğer sığınmacılarla birlikte ölüme terk edildikleri Nur Şams sığınmacı kampında yaşadıklarını yazacağı bir günlüğe dönüşür. Yaklaşık iki yıllık bir sürecin anlatıldığı kamp yaşamından sonra annesi de veba salgınında ölen kimsesiz bebek ve kocası olacak Bedevi Saadi ile Ürdün sınırına doğru kaçarak gözden kaybolurlar. Nejma'nın öyküsü anlatıcı-yazarın öykülemesiyle bu nokta da son bulur, ancak karşılaşmalarının etkisi hayatı boyunca Esther'in üzerinde kalacak ve o da günlük tutacaktır. Yeni bir yaşam umuduyla geldiği bu topraklardaki savaş Esther'i bir kez daha hayal kırıklığına uğratır. Ölüm her yerde kol gezer, ölenlerin anıları canlıdır ancak acıdan başka bir şey vermez. Kutsal topraklara doğru yaptığı yolculukta tanıştığı nişanlısı Jacques ile mutlulukları çok uzun sürmez evliliklerinin hemen öncesinde savaşta onu kaybeder. Jacques'tan hamile kalır, hem yaşadığı bu yüz karası durumdan kurtulmak hem de nişanlısının düşünü gerçekleştirmek üzere Montreal'e yerleşir ve doktor olur. Bu süreçte oğlu Michel'i dünyaya getiren Esther 1966 yılında İsrail'e geri döner ve çocuk doktoru olarak çalışır. Annesi ise bir süre sonra II. Dünya

---

[2] Kibutz: İbranicede İsrail'de ortak çalışma esaslarına göre oluşturulmuş tarımsal topluluk. Topluluğu oluşturan yaşlı ve çocuklar dışında herkesin ücret almadan çalışmak zorunda olduğu, gıda maddelerinin gereksinimlere göre dağıtıldığı, başlangıçta Filistin'e göç eden Yahudilerin işlenmemiş toprakları ortaklaşa işleme gereksiniminden doğan, daha sonra yasal esaslara bağlanan İsrail'deki örgütlenmiş tarım toplulukları.

savaşında yitirdiği eşinin özlemine dayanamadığı ve hasta olduğu için kocasının öldüğü topraklarda ölebilmek tinsel de olsa bir kavuşma yaşamayabilmek için Fransa'ya döner. Esther 1982 yılında uzun yıllar önce babasını kaybettiği Fransa'ya annesinin cenazesi için gider. Her şeyin başladığı bu topraklarda sadece babasının ve annesinin değil tüm bu zaman boyunca biriken acı, sürgün ve göç dolu yılların da yasını tutarak yaşamaya devam eder.

1992 yılında yayınlanan *Göçmen Yıldız* okurunu tarihsel hatları belirgin bir şekilde çizilmiş II. Dünya Savaşının içine çeker. Sadece XX. yüzyılın değil aynı zamanda insanlık tarihinin en büyük ve en kanlı savaşıdır. Bu bağlamda romanda ele alınan ve sorunsallaştırılan temel olgular metni aşan ve çevreleyen tüm unsurlarla tutarlı ve tam bir uyum içerisindedir. II. Dünya Savaşının ve Arap-İsrail savaşı ile Filistin sorunun neden olduğu yıkımlar, kıyımlar, acılar, sürgün ve toplu göç hareketlerine neden olduğu Tarihin sayfalarında çoktan yerini almıştır. Yazar burada bu süreç içerisinde yaşanması olası olanlar üzerinden bir roman kurgulamıştır. Bir yandan zaten tarihsel, dinsel ve mitsel olarak var olan Yahudi gerçekliğinin bu son yüzyıldaki evresini oluşturan Yahudi soykırımını nesnel olarak ele alırken Esther'in öte yandan Arap-İsrail savaşı ve Filistin Sorununu Nejman'ın öykülerini koşutluk oluşturacak bir yapıda romanının konusu yapar. Böylelikle yazınsal uzam ve bağlam içeriği Tarihin sunduğu gerçek verilerle örtüşerek yeni bir boyut kazanır. Göç edenin bir öyküsü ve hafızayı taşımasının ne anlama geldiği nasıl bir değer ifade ettiği diğer toplum bilimlerinin yapmadığı/yapamadığı bir biçimde roman ve onun kurgusal evreni aracılığıyla duyumsatılır. Bu bağlamda kişi, uzam ve zaman yerlemlerini zorunlu olarak içine aldığından göçün aslında bir öykü olduğu düşüncesi doğrulanır. Üstelik *Göçmen Yıldız*'da birbiriyle kesişen ve iç içe geçmiş iki ayrı öykü söz konusudur. Esther ile Nejma'nın karşılaşmaları üç ayrı kesitte hem her ikisi tarafından hem de yazar anlatıcı tarafından üç farklı bakış açısıyla anlatılır. Karşılaşanların öznelliği ile yazarın nesnelliği arasında bu sahne adeta okurun belleğine kazınır. Böylelikle sürgün ve göç olgusuyla ortaya çıkan tüm sonuçlar hem nesnel hem de öznel olarak okura hissettirilir. Müslüman ve Yahudi toplumu arasındaki yaşananlar ve güncel (kastedilen 1990'lı yıllardır, hatta bugünde dahil edilebilir) göz önüne alındığında aslında yazar bir bakıma bugün bile olanaksız gibi görünen bir durumu yazı aracılığıyla olanaklı kılmaya çalışır: bir Yahudi ile bir Filistinliyi bir araya getirip birbirlerini anlama ve birlikte yaşayabilme için aradaki engelleri kaldırma. Yazar, uzamı, zamanı öyküyü ve Tarih'i iki genç kızın varlığında bir araya getirir. Her iki yıldız yani Esther ve Nejma birbirlerinden habersiz birinin diğerine hitap ettiği birer günlük tutarlar. Böylelikle yaşadıklarını yazıya dökerek 'söz uçar yazı kalır' gerçeğinden hareketle insanlığa karşı işlenen suçları (II. Dünya Savaşı ve Arap-İsrail Savaşı) kayda geçirirler bir bakıma. Böylelikle tanıklık ettikleri yaşanmışlıkların unutulmamasını da sağlarlar. Nejma yazarak Esther'in kendine yaklaştığını hisseder. Esther'de Nejma'yla yeniden karşılaşmayı umar. Ancak bu karşılaşma gerçekleşmeden roman son bulur. Gerçeklikte bir araya gelemeyen belki de gelmeleri yüzyıllardır süregelen düşmanlıklardan ötürü asla olanaklı olmayacak Esther il Nejma "yazı" sayesinde birliktedirler. Esther ile Nejma'nın ilk karşılaşmalarında defterleri üzerinde simgesel olarak imzaladıkları gibi bir barışa Müslüman ve Yahudi toplumları hiç erişemeyecekler belki de. Bu barış ve birlikte aynı uzamda var olma durumu sadece yazıyla olanaklı kalacaktır. Kahramanlar açısından bakıldığında sürgün ve göçü yazmak bir tür eyleme geçmek, direnmek ve yeniden yaşam bulmak anlamına gelir. Sürgün ve göçün yarattığı boşluğu yazı doldurur. Öyle ki yazmak vatansız kalan biri için yeni bir vatana kavuşmak kendini bulmak ve kimliğine kavuşmak demektir bir bakıma.

Göçmen Yıldız romanında, savaş, sürgün, göç, göçmenlik, yurtsuzluk/vatansızlık, esaret, özgürlük, din, kimlik sorunu, aile, yolculuk, yabancılaşma ve aidiyet sorunları temel izlekler olarak ön plana çıkar.

Fransızca'da göç/göçmenlik olgusunu tanımlayan iki sözcük vardır: "émigration ve immigration". İlki bir yeri terk etmeyi tanımlarken ikincisi yerleşilen yerdeki durumu tanımlar. Bir başka deyişle Türkçedeki sıla ve gurbet sözcüklerine karşılık gelirler. Esther ve Nejma için her iki durum söz konusudur: sıla hasreti çeker, gurbette yaşamaya mahkûmdurlar. Bu durum kimlikleri üzerinde belirleyicidir. Irk, din, dil, kültür, vatan ve kimlik izleklerinin temelini bu ikili durum (fr. dualité) oluşturur. Nitekim doğuştan gelen bu kazanımlar/kaybedilen kazanımlar, eski/yeni yaşam alanı, eski/yeni kimlik durumu ve konumu bu iki ulam arasında çatışma, karmaşıklık ve sorunların oluştuğu yeni bir durum ve konum olarak *Göçmen Yıldız*'ın ana eksenini, zıtlıklar ve ikilik üzerine kurulu biçim ve içerik düzleminde yapısal bir bütünlüğe yerleştirir. İzleksel bu görünüm baştan sona romanın yapısı ile de tam bir uyum içerisindedir. Bu durumun doğal sonucu olarak vatansızlık ve yabancı olmak, yaşamlarını bu şekilde devam ettirmek zorunda kalan insanların/göçmenlerin neler hissettiklerine tanıklık etmek, onları anlamak ve bir tür duygudaşlık (fr. empathie) etkisi yaratmak Le Clézio'nun, kök salacağı hiçbir toprağa sahip olmadığını/olamayacağını sürekli duyumsayan bir insanın sessiz çığlığı niteliğindeki *Göçmen Yıldız*'da başardığı ve ürettiği diğer değerleriyle birlikte insanlığa armağan ettiği önemli bir şeydir.

Göreli güvenlik uzamı bağlamında işbirliği mi? bütünleşme mi? Ayrışma mı? sorularına *Göçmen Yıldız*'da verilen yanıt oldukça ilginçtir. Öyküleri anlatılan kahramanların bütünüyle yerleşik bir yaşama geçememeleri ve göç olgusunun doğasından kaynaklanan bir sonuç olması nedeniyle roman bu sorulara doğrudan net bir yanıt sunmamaktadır. Ancak Esther için kendini bulma ve kimliğini oluşturma süreçleri, yetim kalma, İsrail ve Kanada vatandaşı olabilmesi, eğitim alıp doktor olması, oğlunu dünyaya getirip anne olması yine de belli bir düzeyde ayrışmadan çok bütünleşmeye işaret eder. Buna karşılık yerli-yabancı olma ikilemini sürekli yaşadığından tinsel olarak sürgün ve göçmen olarak kalır. Öte yandan Nejma'nın sığınmacı ve göçmen kimliği belirsizliğini korur, savaş yüzünden yetim kalma ve üvey anne olması dışında kimliğine eklenecek yeni bir durum söz konusu değildir. Bu bağlamda Esther için kendisi, bir bakıma dünya ve geçmişi ile bütünleşme söz konusu iken, Nejma için durum belirsizliğini korur. Bu durum belki de yazarın süregelen Filistin sorununun belirsizliği ile bir koşutluk oluşturma isteğinden kaynaklanabilir. Böylelikle gerçeklik ile roman kurgusunun uyum içinde olmasının sağlandığı söylenebilir.

Sonuç yerine

Tek tanrılı ve kitabı olan dinlerde insanın cennetten sürgün edildiğine inanılır. Âdem ile Havva'dan beri tüm insanlık zaten bir sürgünü ve göç olgusunu yaşıyor. Bu inancın sadece kutsal metinlerde değil yazınsal metinlerde de tarihin ilk dönemlerinden bu yana yerini alması doğaldır. Cennetten kovulan insanın yeryüzündeki ortak sürgününün bilinçaltı bir yansıması olarak, yazarın yaşlı bir bedeviye söylettiği şu söz bu bağlamda çok anlamlıdır: "Güneş herkes için parlamıyor mu?" (Le Clézio, 1992, s. 167). Dinsel, tinsel ve felsefi derinliği olan bu soru özde tüm insanların eşit olduğu ve aynı temel haklara sahip olduğu düşüncesinde karşılığını bulması gerekir. O halde insanlar arasındaki bu savaşların, daha doğrusu çatışmanın kaynağı nedir? Le Clézio'nun roman boyunca aslında bir bakıma sorguladığı durumun bu olduğu çıkarımı yapılabilir.

Göçmen Yıldızı'ın çatışma ve göç kültürü modeli çerçevesinde incelenmesi sonucu ortaya çıkan verileri aşağıdaki tabloda olduğu gibi özetlemek olanaklıdır.

Anlama Aşaması →İçkin Çözümleme	Açıklama Aşaması → Aşkın Çözümleme
Anları Yerlemleri → Esther, Nejma, 1943- 1982, Üç Kıta (Avrupa ve Orta Doğu ağırlıklı) ve birçok şehir	1943-1948 arası Yahudi Göçü, 1948 Filistin Göçü Belirgin bir toplumsal yapı söz konusu değil, parçalanmış aileler
Anlatının Yapısı → 5 ana bölüm, 41 alt bölüm, 1. ve 3. tekil anlatı, benöyküsel (özöyküsel) ve elöyküsel/dışöyküsel anlatıcı, sıfır ve iç odaklayım, ..., Metinlerarasılık, mise en abyme/öykü içinde öykü, Söz varlığı (yerdeşlik)	Sürgün, göç, yurtsuzluk/vatansızlık, savaş, esaret, özgürlük, çatışma, din, kimlik, aile, yolculuk, kız çocuk, genç kız ve kadın sorunu
Makro düzey: II. Dünya Savaşı ve Arap-İsrail Savaşı **Mezo düzey:** Aile ve yakın çevreyle çeşitli çatışmalar **Mikro düzey:** Bireyin kendiyle olan düşünsel ve tinsel çatışmaları	**Esther için** kendini bulma ve kimliğini oluşturma, kadın doktor, annelik **Nejma için** bu anlamda belirli bir durum söz konusu değil
Esther için Yahudi Soykırımı ve savaşın getirdiği güvensizlik ortamı, can güvenliği ve kimlik sorunu **Nejma için** Arap-İsrail savaşı ve Nur Şams kampının getirdiği can güvenliği ve kimlik sorunu	**Esther için** dünya ve geçmişi ile bütünleşme **Nejma için** belirli değil (süregelen Filistin sorunun sonu gibi)

Görüldüğü üzere 'çatışma ve göç kültürü modeli' üzerinden göç olgusu ile ilişkilendirilebilen yazınsal bir yapıtı incelemek oldukça verimli sonuçlar elde etmeye olanak sağlamaktadır. Ancak çalışmada elde edilen çıkarımları doğrudan çatışma ve göç kültürü modelinin sonuçları olarak değil, söz konusu model ile yazınsal eleştirinin, anlatıbilimin, göstergebilimin, sözcelem dilbiliminin ve metinlerarasılığın ortak çıkarımları olarak görmek gerekir. Böylelikle çatışma ve göç kültürü modelinin yazın alanında da uygulanabilirliği bu çalışma ile doğrulanmaktadır.

Kaynakça

Aktulum, K., *Metinlerarası İlişkiler*, Öteki Yayınevi, Ankara, 1999

Bakhtine, M., *Esthétique et théorie du roman*, Paris,Galimard, 1978.

Berke, V., *Açıklamalı Dilbilim Terimleri Sözlüğü*, Abc kitapevi, İstanbul, 1988

Civelek, K., "Yanmetinsellik Bağlamında Karşılaştırmalı Bir Çözümleme: Anna Gavalda'nın "Je l'aimais/Onu Seviyordum" Adlı Romanının Fransızca ve Türkçe Baskıları", *Humanitas Uluslararası Sosyal Bilimler Dergisi*, cilt 3 sayı 6, Kasım 2015, ss.89-98, Tekirdağ.

Büyük Türkçe Sözlük, Türk Dil Kurumu. Erişim tarihi: 19.11.2016,
http://www.tdk.org.tr/index.php?option=com_bts&arama=kelime&guid=TDK.G
TS.583044fa301e08.39405561

Genette, G., *Seuils*, Editions du Seuil, Parsi, 1987.

Le Clézio, J.M.G. *Göçmen Yıldız*, çev: Hülya Yılmaz, Can Yayınları, İstanbul, 1996.

Sirkeci, İ. (December 2012). "Transnasyonal mobilite ve çatışma", *Migration Letters*, Volume: 9, No: 4, pp. 353 – 363.

Sirkeci, İ. ve Erdoğan, M-M. (December 2012). "Editoryal: Göç ve Türkiye", *Migration Letters*, Volume: 9, No: 4, pp. 297 – 302.

Sirkeci, İ. ve Cohen, H-J. (July 2013) "Not Migrants and Immigration, but Mobility and Movement". Erişim Tarihi: 07.05.2015,
http://citiesofmigration.ca/ezine_stories/not-migrants-and-immigration-but-mobility-and-movement/

Tilbe, A. (2015). "Göç/göçer yazını incelemelerinde Çatışma ve Göç Kültürü Modeli", Editor: Ali Tilbe, ve Ark., 3rd Turkish Migration Conference, Charles University Prague, 25-27 June 2015, *Turkish Migration Conference 2015 Selected Proceedings*, London: Transnational Press London, ss. 458-466.

Bölüm 8.

Göç ve Sürgün Olgusunun Kültür Aktarımında ve Kültürlerarası / Karşılaştırmalı Edebiyatta Yeri ve Önemi

Medine Sivri

Bu çalışmada, göç ve sürgün olgusunun kültür aktarımında ve kültürlerarası / karşılaştırmalı edebiyattaki yeri edebiyat sosyolojisi bağlamında irdelenecektir. Bu çerçevede, karşılaştırmalı edebiyatın kültürlerarası iletişimle ilişkisi ve etkileşimi, edebiyatın başta dil olmak üzere birey, toplum ve kültürle olan bağlantısı ve bu bağlamda, göç ve sürgün edebiyatının oluşumu ile günümüzdeki yeri ve işlevi açıklanmaya çalışılacaktır.

Karşılaştırmalı edebiyat bilimi, edebiyatı sanatın diğer kollarına ve disiplinlerarası çalışmalara yaklaştıran bir bilim dalıdır. Farklı milletleri, dilleri ve kültürleri bir arada, edebi metinlerinden hareketle inceleyerek aralarındaki ortak, benzer ve farklı noktaları tespit etmenin yanı sıra, felsefe, tarih, sosyoloji, psikoloji, toplum psikolojisi ve sinema gibi alanlarla iletişim ve etkileşim içerisinde hem araştırmacının hem de okurun konuya daha geniş bir pencereden çok yönlü bir açıyla bakabilmesine olanak sağlar. Karşılaştırmalı edebiyat bilimi, kültür, edebiyat, dil, ulus, tarih ve kimlik gibi kavramlar ve bu kavramların geçirdiği değişim ve dönüşüm sürecini disiplinlerarası ve özellikle de kültürlerarası bir yaklaşımla açıklamaya çalışır.

""[K]ültürlerarası iletişim" farklı kültürlere mensup insanlar arasında etkileşim ve anlam aktarımları, yabancının algılanması, açıklanması ve kültürel farklılıkların gözetilmesi gibi konuları inceleyen disiplinler arası bir bilim dalıdır" (Roth, 1996: 20; akt. Kartarı, 2006: 23). Bu bilim dalı, bir toplumun kültürünü oluşturan en önemli etmenlerden biri olan edebiyat ve aynı zamanda edebiyat bilimiyle de yakından ilişkilidir çünkü "[e]debiyatı kültürden soyutlamak, edebiyat bilimini kültür araştırmalarına almamak, edebiyat bilimini yok olmaya terk etmekle eş anlamlı[dır]" (Aytaç, 2003: 144). Bu bağlamda karşılaştırmalı edebiyat bilimi, kültürlerarası iletişimin ve kültürel araştırmaların olanaklarından yararlanarak edebi eserler aracılığıyla kültürel duyarlığın ve bilincin gelişmesine, bu sayede önyargıların, kalıpyargıların, algısal farklılıkların ve etnomerkezci yaklaşımların aşılmasına önemli ölçüde katkıda bulunur.

Günümüzde küreselleşen bir dünya algısı içerisinde hem karşılaştırmalı edebiyat hem de edebiyat sosyolojisi kültürlerarası iletişimin sağlanması ve uluslararası ilişkilerin geliş(tiril)mesinde önemli bir yere sahiptir. Karşılaştırmalı edebiyatın sosyolojinin olanaklarından yararlanması; toplum sorunlarının incelenmesi, toplumsal ve kültürel olayların açıklanması ve yorumlanmasında her iki alanın da birbirinin varlığını göz önünde bulundurmasını gerektirir.

Edebiyat sosyolojisi "edebiyatın toplumun bir ifadesi" olduğu görüşünden hareket eder (Alver, 2006: 19). Bu doğrultuda, sosyolojik eleştiri de aynı ilkeyi benimser. "Yazarı, eseri ve okuru sosyal koşullar belirlediğine göre, yapılacak iş, bir bilim adamı gibi davranmak ve bu koşullar üzerine eğilerek sanatla ilgili sorunları açıklamak" (Moran, 2014: 83) ise; bu bağlamda göç ve sürgün olgusunun da, edebiyatçıların sanatsal yaratım süreçlerine kaynaklık eden birtakım sorunlar ve bu sorunlara neden olan koşullar açısından değerlendirilerek toplumsal bir çerçevede ele alınması gerekir. Edebiyata yönelik sosyolojik bir bakış açısı, edebiyatın toplum bütünlüğü içerisinde değerlendirilmesine olanak sağlar çünkü edebiyat, bir toplum içerisinde doğarak gelişir ve toplum tarafından dilin sayısız ifade kalıplarına dökülerek anlam kazanır. "Edebiyat-toplum ilişkisinde temel yapıcı kategori dil'dir. Sosyo-kültürel ortam içinde oluşan, toplumun temel eksenini belirleyen dil, edebiyatın da ana malzemesidir" (Alver, 2006: 12). Görüldüğü üzere dil, bireysel, toplumsal ve kültürel yaşamın her anına ve alanına aittir. Edebiyatın sosyolojik açıdan okunması, dil bağlamında ve dil aracılığıyla gerçekleşeceği için, bu açıdan ele alınan edebi eserler hem araştırmacıya hem de okura birtakım toplumsal ve kültürel verilerin sunulmasında önemli bir yere sahiptir. Belli bir ortam ve toplumsal ilişki çerçevesinde kimliğini bulan yazar, edinmiş olduğu kimliği ve kişiliği sahip olduğu ve konuştuğu diliyle somut düzleme taşır.

İnsan ve toplum, sosyolojinin odak noktası olduğu kadar edebiyatın, doğal olarak, karşılaştırmalı edebiyatın da ana malzemesidir. Sosyoloji gibi edebiyat da, insanın topluma uyumu ya da toplumda gördüğü aksaklıkları değiştirme isteği bağlamında, bireyden yola çıkarak toplumsal olana ulaşma çabası olarak yorumlanabilir ve insanın toplumsal dünyasıyla ilgilenir (bkz. Swingwood, 2006: 102). Bu bağlamda göç ve sürgün meselesi de, hem bireysel hem de toplumsal bir olgu olarak çift yönlü doğasıyla; bireyden topluma ve toplumdan bireye uzanan bağları ile kültürel etkileşim ve iletişim çerçevesinde, kültür aktarımında ve kültürlerarası/karşılaştırmalı edebiyattaki yeri açısından önemli bir yere sahiptir.

Bütün dünyada, özellikle sanat ve edebiyat alanında çokseslilik, çeşitlilik ve renklilik kavramlarının giderek ön plana çıkması, bu bağlamda, göçmen ya da sürgün yazarların entelektüel dünyasının sanat ve düşünce dünyasına katkı sunabilmesi, söz konusu alanlarda kendilerini var edebilmeleri için kültürlerarası/karşılaştırmalı edebiyat çalışmalarına olanak sağlanması son derece önemlidir. Bu durum, kültürlerarası etkileşimi ve iletişimi kaçınılmaz hale getirir. Bu etkileşim ve iletişimin hem en önemli ve en etkili kaynağı hem de yegâne aktarım aracı ise dildir.

İnsan, yaşamının her anında dil tarafından kuşatılır, her anını dile yansıtır. Dil, insanın barınağı; kaplumbağa misali sırtında taşıdığı yuvasıdır. Duygu ve düşüncelerini dil barınağında geliştirir ve toplumsallığını dil aracılığıyla kazanır. Dil, bir toplumun ve kültürünün en önemli kaynağıdır, temel yapı taşıdır. Mehmet Kaplan, Kültür ve Dil adlı eserinde; "[d]il konusunda en çok yanılanlar dil'i, tarihten, kültürden, toplumdan, bir kelime ile insandan ayıran dilcilerdir" (Kaplan, 2001: 134) diye bir açıklamada bulunur. Bu açıklama bizi, insan ve dil arasındaki sarsılmaz bütünlüğüne götürür. Toplumsal, tarihsel ve kültürel tüm koşullarla birlikte dil, insanı bütünleyen bir özelliği bünyesinde barındırır. Duygu ve düşünceler dil aracılığıyla kalıba dökülerek anlam kazanır. Bireyin dili, içerisinde bulunduğu toplumda, toplumsal yaşam sürecinde ifade bulur. Bir anlamda dil, toplumsal yaşamdan yola çıkarak bir toplumda yaşayan insanların kültürünün temelini oluşturur. "Dil, insanın ve hayatın en canlı parçasıdır" (a.g.y.: 160). Dili, kültürün kaynağı yapan şey ise yalın sözcükler değil, anlam yüklü ifade kalıplarıdır. Chambers'in de ifade ettiği gibi; "[d]il aslında bir iletişim aracı değildir. Her şeyden önce, bizzat kendiliklerimizin ve anlamın kurulduğu kültürel bir inşa aracıdır" (Chambers, 2014: 41). Hem içerisinde bulunduğumuz toplumun hem de sözlü ve yazılı dışavurumlarımızın temsil aracıdır.

Bireysel ve toplumsal iletişimin yanı sıra, kültürel oluşuma ve kültür aktarımına aracılık eden dil, doğrudan edebiyata, edebiyat ise diğer tüm sanat dallarıyla birlikte kültüre kaynaklık ve hizmet eder. Edebiyat, dili söze ve yazıya döker. Dil ile varlığını bulan bir sanat olarak edebiyat, binlerce ifade şekliyle dolu olmasının ve yaşamın her anında insana eşlik etmesinin yanı sıra, yazarla dil arasında sıkı bir bağın kurulmasına da olanak sağlar. Bir yazarın dili evi olur, özellikle de bu yazar bir göçmen ya da sürgün ise dili içinde yaşayarak kendini var eder. Gittiği yere kültürünü diliyle taşır. Diliyle etrafını anlamlandırır ve deneyimlerini aktarır. Kendine özgü bir edebiyat yaratır. Bu edebiyat ise kimi zaman göç(men) kimi zaman ise sürgün edebiyatı adını alır. Gürsel Aytaç, sürgün edebiyatını sosyoloji ile ilişkilendirerek şöyle tanımlar:

"Sürgün edebiyatı", edebiyat bilimi ölçüleriyle konuya değinildiğinde birlik ve çeşitlik gösteren bir olgu. Ortak payda sürgün gerçeği. Yani "Sürgün Edebiyatı", daha çok edebiyat sosyolojisinin bir araştırma alanı. İrdelenecek konu; ülkesinin dışında üreten yazarın, dışarıda oluştan dolayı nelerle karşılaştığı, güçlükleri, kazançları" (Aytaç, 1994: 5).

Aytaç'ın da ifade ettiği gibi, sürgün edebiyatı birlik ve çeşitlilik gösteren bir edebiyat türüdür. Bu edebiyatı, daha çok çeşitlilik gösteren yönüyle ele almak, ülkesinin dışında üreten yazarın karşılaştığı güçlükleri ve sağladığı kazançları yaratım sürecinde bir kaynak olarak görmek ortaya çıkan ürünlerin kültür aktarımında ve kültürlerarası/karşılaştırmalı edebiyatta değerlendirilmesine olanak sağlar. Yazarın, eserleri aracılığıyla kendi toplumsal değerlerini ve normlarını göç ettiği ya da sürgün edildiği kültürde, toplumda tanıtabilmesine zemin hazırlar.

Benzer şekilde göç(men) edebiyatı da "ana dilinden uzak bir coğrafyada azınlık durumunda kalan temsilcilerce meydana getirilen edebiyat için kullanılabilecek bir terim olabilir. Burada kast edilen, tema merkezli edebî ürünler topluluğu değil yeni bir edebiyat ortamıdır" (Akgün, 2015: 76). Dolayısıyla, uzam değişiminin yarattığı sorunların ya da bu durumun sağladığı kazanımların edebiyat sosyolojisi açısından ayrıntılı olarak incelenmesi gerekir çünkü her iki edebiyat türüne de insan kavramı hâkimdir. Dolayısıyla, insanın içinde yaşadığı topluma da ayrı bir değer verilir.

Gerek göç, gerekse sürgün ilk olarak toplumsal yönüyle açığa çıkar. Her ikisinin de tarihi insanın varoluşuyla başlar. Yerinden yurdundan edilmek, göçmek ya da sürgün edilmek insana özgüdür. "Eski çağlardan beri sürgün terimi kayıp ya da ayrılık düşüncesi ile ilişkilendirilir. Bu kavramı ele alan tartışmalar hem bir yerden hem de özbenlikten ayrılmış olma fikrine odaklanır [...]" (Ines-Pope, 1988: 7). Yalnızca politik nedenler ve ideolojik bağlılıklar değil, kimlik-kişilik bunalımlarından kaynaklanan bireysel sorunlar da göç ya da sürgüne yol açar. Kat edilen sınırlar, onlara farklı anlamlar yükleyebilir.

Göçmenler, ekonomik, siyasal, toplumsal ve/veya dini nedenlerden dolayı ülkelerini terk ederek; dilini dahi bilmedikleri bir yerde, hiç tanımadıkları bir kültürde, tamamen yabancısı oldukları bir ortamda hayata ve köklerine tutunmaya çalışan insanlardır. Sürgünler ise ekonomik nedenlerden çok, ideolojik ve politik nedenlerle ülkelerinden ayrılmak zorunda kalan ve göçmenlerle aynı zorlukları, hatta bu zorlukların daha fazlasını yaşayanlardır. Yola çıkma nedenleri farklı olsa da, göçmen ya da sürgün olanın paylaştığı ortak duygu; göçün ya da sürgünün yeni bir yaşam, seçilmiş veya zorunlu kılınmış bir hayat olmasıdır.

Göç ya da sürgün, çoğu zaman insanın trajik bir serüvenini anlatır. Sürgünde ya da göçmen olan edebiyatçıların ilham kaynağı hasrettir. Kültür çatışması, yabancılaşma ve kimlik sorunu, eserlerinde sıkça yer edinir. Sürgün ve göç yaşamında sürgüne vurulan dillerinin edebi eserlerindeki etkisi yaşadıklarının izdüşümü niteliğindedir. Acı, hüzün, özlem, tükeniş, yalnızlık, geçmişi anımsama, zamanla mücadele, kavuşma, insana verilen değer ve doğa sevgisi hepsi bu hayata dair kendine özgü bir anlam taşır. "Ayrı bir dili, alfabesi olandır [...]" (Andaç, 1996: 17) bu hayat. Başkaldırı, karşı koyma ya da dayatılanı kırma istenciyle başlayan bir yol hali, yeniden var olma ya da köklerinden uzakta yok olma ihtimalini varsayarak yaşamaktır.

"Başka yerlerden gelmek, "buralı" değil de "oralı" olmak ve dolayısıyla da aynı anda hem "içeride" hem de "dışarıda" olmak, tarihlerin ve hafızaların kesiştiği yerlerde yaşamaktır; bu tarih ve hafızaların hem ilk çözülüş ve dağılışını hem de keşfedilen yollar boyunca yeni ve daha geniş düzenlemelerle tercüme edilişini deneyimlemektir" (Chambers, 2014: 19).

Göçmen ya da sürgün, hayatı sınır boyunda yaşayan; hem içeride hem de dışarıda; bir taraftan düne; diğer taraftan bugüne ait olandır. Hayatı yersiz yurtsuz yaşayandır. "Ancak, sorunları geçmişe doğru ve geçmişteki mekân üzerine kuran sürgüncü, kendini yeniden yerine yurduna sokmaktadır. O halde toplumun içinden çıkan kişi, sürgüne gitse de, sonunda kendi varlığını ait olduğu cemaatin varlığı ile koparamamaktadır" (Akay, 1996: 72). Salman Rushdie de, Imaginary Homelands (Hayali Vatanlar) adlı eserinin ilk sayfalarında benzer bir açıklama yapar. Çalıştığı odanın duvarında asılı duran bir resimden yola çıkarak göçmenin/sürgünün kimliğine, daha doğrusu, onun içinde bulunduğu ruh haline yönelik bir saptamada bulunur. Rushdie'ye göre, göçmen/sürgün bugüne yabancıdır. Yabancı olmadığı yer ise geçmişte kalan memleketi, evidir. Geriye dönüp bakıldığında ise fiziksel yabancılaşma kaçınılmazdır, dolayısıyla kaybedilen şeyin tam olarak geri kazanılması da mümkün değildir. Bu yüzden geçmiş, kurgular aracılığıyla gerçek olmayan, görünmez şehirler ya da köyler, hayali vatanlar yaratılarak elde edilmelidir (bkz. Rushdie, 1991: 9-10). Kayıp giden yitik bir ülkenin yerine, hayali bir vatan canlanmalıdır ve bu hayali vatan, göçmen ya da sürgünün bir topluma ait olduğunu, bir anlamda köklerini ona hatırlatmalıdır. Bu durum, aynı zamanda arada kalmışlığı yansıtan bir araf hali, sembollerin kaybedilişi ve imgelerle yaşamadır.

Özellikle Sürgün, "[h]em zamanın içinde, hem de dışındadır. Kaçış ve yalnızlıkla örülüdür dünyası. Yaşadığı yer değil, yaşattıkları/onda yaşayanlar önemlidir. Kopulan yer bağlanılandır aslında; yaşanmışlıkları, anıları, izleri onun varoluş gerçeğidir" (Andaç, 1996:12). Hiçbir şekilde özünden kopamaz. Çift yönlü doğası ile iç içe geçen bir zamansallık serüvenini yaşar. Diğer bir deyişle, varlığıyla şimdiki zamanda geçmişi yaşar ve yaşatır. Edward Said'in de dediği gibi:

"İşin aslı şu ki sürgünlerin çoğu için güçlük sadece yuvadan uzakta yaşamak zorunda bırakılmaktan kaynaklanmaz; daha çok günümüz dünyasında sürgünde olduğunuzu, yuvanızın aslında pek de uzakta olmadığını hatırlatan birçok şeyle birlikte yaşamaktan, çağdaş günlük hayatın normal akışının sizi eski yerinizle sürekli ona ulaşacak gibi olduğunuz ama bir türlü ulaşamadığınız bir temas halinde tutmasından kaynaklanır. Bu yüzden sürgün bir arada kalma durumudur, ne yeni ortamıyla tamamen birleşebilir ne de eskisinden tamamen kopabilir, ne bağlanmışlıkları tamdır ne de kopmuşlukları..." (Edward, 1996: 82).

Geçmiş zamanın şimdiki zamanla ilişkisi eserleri aracılığıyla açığa çıkar. Ayrıldığı yerde bir parçasını bırakır ya da gittiği yerde bir parçasını bulabilmek umudunu taşır. Sürgün, eserlerinde yuvasında kalanı anlatır, eski yerini yeni yerinde sözcüklere taşıyarak farklı bir kültürü, diğer bir deyişle, ait olduğu kültürü edebiyat aracılığıyla bulunduğu topluma tanıtır. Böylece, arada kalmışlığını kültürlerarası aracılığa dönüştürür. "Sürgün, şeylere hem geride bırakılanın hem de şimdi ve burada olanın açısından baktığı için onları hiçbir zaman tecrit edilmiş bir biçimde görmeyen bir çifte perspektife sahiptir" (a.g.y.: 88). Sahip olduğu çift yönlü bakış açısı ile hem köklerine yönelik hem de içerisinde bulunduğu ortamı ve toplumu değerlendirerek yeni yaratımlar gerçekleştirir. Bu süreçteki en önemli malzemesi ve kaynağı ise dildir.

Bir milletin, bir toplumun ya da bir kişinin özünü, diğer bir deyişle, kültürünü koruyabilmesi önemli ölçüde ana diliyle kurduğu ilişkinin niteliğine bağlıdır çünkü ana dili, bir insanın kimliğini belirleyen temel yapı taşlarındandır. Bir insanın kültürüyle yoğrulan dili, göç ettiği yerde, sürgündeki tek yoldaşıdır. "Göç etmek, sadece yaşanılan yerin değişmesi değildir. Bir kültürden diğerine geçiş, bir süreç. Göçen kişi yeni bir kültürde yaşamaya başlar. Bunun yanında, eski kültüre ait olmaktan da vazgeçemez" (Balcıoğlu, 2007: 82). Aynı şeyler sürgündeki kişi için de geçerlidir. Bu durum ise kültür şokunun yaşanmasına yol açar. Kültür şoku, genel olarak "[b]ir kültürden başka bir kültüre giden bireylerin, yeni kültüre uyum [sağlamakta] karşılaştıkları güçlükler, sıkıntı ve bunalımlar, gösterdikleri tepkiler" (Güvenç, 2005: 122) olarak tanımlanabilir. Özellikle edebiyatçılar, göç ya da sürgün dolayısıyla karşılaştıkları kültür şokunu ana dillerine tutunarak aşmaya çalışırlar. Yaşadıkları kültür şoku ve kimliklerini koruma kaygısında en önemli savunma mekanizmaları ana dilleridir. Yalnızca ontolojik varlıkları değil, sanatsal yaratım süreçleri de bu duruma bağlı olur. Göç ve "[s]ürgün teması yalnızca kişisel ve kültürel tarihi değil, aynı zamanda sanatsal yaratım sürecini de etkiler. Yazınsal sürgün, yazarın eserini düzenlemesine imkân sağlayan zarafetten ve maharetten veya uğraşıdan sürgünü temsil eder" (Edwards, 1988: 21). Ancak amaç bu olsa da, çoğu edebiyatçının böyle bir durum karşısında etkin bir yaratım sürecine girdiğinin de göz ardı edilmemesi gerekir.

Göç ve sürgün olgusu gerek edebiyat gerekse edebiyatçılar için zengin bir kaynak niteliği taşır. Edebiyatı zenginleştiren birer kaynak olarak göç ve sürgün farklı dillerde, farklı konumlarda biçimlenir. "Yazar, yeryüzünün hangi ucuna giderse gitsin; hangi mekânda, hangi ortamda yaşarsa yaşasın yalnızca kendi diliyle vardır. Yazdıkları, dile getirdikleri bununla renklenir. Bir durumu, bir atmosferi, bir olayı da yansıtsa; dil evreninin gerçekliğidir onu var kılan" (Andaç, 1996: 15). Yol hali ve sürükilenişler, yol boyunca çekilen acılar, sıkıntılar ve yoksunluklar yazar için bambaşka bir dünyanın kapılarını aralar.

"Sürgündeki yazarlar, çoğunlukla, kendi üretimlerinin dolaysız koşullarında maddi olarak bulunmayan, yazarın zorla sürgün edildiği ülkede bulunan ve bu nedenle, güncelliklerini varoluşsal sürgünlük acılarıyla ve bir bütün olarak yazma eylemiyle derinden iç içe geçtiği için çok daha canlı ve daha dayanılmaz bir biçimde yazarın imgeleminde bulunan olayları okuyucular için yazarlar" (Ahmad, 1995: 151).

Edebiyat açısından sürgün ya da göç bir dil meselesidir. Özellikle de, sürgündeki bir yazar için dil yitimi, çoğu zaman kimlik yitimi ile özdeştir. Tıpkı Nazım Hikmet gibi, yaşamı boyunca kendi ana dilinden başka bir dil kullanmamış olan bir yazarın sürgün dolayısıyla yazdıklarını kendi diliyle yayımlayamaması ona verilebilecek en büyük cezadır.

Sürgün, kişinin dünyasını kaybetmesi anlamına gelebilir. Sürgün dilinin öğrenilmesi, birlikte yaşamayı başarmak, kaybı telafi etmek için girişimde bulunmak ve bir "yabancı" […] olmayı kabul etmek anlamına gelir. […] Sürgünün diliyle baş etmenin bir yolu, aşırı uyum gösterme, sürüden farklı olmamaktan daha normal olmaktır (Szekacs-Weisz ve Ward, 2004: 6-7).

Bu yüzden, sürgündeki edebiyatçıların ana dili tutkusunda "öteki"nin diline, sesine karşı bir duruş sezilir. Edebiyat sürgünlerinde, "öteki olma" endişesinden çok, kimlik yitimi kaygısı yaşanır. Yaşanılan sürgün, hem geçmiş hem de geleceğe dair umutlar ve umutsuzluklar bu bağlamda dile gelir. Bu durum, en azından ana dilini sürgünden kurtarma çabası olarak da yorumlanabilir.

Gerek edebiyat sosyolojisi gerekse karşılaştırmalı edebiyat, disiplinlerarası bir yöntemle edebiyat eserlerine yönelir. Gönüllü ya da zorunlu olarak göçü/sürgünlüğü yaşayan pek çok edebiyatçı, edebiyata yeni bir boyut kazandırmakla birlikte, edebiyatın içeriğini zenginleştirir. Farklı duyarlıklar bir araya gelerek bireyselliklerini aşar ve evrensele dokunurlar, bu bağlamda göç(men)/sürgün edebiyatının oluşmasına kaynaklık eder ve bu edebiyat türünün çeşitlilik göstermesine olanak sağlarlar.

Göç ve sürgün olgusunun çoğu zaman hüzünlü bir yazgı olduğu gerçektir. Ancak, bu yazgının bir yoksunluk, sıkıntılı bir durum olduğu konusunda saplanıp kalmak yerine, bir keşif süreci olarak algılanması, bu zorlu sürecin edebiyatçılar açısından en iyi ve en verimli şekilde değerlendirilmesine kolaylık sağlamanın yanı sıra, yaratım sürecine de ayrı bir haz katar. Göç ya da sürgün olgusunu bir gezgin gibi deneyimleyebilmek, yalnızlıktan kurtularak insana ve topluma varmayı başarabilmektir. Kültürler arasında sıkışıp kalmak yerine, çok kültürlü bir birey olmayı seçmektir. Farklı toplumsal normlardan esinlenerek yaratım sürecine yön vermektir.

Dil, insanın; dünya ise bütün insanlığın evi olduğuna göre, kültürel kodları bir bütün olarak, ulusal kimliklerle sınırlandırmaksızın, ancak özdeki değerlere de sahip çıkarak yorumlamak, çok sesliliğe, kültürlerarası iletişime ve aktarıma hoş görüyle yaklaşmak karşılaştırmalı edebiyat biliminin de savunduğu gibi uluslarüstü bir anlayışı gerektirir. Küreselleşmenin giderek artan bir hızla hissedildiği dünyamızda oluşan melez kimlikler ve çok sesli kültürler uluslararası köprü vazifesi görerek kültürlerarası uzlaşmaların ve aktarımların gerçekleşmesine ve karşılaştırmalı edebiyat biliminin gelişmesine olanak sağlar. Bu bağlamda, özellikle göçmen ve sürgün edebiyatının işlevi, kültürleri birbirlerine tanıtarak kaynaştırmak ve bu doğrultuda sınırları aşarak önyargıları kırmak olmalıdır.

Kaynakça

Ahmad, A. (1995). *Sınıf, Ulus, Edebiyat*, Çev. Ahmet Fethi, İstanbul: Alan Yayıncılık.

Alver, K. (2006). "Edebiyatın Sosyolojik İmkânı", içinde; Alver, Köksal. (Edt.), *Edebiyat Sosyolojisi*, Ankara: Hece Yayınları, ss. 11-19.

Akay, A. (1996). "Sürgün Kimliği", içinde; Andaç, Feridun. (Haz.), *Sürgün Edebiyatı, Edebiyat Sürgünleri*, İstanbul: Bağlam Yayıncılık, ss. 71-76.

Akgün, A. (2015). "Edebiyatımızda Göç ve Göçmen Edebiyatları Üzerine Bir Değerlendirme", *Göç Dergisi*, Cilt 2, Sayı 1, ss. 69-84.

Andaç, F. (1996). "Sürgün Sözlerin Anlamı", içinde; Andaç, Feridun. (Haz.), *Sürgün Edebiyatı, Edebiyat Sürgünleri*, İstanbul: Bağlam Yayıncılık, ss. 11-18.

Aytaç, G. (1994). "Alman Sürgün Edebiyatı", *Varlık – Doğudan Batıya Sürgünlüğün Yeryüzü Serüveni*, Nisan, Sayı 1039, s. 5.

Aytaç, G. (2003). *Karşılaştırmalı Edebiyat Bilimi*, İstanbul: Say Yayınları.

Balcıoğlu, İ. (2007). *Sosyal ve Psikolojik Açıdan Göç*, İstanbul: Elit Kültür Yayınları.

Chambers, I. (2014). *Göç, Kültür, Kimlik*, Çev. İsmail Türkmen ve Mehmet Beşikçi, İstanbul: Ayrıntı Yayınları.

Edwards, R. (1988). "Exile, Self, and Society", içinde; Inés, María – Lagos Pope. (Edt.), *Exile in Literature*, London and Toronto: Associated University Press, ss. 15-31.

Güvenç, B. (2005). *İnsan ve Kültür*, İstanbul: Remzi Kitabevi.

Inés, M. – Lagos, P. (Edt.), (1988). *Exile in Literature*, London and Toronto: Associated University Press.

Kaplan, M. (2001). *Kültür ve Dil*, İstanbul: Dergâh Yayınları.

Kartarı, A. (2006). *Farklılıklarla Yaşamak: Kültürlerarası İletişim*, Ankara: Ürün Yayınları.

Moran, B. (2014). *Edebiyat Kuramları ve Eleştiri*, İstanbul: İletişim Yayınları.

Rushdie, S. (1991). *Imaginary Homelands*, London: Granta Books in association with Penguin Books.

Said, E. (1996). "Entelektüel Sürgün: Göçmenler ve Marjinaller", içinde; Andaç, F. (Haz.), *Sürgün Edebiyatı, Edebiyat Sürgünleri*, İstanbul: Bağlam Yayıncılık, ss. 81-90.

Szekacs-Weisz, J. – Ivan W. (Edt.), (2004). *Lost Childhood and the Language of Exile*, United Kingdom: IMAGO MLPC and Freud Museum Publications.

Swingwood, A. (2006). "Edebiyat Sosyolojisine Yaklaşımlar", Çev. Kaya Bayraktar, içinde; Alver, Köksal. (Edt.) *Edebiyat Sosyolojisi*, Ankara: Hece Yayınlar, ss. 101-113.

Bölüm 9.

Aykırı Bir Yazarın Göçmen Oğlu: Vadim Andreyev'in "Bir Yolculuk Hikâyesi"

Mehmet Özberk

19. yüzyılın sonu 20. yüzyılın başlarında Rus edebiyatının en çok okunan ve eleştirilen yazarlarının başında gelen aykırı yazar Leonid Nikolayeviç Andreyev (1871-1919) 1917 Şubat Devrimi'ni büyük bir coşkuyla karşılar. Ancak Bolşevik iktidarı onu büyük bir hayal kırıklığına uğratır. Çarlık rejiminde sıkça şahit olduğu insanların ölümü, daha trajik bir hal alarak Bolşevik yönetiminde şiddetli bir biçimde artar. Peterburg'daki evinin karşısında gördüğü darağaçlarında asılan ve kurşuna dizilen insanlar, onun devrim sevincini hemen söndürür. Oldukça hümanist ve duyarlı bir insan olan ve yaşananlara sessiz kalmayan Leonid Andreyev, Ekim Devrimi'nin hemen ardından yazdığı siyasi içerikli makaleler nedeniyle Finlandiya'ya göç etmek zorunda kalır.

Vatanını, arkadaşlarını ve tüm mal varlığını bir anda kaybeden Leonid Andreyev'in sanatsal yaşamı da Rusya dışında son bulur. Son dönemlerini büyük bir yokluk içinde geçiren Leonid Andreyev, kaleminden son çıkan yazılardan birisi olan 'S.O.S.' (1919) adlı manifestosunda bir yandan Avrupa'ya seslenerek Rusya'nın içler acısı haline dikkat çekerken, diğer yandan kendi ülkesinde Ekim Devrimi'nin en büyük düşmanlarından birisi haline gelecektir:

"Arkadaşım, ayağa kalk ve bize elini uzat. (…) Fransız, (…) İngiliz, (…) Amerikalı, (…) İtalyan (…)! Bırakın sizin kararsız hükümetleriniz silah ve para versin, siz insanlar kendinizi verin, gücünüzü, cesaretinizi, asaletinizi…! (…) Rusya'da can veren insanlara yardıma gelin! Birlik olun! (…) Taburlar ve ordular kurun! (…) her birinize ayrı ayrı sesleniyorum! Yardım edin! 'İnsan' nasıl bir tehlikede anlıyor musunuz? Yardım edin! Ama hemen! Hemen gelin!" (Andreyev, 2003, s.498).

Bu yardım çığlığı Avrupa'da henüz bir yankı bulamadan Leonid Andreyev kalbine yenik düşer. Geride kalan Andreyev ailesi Bolşevikler için kara listede yer alır. Finlandiya'da kalan aile bireyleri Rusya'ya yasal yollarla giriş yapamazlar ve dünyanın çeşitli bölgelerine göç etmek zorunda kalarak sürgün hayatı yaşarlar.

Leonid Andreyev'in ilk oğlu olan Vadim Leonidoviç Andreyev, 25 Aralık 1902 tarihinde Moskova'da dünyaya gelir. Babasının 1919 yılında Finlandiya'da ölümünün ardından Beyaz Ordu saflarına katılır ve uzun yıllar sürecek olan göçmen yaşamına ilk adımı atmış olur. Henüz 17 yaşındayken ana vatanından ayrılmak zorunda kalan Vadim Andreyev, deniz yoluyla Avrupa üzerinden Türkiye'ye, oradan da Gürcistan'a gitmeyi amaçlar. Ancak Gürcistan'ın Sovyetler yönetime geçmesiyle yeniden Türkiye üzerinden Avrupa'ya geçiş yapar. Avrupa'nın değişik şehirlerinde yaşama tutunmaya çalışan Vadim Andreyev öncelikle şiirler yazar. Daha sonra düz yazılar kaleme alan sanatçı, Rus göçmenlerin yoğun olarak yaşadıkları Berlin ve Paris gibi şehirlerde adından sıkça söz ettirir. Dönemin en ünlü edebiyatçıları olan V. Mayakovski, A. Remizov, B. Pasternak, G. Adamoviç, V. Hodaseviç, A. Belıy, M. Tsvetayeva gibi isimlerle edebi topluluklarda görüşen Vadim Andreyev bir yandan yerel gazete ve dergilerde şiirlerini okuyucuya sunarken diğer yandan edebi içerikli Rus göçmen dergilerinin yayımlanmasında katkıda bulunur. 1940'lı yılların sonuna doğru Sovyet vatandaşlığına kabul edilen Vadim Andreyev ailesinin de baskısıyla Rusya'da uzun süre yaşamaz. 1949 yılında Amerika'ya yerleşen sanatçı Birleşmiş Milletler'in bünyesinde çalışır. Vadim Andreyev 1959 yılında İsviçre'ye gider ve UNESCO'nun yazım işleriyle ilgilenir. Yaşamının son on yılını bu iki ülkede geçiren sanatçı 20 Mayıs 1976 tarihinde Cenevre'de yaşamını yitirir ve Paris yakınlarındaki bir mezarlığa defnedilir (Garber, 2013).

İstanbul'a göç eden Beyaz Ruslar'ın tarihiyle, yaşamlarıyla ve eserleriyle ilgili birçok bilimsel yayın, makale, tez ve tarihi kitap bulunmaktadır. Hem tarih hem de edebiyat uzmanlarının dikkatini çeken bu konu, işgal yıllarında İstanbul'u ve ülkemizin durumunu günümüze aktarması açısından oldukça önem taşımaktadır. Çoğunlukla 1919-1922 yılları arasında ülkemizde misafir olarak bulunan Beyaz Ruslar'ın sayısının oldukça yüksek miktarda olduğu bilinmektedir. Sivil ve asker olan bu göçmenler, Türkler'in ve Ruslar'ın birbirlerini daha yakından tanımasına olanak sağlamış, bu ilişkinin her iki ülke edebiyatına da yansımasına sebep olmuştur. Rus Göçmen Edebiyatı[1]'nın da doğmasına neden olan bu zorunlu göçte, A. Averçenko, N. Teffi, İ. Bunin, V. Nabokov, Z. Şahovskaya, M. Bulgakov, A. Tolstoy, Don-Aminado, G. Gazdanov gibi edebiyatçıların yolu buradan geçmiş veya eserlerinde Türk toplumuna ve özellikle İstanbul'a yer vermişlerdir. Aynı şekilde, Türk edebiyatçılar da Beyaz Ruslar'ın ülkemizde kültürel ve sanatsal alandaki katkıları üstünde durmuşlardır[2].

"Bir Yolculuk Hikayesi"

Vadim Andreyev'in edebi yaşamında otobiyografik eserlerin özel bir yeri bulunur. "Çocukluğum. Babamın Öyküsü" (Detstvo. Povest ob ottse, 1962) ve "Vahşi Alan" (Dikoye pole, 1966) adlı uzun öykülerinde çok sevdiği babası Leonid Andreyev'le geçirdiği zamanları kâğıda döken Vadim Andreyev, 1966 yılında kaleme aldığı ancak 1974 yılında yayımlayabildiği "Bir Yolculuk Hikâyesi" (İstoriya odnogo puteşestviya) adlı uzun öyküsünde Rusya'dan ilk kez Beyaz Ordu askeri olarak ayrıldığında yaşadıklarını konu edinir. Makalemizin asıl kaynağını oluşturan bu eserin birinci ve ikinci bölümünde Vadim Andreyev, arkadaşlarını, İstanbul hatıralarını ve Rus göçmenlerin dramlarını okuyucuya sunar.

Bu eser iki zaman dilimi planı üzerine kuruludur. Bunlardan ilki, hakim bakış açısını kullanarak anlatıcının 1920-1921 yılları arasında yaşadıklarını aktarması, ikincisi ise olgun yaşlarına geldiğinde geçmişini kaleme alarak o anki düşüncelerini aktarması şeklindedir. Söz konusu bu zaman dilimlerinin birbirleriyle kesiştiği ve hatta birbiri içine geçtiği açıkça görülmektedir. Rus akademisyen O.A. Daşevskaya sanatçının bu eseriyle ilgili makalesinde "hikaye" (istoriya) ve "yolculuk" (puteşestviye) ifadeleri üzerinde özellikle durur ve Vadim Andreyev'in öykü başlığını bilinçli olarak bu şekilde kullandığını belirtir (Daşevskaya, 2014, s.42-44).

---

[1] Rus Göçmen Edebiyatı'nın doğuşu, nedenleri ve başlıca temsilcileri hakkında ayrıntılı bilgi için bakınız: Üçgül, S. (2006). *Rus Göçmen Edebiyatı 1*. İstanbul: Kapadokya.

[2] Bu konuyu kaleme alan en önemli yazarlardan birisi ünlü romancı Ahmet Hamdi Tanpınar'dır. Sanatçının 1973 yılında yayımladığı "Sahnenin Dışındakiler" adlı romanında Beyaz Ruslar'ın İstanbul'daki yaşamları hakkında bakınız: Öksüz, G. (2014). "Sahnenin Dışındakiler ve Beyaz Rusların İşgal İstanbulu'ndaki Toplumsal Dokuya Etkisi". *Bal-Tam Türklük Bilgisi*, 20, 331-343.

Başkahraman/anlatıcının kendini tanıtımıyla başlayan öykünün giriş kısmında ve Rus İç Savaşı'nın süregeldiği bu zaman diliminde Vadim Andreyev düşüncelerini okuyucuyla şöyle paylaşır: "Babamın ölümünden sonra, 1919-1920 yıllarının kış aylarında Rusya'yı hiç düşünmüyordum. (...) Rusya'yı hiç düşünmüyordum, çünkü onun varlığını içimde belirsizce hissediyordum, tıpkı içimizde henüz acımayan, muntazam ve düzenli bir ritmle atan kalbimizin varlığını da hiç hissetmediğimiz gibi. (...) Hatta yazın, ortaokulu bitirip Helsinki'den Çyornaya Reçka'daki baba evine geldiğimde, tüm Beyaz Ordu'nun sonu yaklaştığında bile önceleri Rusya'yı hiç düşünmüyor ve önceleri onu hiç hissetmiyordum" (Andreyev, 1974, s.7-8).

Daha yetişkin bile sayılamayacak yaşta olan Vadim Andreyev gönüllü olarak Beyaz Ordu'ya kaydolur ve bu durumu şöyle açıklar: "Ben savaşa ölmek için değil, yeni, bilinmedik bir hayatı yaşamak için gidiyordum" (Andreyev, 1974, s.8). Sanatçı katıldığı askeri birlikte Rusya'nın iç kısımlarından ve farklı kesimlerden gelen yaşıtlarıyla tanışır. Bu kişilerle yakın arkadaşlık kuran Vadim Andreyev gerçek Rusya'yı ancak onlardan ve Rus askerlerinden tanıdığını belirtir. Askerleriyle birlikte Avrupa'dan geçerek Türkiye'ye, oradan da Kafkaslara gitmeyi planlayan birlik komutanı Helsinki, Oslo ve Marsilya üzerinden İstanbul'a ulaşır. Vadim Andreyev bu kadim şehrin Avrupa ve Asya yakalarının Ruslar ve yabancılar arasında farklı şekillerde ifade edildiğini belirtir ve bu ayrımı tüm eser boyunca kendisi de bu şekilde kaleme alır: "O yıllarda şehrin tamamına değil, sadece güney kısmına İstanbul deniyordu" (Andreyev, 1974, s.69). Birkaç ay süren bu yolculuk nihayetinde öncelikle geçici olarak kaldığı İstanbul izlenimlerini okuyucuya sunar:

"1921 yılında Konstantinopol'un gerçekten de Babil olduğu sayılabilirdi. Birkaç hafta içinde şehrin nüfusu 100.000 kişi birden artmıştı: sivil olan muhacirlerin, General Vrangel'le birlikte Kırım'ı terkedenlerin ve göçmenlerin yanında akıllıca yaşayanların, General Denikin'in geri çekilmesiyle Novorossiysk'in düşmesinin dışında, binlerce Rus subayı ve askeri, Gelibolu'dan, Çatalca'dan, Limni Adası'ndan, Marmara Denizi'nin Avrupa ve Asya kıyılarına dağılmış kamplarından (...) buraya kaçmıştı" (Andreyev, 1974, s.70).

Sivil ve asker olan Beyaz Ordu yanlısı Ruslar'ın yoğun bir şekilde İstanbul'a akın etmesi neticesinde şehirde geçici ve küçük bir Rus diasporası oluştuğunu söylemek mümkündür:

"Ruslar Konstantinopol'e ulaştıktan sonra yurtlara, ücretsiz yemek dağıtan aşevlerine, Galata'nın batakhanelerine, kısacası buz gibi Ocak ayazından korunabilecek ve bir dilim ekmek alabilecekleri her yere dağılmışlardı. Rus göçmenlerinin merkezi İstanbul'da Galata köprüsünün yakınlarında kurulu olan bitpazarıydı. Burada akla gelebilecek her şey alınıyor ve satılıyordu: haç şeklindeki kolyeler, takma dişler, korseler, sökük çoraplar, kalın battaniyeler, fraklar, sahte ve gerçek değerli taşlar, devekuşu tüyünden yelpazeler, pençesi olmayan potinler ve potini olmayan pençeler, peruklar, delik konserve kutuları, ev yapımı kurabiyeler, General Vrangel'in İngiltere'de bastırdığı paralar, (...) tek kelimeyle, göçmenlerin ceplerinde, bedenlerinde ya da günlük çantalarındaki her şey hayatta kalmalarını sağlamak için burada bulunuyordu" (Andreyev, 1974, s.70-71).

Büyük bir yoksulluk içinde olan bu kişilerin İstanbul'da yaşadıkları yer konusunda Rus Türkolog S. Uturgauri şöyle yazmaktadır:

"Taksim Meydanı, Tünel, onları birleştiren Pera Caddesi ve elçilik avlusu, Rus mülteci yaşamının geçtiği en önemli yerlerdir. O zamanlar Rusça, Türkçe de dahil diğer dillerden daha çok duyuluyordu" (Uturgauri, 2015, s.150).

Sanatçı İstanbul'a gelmeden önce birkaç Avrupa şehrinde kalmasına rağmen bu şehrin mistik büyüsü onu oldukça heyecanlandırır:

"Konstantinopol'de geçirdiğim ilk gün bana uçsuz buçaksız ve rengârenk geldi. Öyle ki, bu şehir bir yandan Boğaz'ın Avrupa kıyısına kuruluydu, diğer yandan Asya yakasındaki devasa Üsküdar mezarlığının üstündeki siyah ahşap evlerle ve koyu servi ormanıyla doluydu" (Andreyev, 1974, s.71).

Geçici olarak İstanbul'da kalan Vadim Andreyev Rus Büyükelçiliği'ne gelir ve burada Rus komutanların Avrupa'ya gidebilmek için vize almaya çalıştığını görür. Bu binanın önü aynı zamanda Ruslar'ın ticaret yaptıkları bir yer halini de alır:

"Sayısız kurumda olduğu gibi, yüzlerce Rus, kibarca kovulduğumuz bu elçilikte, siyasi dokunulmazlığını kullanarak kaçak tütün satıyor, kurabiyelerle ve Denikin rublesiyle ticaret yapıyordu" (Andreyev, 1974, s.71).

Vadim Andreyev Yunanistan, Bulgaristan, Sırbistan, Çekoslavakya'ya gitmek isteyen askerlerin aksine arkadaşları Fedya, İvan Yuryeviç, Plotnikov ve Vyalov'la birlikte Gürcistan'a gitmek ister. İçlerinden Petrov İstanbul'da kalmaya karar verir. Çünkü Limni Adası'nda bulunan Don Kozakları'na katılır ve bu birlikle hareket etmek ister. Vadim Andreyev ve arkadaşlarının aklına kendi imkânlarıyla Kafkasya'ya ulaşma düşüncesi gelir. İvan Yuryeviç küçük bir botla Batum'a gidebileceklerini düşünür, ancak öncelikle Beykoz'a geçmeleri gerektiğini belirtir:

"Karadeniz'in Anadolu kıyısına gitme planımız tutmadı. Daha Beykoz'dan beş verst uzaklaşmadan Yunan devriyelerine yakalandık. O dönemde Kemal Paşa'yla Yunanlılar arasındaki savaş Boğaz'dan çok da uzakta değildi. Kemal Paşa'nın gönüllü askerleri olduğumuzu düşünerek bizi tutukladılar" (Andreyev, 1974, s.74).

İçlerinden İvan Yuryeviç Fransızca konuşarak Yunan komutana kim olduklarını ve neden Beykoz'da bulunduklarını anlatır. Serbest bırakılan Vadim Andreyev ve arkadaşları kaldıkları kampa geri dönerler. Cebindeki parası biten Andreyev herkesin yaptığı gibi Rus Büyükelçiliği yakınındaki bitpazarına giderek kalan tüm eşyalarını satmaya çalışır. Sonunda Trabzon'a ulaşabilen bu asker grubu buradan bir gemiye binerek Batum'a giderler. Sanatçı Batum'a geldiğinde büyük bir heyecan duyar ve Sohum'da bulunan anabirliğine kavuşmak için can atar. Ancak 7 Şubat 1921 tarihinde Sovyet Rusya'nın Gürcistan'a savaş ilan etmesiyle yeniden İstanbul'a dönmek zorunda kalır:

"O yıllar Konstantinopol'ün İtilaf Devletleri tarafından işgal edildiği yıllardı. Fransız deniz erlerinin lacivert berelerinde kırmızı ponponları vardı, Amerikalılar'ın beyaz kolalı şapkaları traşlı enselerine yatıktı, Yunanlılar'ın başlıklarında altın motifi işlemesi vardı, İngilizlerin yassı kasketleri haki renkliydi. Bunlar Galata merdiveninden yavaşça çıkardı (…) ancak hepsi de şehrin Avrupa kısmının başladığı yere ve en geniş Konstantinopol sokağı olan Pera'ya ulaşamazdı, çünkü büyük çoğunluğu Galata batakhanelerine saplanırdı" (Andreyev, 1974, s.192-193).

Sanatçı İstanbul'u daha yakından tanımak için tarihi yerlerini gezer ve bu şehrin her bir köşesinden adeta büyülenmiş gibidir. Özellikle Ayasofya'ya hayran kalırken ünlü Rus şair O. Mandelştam'ın şiirine de bir gönderme yapar: "Ne de olsa senin kubben, şahidinin sözüne göre, bir zincirle gökyüzüne asılı gibiydi" (Andreyev, 1974, s.195). Vadim Andreyev İstanbul'un panaromasını betimlemeye şu şekilde devam eder:

> "Beyazıt'ın devasa meydanını minarelerin koyu mavi lambaları koruyordu ve şehrin üstündeki gökyüzü uçsuz bucaksız gibi görünüyordu. Meydanın hemen arkasında neredeyse hiçbir yabancının giremediği bu Türk şehrinin eğri büğrü küçük sokakları başlıyordu. Burada şaşırtıcı, tedirgin bir sessizlik hüküm sürüyordu: kıvrılan ara sokaklar (…) alçak evlerin kapalı demir parmakları (…) tüm bunlar hayali ve hafif bir uykuya gömülmüş gibiydiler. İstanbul'un diğer tarafında Galata Köprüsü'ne yakın olan yerde Kapalı Çarşı labirenti başlıyordu, yangından sonra boşalan arazide bitpazarı kurulmuştu. Bitpazarının gürültüsü, patırtısı, bağırtısı çok abartılıydı tıpkı bu şehrin Türk kısmının sessiz olduğu gibi" (Andreyev, 1974, s.196).

Vadim Andreyev işgal yıllarında İstanbul'da Türkler'in azınlıkta kaldığına ve Mustafa Kemal Paşa'nın destansı kurtuluş mücadelesine tanık olurken şunları kaleme alır:

> "Herkesten daha az görünen ve daha az sesi çıkanlarsa şehrin sahibi olan Türkler'di. Kemal Paşa, hızlı bir galibiyet almasına engel olan dini önyargıları, disiplin eksikliğini ve eski Osmanlı İmparatorluğu'nun inanılmaz sefaletini pratikte öğrenerek Yunanlılar'la olan yorucu savaşına devam ediyordu. Kararnameyle henüz yasaklanmamış olan fesleri Konstantinopol'de herkes takıyordu, Türkler de, Yunanlılar da, Ermeniler de, Yahudiler de, ve hatta Rus muhacirler bile savaş şapkalarını yavaş yavaş feslerle değiştirmeye başlamışlardı. (…) Konstantinopol kadınların peçelerini açmalarına izin verilen tek Osmanlı şehriydi" (Andreyev, 1974, s.193).

Beşyüze yakın asker altı aydan daha uzun bir süre Boğaziçi yakınlarındaki Keçeli Kampı'nda kalmaktadır. Bu kampta Kuban Kozakları, Terek Kozakları, Gürcüler ve ülkenin iç kesimlerinden gelen Ruslar yaşamaktadır. Askerler arasında Rusya'ya geri dönme ve kendi durumlarının nasıl sonuçlanacağı konusu devamlı tartışılmaktadır: "Kamp arkadaşlarım, benim düşündüğümün aksine, Bolşeviklerin düşeceği ve yakın zamanda Rusya'ya geri dönecekleri umuduyla yaşamaya devam ediyorlardı" (Andreyev, 1974, s.185). Bu tartışmaya kamptaki komutanlar da dahil olur. Keçeli Kampı komutanı Bergaminov Vadim Andreyev'le diyalogu sırasında şu mesajı vermektedir:

> "Şu an her şeyden daha önemli olan tüm göçmenleri bükülmez bir bilek gibi birleştirmek. Ancak bunun için İngiliz anayasasını almak ve bunu Rusçaya çevirmek gerek. Bence bundan herkes memnun kalacaktır, hem monarşistler hem de cumhuriyetçiler. (…) Anlıyor musunuz, bundan başka bir yol yok ve olamaz da!" (Andreyev, 1974, s.186).

Ruslar bu yıllarda yalnızca göç ettikleri yerde değil, aynı zamanda kendi ana vatanlarında da oldukça zor günler geçirmektedirler. Vadim Andreyev Rusya'dan ardıardına gelen acı haberleri duydukça kendi yalnızlığını daha yakından hisseder.

1921 yılında gerçekleşen Povoljya Kıtlığı[3], Tambov Ayaklanması[4], aynı yılın Eylül ayında şair Aleksandr Blok'un ölümü bunlardan birkaçıdır. Rusya'da yaşanan tüm bu trajik gelişmeler sanatçının büyük çaresizliğini yeniden farketmesine neden olur ve Boğaziçi'ne bakarak şu dörtlüğü kaleme alır:
"Kayıtsızca bakıyorum çevreme,
Engin açıklığı çekemiyorum içime.
Hayır, mavi Andreyev Haçı[5] dalgalanmıyor,
Gök mavisi Boğaziçi'nin[6] üstünde..." (Andreyev, 1974, s.181).

Vadim Andreyev hayalle gerçek arasındaki çizgiyi bu noktada fark ederken artık Rusya'nın hayallerini süsleyen ana vatanı olmaktan çıktığını şu şekilde betimler:

"... ve birdenbire olağanüstü bir açıklıkla kendi vatanseverliğimin yalan dolu heyecanını hissettim: şimdi kime gerek ki Andreyev Haçı? Ne Rus donanması, ne Rus ordusu, ne de Rusya'nın kendisi var! Aslında ölenin Rusya değil de tahayyül ettiğim gerçek olmayan fantastik bir ülke olduğunu anlamam için yıllar geçmesi gerekti" (Andreyev, 1974, s.181-182).

Genç sanatçı kaldığı koğuşta arkadaşlarıyla devrim ve edebiyat hakkında tartışırken uzaklardan tulumbacıların sesini duyar: "- Yangın vaaaaaar! İstanbul'daaaa daaaa!" (Andreyev, 1974: 217). Sanatçı bu sese kayıtsız kalamaz ve yanmakta olan iki katlı ahşap evin söndürülmesine canı pahasına yardım eder:
"Ev neredeyse yerden kopacak ve bir roket gibi havaya uçacak sandım. (...) Yangından sonra tüm hafta boyunca paltom acı acı is kokuyordu ve karanlıkta paltomun beni şaşırtan fosforlu parıltısı oldukça solmuştu" (Andreyev, 1974, s.217-218).

1921 yılının Ekim ayında Vadim Andreyev'in kaldığı kamp dağılır. Kampta kalan herkese bir işçinin aldığı maaş kadar para verilir. Eline burada geçen para oldukça az miktarda olduğu için kendisine benzer birçok göçmen Rus gibi ek iş yaparak yaşamını devam ettirmeye çalışır. Ruslar arasında dönemin en önemli haber kaynağı olan "Presse du soir[7]" gazetesini satar, balık tutar, Rus kurabiyeleri satar ve hatta hamallık bile yapar. Yokluktan eline geçen ne varsa üstüne giyen Vadim Andreyev herkesin dikkatini de çekmektedir:

---

[3] Povoljya Kıtlığı (Povoljskiy golod (1921—1922)). Bolşeviklerin kontrolü altında olan Ural yakınlarında Povoljya şehrinde yaşanan kıtlık ve açlık nedeniyle toplu ölüme verilen isimdir. Yaklaşık 5 milyon insanın yaşamını yitirdiği bu trajik olay neticesinde Bolşevikler ilk kez tüm dünyadan bu felaketin önlenmesi için yardım istemiştir. Ayrıntılı bilgi için bakınız: Karakulov, D.V. (2000). *Golod 1921-1922 gg. na Urale,* Doktora Tezi, Yekaterinburg.

[4] Tambov Ayaklanması (Tambovskoye vosstaniye 1920—1921 godov, Antonovşçina). Tambov bölgesinde Kızıl Ordu'nun ekonomi politikasına karşı gerçekleşen bu ayaklanmaya yaklaşık 10 bin insan katılır. Ayrıntılı bilgi için bakınız:
http://www.krugosvet.ru/enc/istoriya/tambovskoe_vosstanie.html (Erişim: 27.07.2016).

[5] Andreyev Haçı, Rus donanmasındaki deniz birliklerinin simgesidir. Beyaz zemin üzerinde mavi bir haç şeklinde betimlenmektedir.

[6] Boğaziçi, Rus Göçmen Edebiyatı temsilcileri tarafından İstanbul'un ilk durağı olarak betimlenir ve bu şehre en büyük imgesel anlamı vermektedir. Ayrıntılı bilgi için bakınız: Erinç, E. (2016). Hatırlama Aracı Olarak Su: Rus Göçmen Edebiyatı Metinlerinde Boğaziçi. *idil,* 5 (19), 25-40.

[7]"Presse du soir" (Veçernyaya pressa) 1920-1925 yılları arasında İstanbul'da günlük Rusça ve Fransızca yayımlanan edebiyat, siyaset ve finans gazetesidir.

"Konstantinopol'de o zamanlar orijinal bir kostümle birini etkilemek çok zordu. Ancak ben başardım bunu. Öyle ki, Ayasofya'nın girişinde duran Tük askeri bu kıyafetimle ibadethaneyi küçük düşüreceğimi düşünerek benim camiye girmeme izin vermedi" (Andreyev, 1974, s.194).

Yaşama dört elle sarılan sanatçı, girmesi çok zor olan ve daha çok üst rütbeli komutanların kayıt olduğu göçmen Ruslar'ın İstanbul'daki öğretim kurumunda "Leonid Andreyev'in Oğlu" sıfatıyla öğrenci olma hakkı kazanır. Buradaki öğrencilerin asıl amacı öğrenim görmekten çok, karınlarını doyurabilecek ve soğuktan korunabilecek bir yere sığınmaktır:

"Konstantinopol Rus Lisesi'nin dünyadaki orta öğretim kurumların arasında eşi benzeri yoktu. İlk okul sıralarına oturanlar, ağaran saçını usturayla traş etmek zorunda kalan bir albay (neyse ki, bıyıkları yoktu), bir avukat asistanı, bir iletişim mühendisi, devrime kadarki üretimden sorumlu bir yüzbaşı, İç Savaş dönemindeki tüm astsubaylar ve onların alt rütbelilerden oluşuyordu. Dördüncü sınıfta 20 yaşındaki Kozaklar vardı, ikinci sınıfta Kalmıklar; bunların bıyıksız yüzlerinde zaman hiçbir iz bırakmamıştı. Tüm bu öğrenciler aslında karınlarını doyurabildikleri için bu liseye gelmişlerdi" (Andreyev, 1974, s.198).

Lisenin bulunduğu yerin yan sokağında "Fener" (Mayak) adında Amerikan bir kafe bulunur. Rus öğrencilerin çay içtiği, kitap okuduğu ve satranç oynadığı bu mekanda dönem dönem sanatsal etkinlikler de sahnelenir:

"Ayrıca akşamları "Fener"de bazen sanat gösterileri de yapılıyordu: Konstantinopol'lü şairler grubu şiirlerini okuyor, bazen de Arkadi Averçenko her türden anekdotları anlatan kendi ekibiyle beliriyordu, hırıltılı sesleriyle Vertinski[8]'nin şarkılarını söyleyen yüzü aşırı boyalı gizemli genç insanlar da vardı" (Andreyev, 1974, s. 205).

Vadim Andreyev İstanbul'da oldukça ünlü olan ve çeşitli kültürel etkinlikler düzenleyen A. Averçenko'yla tanışmak ve kendisini tanıtmak ister. Bir yandan Rus edebiyatı konusunda Averçenko'nun düşüncelerini ve görüşlerini merak eden sanatçı, diğer yandan öncelikle kendini bu alanda geliştirebilmek için ondan şiir ve öykü kitapları vermesini ister:

"Konstantinopol'de kitap bulmak imkansızdı, kısacası burada hiç kitap yoktu. Keçeli kampında kaldığım zamanlar sadece bir basılı eser vardı, o da general Krasnov'un "İki Başlı Kartaldan Kızıl Bayrağa" adında bitmeyen romanının birinci cildiydi" (Andreyev, 1974, s.219).

Vadim Andreyev sonunda bir fırsatını bulur ve Averçenko'yla görüşme şansını yakalar. Ancak bu görüşme umduğu gibi gerçekleşmez. Kendisine hiç yardımcı olmadığı gibi kitapları da iade etmeyeceğini düşünerek ona vermeyen Averçenko'nun samimi birisi olmadığı kanaatine varır:

"(...) Arkadi Averçenko Konstantinopol'deki Rus gazetesinde babasının ikinci ölüm yıldönümünden söz ediyordu. Aynı gazetede zaman zaman Averçenko'nun kendi ekibiyle birlikte yer aldığı kabarenin adresi bulunuyordu. Bir gün ben de oraya gittim, ama elime bir şey geçmedi. Averçenko beni hoşnutsuz bir şekilde karşıladı, tüysüz yuvarlak yüzünde sıkıntılı ve alaycı bir hal donup kalmıştı" (Andreyev, 1974, s.220).

---

[8] Aleksandr Nikolayeviç Vertinski (1889-1957) Rus ve Sovyet dönemlerinde yaşayan en ünlü ses, müzik, beste ve sahne sanatçısıdır.

Sanatçı lisede geçirdiği zamanları hatırlarken İstanbul'un işgal günlerindeki durumunu gözler önüne serer:

"Gün ortasında Taksim Meydanı'na gittik. Burası yürüyerek 20 dakikalık bir mesafedeydi. Taksim Meydanı Konstantinopol'ün Campus Martius*'undan başkası değildi: savaşa kadar kendi yaldızlı altın sarısı baldakesinin altında II. Abdulhamit törenleştirilen geçit alaylarını burada kabul ederdi. İşgal yıllarında meydan İtilaf devletleri tarafından boşaltıldı: meydanın kenarlarında siyah şemsiyelerin altında hemen yerde dağılan helva tezgâhları belirdi, kırmızı fesleriyle Türkler kart oynuyorlardı; inadına yanmamış teniyle Rus bir general suyu bulanık borş satıyordu; yayalar taşı olmayan toprak patikayı gizli desenleriyle süslüyordu ve bizim liseliler ilginç bir topla burada futbol oynuyorlardı (…)" (Andreyev, 1974, s.223).

Vadim Andreyev öyküsünü kaleme alırken bu okulda yaşadıklarına ayrı bir önem verir ve tüm yaşamındaki yerini okuyucuyla şöyle paylaşır:

"Şimdi, Konstantinopol Lisesi'nde geçirdiğim ayları düşündüğümde birçok şey bana bulanık ve karışık geliyor. İki dünya, iki kader birbirinin içine geçmişti. (…) Ancak bununla birlikte lisedeki günlerim yaşamımda çok büyük rol oynadı. Şunu anladım ki, Rus edebiyatından başka, Rus dilinden başka ve daha geniş anlamıyla Rusya'dan başka hiçbir bir yerde kendimi asla bulamayacaktım" (Andreyev, 1974, s.210).

Konstantinopol Rus Lisesi bir seneye yakın bir süre varlığını devam ettirir ve aniden kapanır. Burada okuyan öğrenciler yeni bir kampa nakledilir:

"Bizi, eski liseleri, küçük bir gemiyle Boğaz'ın Asya kıyısına, Üsküdar'a gönderdiler. (…) Önceden II. Abdülhamit'in yeniçerilerinin yaşadığı bu yerde şimdi Rus göçmen kampı kurulmuştu. Bu kampın adı Selimiye idi" (Andreyev, 1974, s.225). Ancak Vadim Andreyev neredeyse hergün kavganın çıktığı bu yeni kamptan hiç memnun değildir: "Selimiye Konstantinopol bölgesindeki en kötü kamplardan biriydi. Verilen yemekler Keçeli'de verdiklerinden de kötüydü, burada kalanlar dışarı çıkamıyorlardı, tayınları da azdı" (Andreyev, 1974, s.226).

Sanatçı uzun süre varlığını sürüdüremeyen bu kamptan da kısa sürede ayrılır ve buradaki tüm askerler Bulgaristan'ın Şumen şehrine gönderilir. Vadim Andreyev bir daha dönmemek üzere bu kadim şehirden bu şekilde ayrılmak zorunda kalır. Avrupa'da aynı zor koşullarda yaşama tutunmaya çalışan sanatçıda unutulmaz anılarıyla İstanbul ayrı bir iz bırakmıştır:

"San Francisco'ya gidene kadar, (elbette, benzersiz Leningrad'ı katmıyorum buna) uzun yıllar boyunca Konstantinopol'un dünyadaki en güzel şehir olduğunu düşünüyordum. Konstantinopol'u bundan yarım asır önce gördüm ve şimdi ne durumda bilmiyorum ancak o yıllarda kendi rengârenk ve çok dilli sefaletiyle olağanüstü bir şehirdi. Haliç'in (Altın Boynuz'un) gediğiyle ikiye ayrılan, tepelerle dolu Boğaziçi'nin Asya yakasındaki varoş Üsküdar'la dolan bu şehirde, bir havanda gibi Doğu'nun ve Batı'nın tohumları dövülüyor ve çağdaş yaşamının kabuğundan Bizans'ın bin yıllık taşları fışkırıyordu" (Andreyev, 1974, s.192).

Sonuçta, günümüzde bile hakkında çok fazla çalışma bulunmayan, eserleri yavaş yavaş gün yüzüne çıkan bir sanatçı olarak Vadim Andreyev, babası Leonid Andreyev'in Bolşevik Rusyası'ndaki kötü şöhretinden nasibini alır. Ana vatanına binbir zorlukla dönen ve burada fazla tutunamayan sanatçı uzun yıllar göçmen olarak Avrupa'nın değişik şehirlerinde yaşamını devam ettirir. Yaşamında en önemli durak olarak gördüğü İstanbul ona büyük tecrübeler kazandırır. Bu eseri kaleme aldığı 1969 yılında bile İstanbul hatıraları hâlâ canlılığını korumaktadır. Çalışmamızın kaynağı olan bu otobiyografik uzun öykü, hakkında birçok bilimsel çalışma bulunan İstanbul'daki Beyaz Ruslar'ın yaşamları, kampları, hayat tarzları, ülkemizdeki misafir duruşları ve İstanbul'un işgal yıllarındaki durumu konusunda yazılanları desteklemektedir. Bu nedenle, anı edebiyatının sayılı bir örneği olan bu eseri, edebi açıdan değerlendirebileceğimiz gibi tarihi bir arşiv olarak da kabul edebiliriz.

Kaynakça
Andreyev, L.N. (2003). "S.O.S.". *Proza. Publitsistika*, Moskva: Astrel.
Andreyev, V.L. (1974). *İstoriya odnogo puteşestviya*. Moskva: Sov. pisatel.
Daşevskaya, O.A. (2014). Syujet initsiatsii v povesti Vadima Andreyeva 'İstoriya odnogo puteşestviya'. *Sibirskiy filologiçeskiy jurnal*, 4, 42-50.
Erinç, E. (2016). "Hatırlama Aracı Olarak Su: Rus Göçmen Edebiyatı Metinlerinde Boğaziçi". *İdil*, 5 (19), 25-40.
Garber, M. (2013). *Pyatoye çuvstvo Vadima Andreyeva*. URL: www.krugozormagazine.com/show/Andreev.1978.html, adresinden 01.04.2016'da alınmıştır.
Öksüz, G. (2014). "'Sahnenin Dışındakiler' ve Beyaz Rusların İşgal İstanbulu'ndaki Toplumsal Dokuya Etkisi". *Bal-Tam Türklük Bilgisi*, 20, 331-343.
Uturgauri, S. (2015). *Boğaz'daki Beyaz Ruslar 1919-1929*. Çev. Uğur Büke. İstanbul: Tarihçi Kitabevi.
Üçgül, S. (2006). *Rus Göçmen Edebiyatı 1*. İstanbul: Kapadokya.

Bölüm 10.

Sürgünlük Edebiyatı Bağlamında Bir Sürgün, Şakir Bilgin ve "Sürgündeki Yabancı" Romanı

Nesîme Ceyhan Akça

Giriş

Sürgünlük durumu, insanın dünyadaki yaşam mücadelesinin bir parçası olmaya devam ediyor. Bireyin yahut toplumun köklerinden, yerinden yurdundan edilmesi, vatansız kalması ve çoğu kez esas mekânına bir daha dönememesi insan ruhunda kırılmalara yol açacak travmatik vakalar arasında sayılır. İnsanlık tarihi Adem'in cennetten sürülmesi ardından bu manzara ile milyonlarca kez karşılaşmıştır. Kutsal metinlerin, destanların haber verdiği büyük sürgünler arasında Yahudilerin Babil sürgünü, Uygurların destanlarına ad olan (Göç Destanı) büyük göçü anılabilir. Milattan sonra Orta Doğu'dan çıkarılan, 20.yy.da Avrupa'dan sürülen Yahudiler, Afrika'dan kölelik hezeyanıyla Avrupa ve Amerika'ya zorla taşınan siyahîler, Kırım'dan Kafkasya'dan Balkanlar'dan çıkarılan Türkler, sürgün acısını en iyi bilen Yahudiler eliyle Filistin'den sürülen Araplar, hafızamızı zorlamadan çıkarabileceğimiz birkaç örnek olaydır.

Edebiyat, yazılı ve sözlü ürünleriyle sürgünlük durumuna dair muhafaza edici, kaydedici ve acıyı paylaşmak suretiyle ruhları onarıcı görevini yerine getirmiştir ve getirecektir. Sürgün sanatçı, kendini yeniden inşa etmek, onarmak ve bir bütün halinde yaşamda yer almak için kalemine sarılır. Bu sebeple, öğrenilmiş bir sürgün anlatısını yazan sanatçının eseri ile, sürgünü yaşamış bir sanatçının ortaya koyduğu eseri aynı şekilde değerlendirilemez. İlkinde eserdeki tematik ağlar üzerinde tahlile yönelik çalışmalar yapmak daha uygunken, ikincisinde yazar merkezli, yazarın sürgün kimliğinden doğan değerlendirmeler daha uygun düşer.

Biz bu çalışmamızda 1980'lerde İhtilâl sonrası Türkiye'yi terk etmek zorunda kalmış bir yazar olan Şakir Bilgin'in yazar anlatıcı kimliğiyle kaleme aldığı "Sürgündeki Yabancı" adlı romanına romandaki "sürgün kimliği"in evrensel izdüşümlerini yakalamaya çalışacağız. Bir kısmı sürgün edebiyatı ile ilgili çalışmalardan hareketle şekillenen, bir kısmı ise bu çalışma ile netleşen "sürgün kimlik"in belirgin özelliklerinden "yersiz yurtsuzluk", "yabancılık/yabancılaşma", "kendine yönelen suçluluk", "sınır saplantısı", "kimliğe preslenmiş özlem", "nostaljiye sığınma ya da yaratıcı aşkınlık", "hayalkırıklığı", "dil/zaman/mekân bağı", "ulus aşırılaşma ya da kültürel benlik" ve gibi kavramlar, bu çalışmamızın çerçevesini oluşturmaktadır. Burada Gilles Deleuze, Sophia McClennen ve Edward Said'in göç ve sürgünlük üzerinden gerçekleştirdikleri kavramsallaştırmalardan faydalanılacak, Demet Karabulut'un Refik Halid'in sürgünlük mahsulü eserleri üzerinde yaptığı yüksek lisans çalışmasına dikkat çekilecektir.

Romanın Olay Örgüsü

Romanın kahramanı Kemal Tekin, bir müddettir Almanya'nın Düsseldorf kentinde siyasi sığınmacı olarak kabulünü beklemektedir. (Kemâl Tekin, kahramanın Almanya'daki adıdır, esas ismi Ahmet'tir. Kemâl, İsviçre'ye ise Ali Gökdemir adıyla başvuru yapacaktır.)

Kemal, Türkiye'de sol fraksiyon içerisinde bulunmuş, tutuklanmak üzere arandığını öğrenince ihtilâlin ağır şartlarından, hapis ve işkencelerden çekinerek ailesini ve ülkesini terk etmek zorunda kalmıştır.

Kemal, Almanya'daki siyasi sığınmacı diğer Türklerle bir dernekte görüşmekte, Almanya'nın çeşitli yerlerinde Türkiye'deki darbe üzerine duyarlılık oluşturmaya çalışmaktadır.

Kemâl, Sabine Neuman, isimli bir genç kızla aşk yaşamaktadır ve henüz 18 yaşını doldurmayan bu kız, Kemal'in çocuğuna hamiledir.

Sabine'nin ailesi, bilhassa annesi ve erkek kardeşi bu beraberliğe şiddetle karşı çıkmaktadır.

Yaş sorunu sebebiyle resmi olarak evlenemeyen çift, ciddi bir karar arefesindedir. Evlenebilmiş olsalar Kemal'in Almanya'da sürekli kalabilmesi de mümkün olacaktır.

Kemal'in ablası da on beş yıldır Düseldorf'ta yaşamaktadır; ancak erkek kardeşinin durumuna duyarsızdır. Bilhassa Sabine ile yaşanan sıkıntılarda kardeşini destekleyecek bir tavır takınmaması olayların çıkmaza sürüklenmesine sebep olur.

Sabine'nin doğumunda Kemal, hastane yönetimi ve Sabine'nin annesi aracılığıyla sevgilisi ve doğan çocuğuna yaklaştırılmaz. Kemal'e çocuğunun doğumda öldüğü, ve Sabine'nin Kemal'i görmek istemediği söylenir.

Kemal'in oturum izni, Sabine'nin annesinin gayretleriyle uzatılmaz ve Kemal, sınır dışı edilir.

Almanya'dan ayrıldığı gün, trende aynı kompartmanda tanıştığı Claudia ile trenden iner ve onunla bir gece geçirir.

Almanya'dan ayrılan Kemal, Ali adıyla İsviçre makamlarına siyasi sığınmacı olarak başvurur.

İsviçre'de onu karşılayan arkadaşları işlerini yoluna sokmak için büyük uğraş verirler; ancak, Kemal, İsviçre'de yaşayamayacağını anlar.

Kaçak olarak tekrar Almanya'ya girer ve ablasından Sabine'nin evini öğrenerek onun evine gider.

Sabine onu hasretle karşılar ve doğan kızlarının ölmediğini, annesinin ısrarı ve çaresizlik yüzünden evlatlarını bir Alman aileye verdiğini anlatır. Kemal'in ortada görünmeyişi de bu durumu kolaylaştırmıştır. Kemal, Sabine ile konuşurken Alman polisi, bir kaçağın evde olduğu ihbarını aldıklarını söyleyerek içeri girerler ve Kemal'i kelepçeleyerek evden çıkarırlar.

Kemal, Almanya'dan bir kez daha çıkarılır.

Bu kez Fransa'ya geçer ve artık burada siyasi sığınmacı olarak yaşama hakkı elde etmeye çalışacaktır.

Türkiye'den tanıdığı devrimci arkadaşları orada da onu tek başına bırakmamaya çalışırlar. Fransa, göçmenler için çok daha kötü şartlara sahiptir. Kalacak yer bulmak imkansız gibidir. Necmi, sevgilisi Janette ile kaldıkları tek odalı evi ona açar. Bir müddet sonra yakın bir şehirde karı koca yaşayan bir Türk ailenin yanına geçer.

Kemal için Fransa dilini hiç bilmeyişi yüzünden daha zor bir mekândır.

Türkiye'de dava arkadaşı olarak en düzgün kimse olarak tanıyıp sevdiği Necmi'nin dört yıllık sürgün hayatı sonrasında uyuşturucu ticaretine karışmış olması, Necmi'nin uyuşturucu ticaretinden hapse atılması, Kemal'i yıkar.

Janette'nin tüm yakınlığı ve ısrarına rağmen, Almanya'daki mahkemeyi kazanması ardından tekrar Sabine'in yanına Düseldorf'a döner.

Sabine'yi evinde İranlı Mesut adlı yeni arkadaşıyla bulur.

Sabine, onun dönmesinden umudunu kesmiştir.

Kemal, Paris'e Janette'nin yanına ve ne olacağını bilemediği bir hayata yönelir. Tüm roman boyunca, eşi ve çocuklarıyla Avrupa'nın bir başka sığınmacı merkezinde kötü şartlarda ayakta kalmaya çalışan ve belli aralıklarla Kemal'e gönderdiği mektuplar vasıtasıyla durumunu takip ettiğimiz bir siyasi sığınmacı Türk kadın ve ailesi hakkında da bilgilendiriliriz.

Bir Sürgün Anlatısı Olarak "Sürgündeki Yabancı"

Her sürgün yazar, kendi sürgününü ve bütün sürgünlerin toplamını yazar. Sürgün edebiyatı ile ilgili yazılanlara bakılırsa, eserler üzerinden bir "sürgün tipolojisi"nin oluşturulduğu görülür. Bu noktada her bir yazarın anlatısı, bu tipolojiyi besler. Şakir Bilgin, bu bağlamda Kemâl karakteriyle siyasi sığınmacı Türk vatandaşı profilini sunarken onunla ilişkili olarak birçok siyasi sürgünün de yaşamını bize açar. Şakir Bilgin, Almanya'ya ilk gidişinde babasının görevi ve kendisinin öğrencilik avantajıyla sürgünlük halini kendi üzerinde yoğun olarak hissetmese de Bilgin'in orada Türkiye'den zorunlu olarak Almanya'ya gitmiş birçok sürgün kişiyi tanıma fırsatı yakalamış olması kuvvetle muhtemeldir. Şakir Bilgin'in Almanya'ya ikinci gidişi ve burada yerleşişi, Türkiye'de siyasi suçlar sebebiyle üç yıl hapis yattıktan sonradır. Yazarın Almanya'da yaşamayı yeğlemesi, yaşadığı hapishane tecrübesiyle ilişkili olsa gerek. Bu bağlamda romanın otobiyografik yanına dikkat çekerek, Kemâl karakteri ve diğer siyasi sürgünlerle yazarın özdeşlik kurduğunu düşünebiliriz.

Sürgünlük edebiyatından söz eden kuramcıların "sürgün kimlik" üzerinde varsaydığı -yahut bizim bu eserde karşımıza çıkan- bazı kavramların Sürgündeki Yabancı romanı üzerinden izini sürmeye çalışalım.

Yersiz yurtsuzluk

Fransız düşünür Gilles Deleuze'un felsefe ve sosyoloji literatürüne kazandırdığı "yersiz yurtsuzluk" ve "kök-sap" (köksüzlük) kavramları, göçmen/sürgün kişiyle ilişkilendirilebilecek iki önemli duraktır. Deleuze, yersiz yurtsuzluğu göçebelikle özdeşleştirir. Göçebeliğin karakteristiği ne zaman nereyi işgal edeceklerinin belli olmayışıdır. Bir mekâna bağlı değildirler, kuralları yoktur ve *"Bu durumda değişim artık temeli oluşturan soy kütüğüne, bir tarihe ya da aşkın bir ilkeye göndermede bulunmaz, çünkü bir kimliği ya da bir yasayı yinelemez. Onun yerine değişim öteki değişimlerle ilişki halinde gelişir."*[1] Deleuze, göçebelerden insanlık adına çok şey beklemektedir.[2] Aslında çıkışı göç'le alakalı olmasa da göçmen ve sürgün literatürüne aktarılan kavram, türlü sebeplerle asıl yerinden dünyaya savrulan kişi/lerin hiçbir vakit gerçek bir yurda sahip olamayacaklarını, oradan oraya kök salmadan aktarılacaklarını öngörür. Sürgün ferdin bir daha yurduna dönemeyeceğini, eve dönüşün imkânsızlığını fark etmesi, köksüzlük hissini de perçinleyecektir. Edvard Said'in hayat hikâyesini kaleme aldığı eserine "Yersiz Yurtsuz" adını vermesi tesadüfi değildir. O da dünyada yersiz yurtsuzluğu tüm cepheleriyle hissetmiş bir sürgündür. Tabii burada göçmenliğin ya da sürgünlüğün bütünüyle kötü bir şey olmadığı da sıkça vurgulanmaktadır. Sürgünlük, birçok kişide entelektüel çakraları uyarır ve insanın yaratıcı aygıtını tetikleyebilir. Kişi, yeni bir kültür ve dille ikinci, üçüncü bir varlık donanımına kavuşur.

---

[1] Işıl Çobanlı Erdönmez, 20. Yüzyılın Postmodern Düşünürü Olarak Gilles Deleuze", Marmara Sosyal Araştırmalar Dergisi, Sayı:5, Haziran 2014, s.4.

[2] Postmodern dünyada kişinin yersiz yurtsuzluğu için bakınız: Gilles Deleuze, Kapitalizm ve Şizofreni 1-2, 1.c. Çev.Özcan Doğan, Ank. 2005; 2.C. Çev. Ali Akay, İst.1993.

Sürgündeki Yabancı adlı romanda "yersiz yurtsuzluk" hisleri ve kişilerin bir mekânda uzun süreli ikâmet edemeyişleri yoğun şekilde önümüze çıkar. Esas kahraman Kemâl, Türkiye'den yasadışı yollarla kendini Avrupa'ya çıkardıktan sonra ilk mekânı, Amsterdam'da bir arkadaşının evidir. İkinci mekân, Almanya'da Düseldorf şehri olur. İsviçre'nin sınır kenti Basel ve Fransa'da Paris, bu arada tekrar Düseldorf'a dönüşler ve son olarak yeniden Fransa'ya yönelme gerçekleşir. Romanın sonunda, Fransa da sürekli kalınıp kalınmayacağı belli olmayan bir mekân olarak müphem bırakılır.

Romanda diğer sürgün Türkler de benzer kaderleri yaşamışlardır. Romana mektuplarla dahil edilen kadın devrimci ve ailesi de sürekli sığınmacı kamplarında yer değişikliği yaşar.

Bir Alman genç kızın samimi bir yemek sohbetinde Kemâl ve arkadaşlarına yönelttiği "Size sürgün neyi hatırlatıyor?" sorusu Ümit, Hakan ve Kemâl'de şu sözlerle karşılık bulur: "Geldiğim topraklardan başka bir yere ait olamama duygusu var içimde hep." "Kimi kez yerimin, adresimin bile belli olmadığı ödünç bir yaşam." "Bu ülkenin en büyük alanının ortasına dikilmiş, biçimsiz bir yontuyu andırıyorum sanki. Gelip geçeni rahatsız edip duruyorum. Ne ben hoşnutum bu halimden ne de beni görenler." (s.68) Bir yere ait olamama ve ödünç yaşam hissi, ilerleyen sayfalarda Kemâl için "Eğreti yaşıyordu hâlâ" (s.83) ifadesi ile tamamlanmış gibidir.

Romanda sürgün ana babaların yanında kucaklarda taşınan bebek ve çocuklar da bu yersiz yurtsuzluğun kurbanları olarak anılır:
"O anın anlamını hiç mi hiç anlayamayan, nereden nereye geldiğinin ayırtına bile varamayan bu çocuklar, analarının babalarının yazgılarına ayrılmaz bağlarla bağlıydılar. Doğdukları toprakları tanımadan, buralara gelmişlerdi. Bir yabancı olduklarını her an hatırlayarak yaşamak zorundaydılar. Ana babalarının yanında bir bavul gibi geldikleri yere geri gönderilmeyeceklerse, bulundukları ülkenin bilmem kaçıncı sınıf insanı olarak yaşamaya hak kazanacaklardı! Bir ömür, işte böyle geçecekti belki de..." (s.116.)

Sürgünlük esnasında yaşanan sıkıntıları hafifletmek üzere kişinin yeni mekânı değersiz ve önemsiz addederek, buradalığın geçici ve vatana dönüşün mutlak gerçekleşecek bir durum olması düşüncesine sığınması da bir tür savunma mekanizması olarak görülebilir. Sürgündeki Yabancı romanının bir diğer sürgün kahramanı da bu durumu örneklendirir:
"Çevrenin tepkileri, başkalarının bizlerle ilgili düşünceleri bazı zamanlar hiç ilgilendirmiyor, yabancı düşmanı, ırkçı tavırlar rahatsız etmiyor pek. Çünkü ben, burada yaşamıyormuşum duygusu içindeyim çoğu kez. Bu sorunlar benim sorunum değilmiş gibi geliyor. Çok ünlü bir şair, "Her insan kendi ülkesine, kendi toprağına aittir." diyor. Ne güzel değil mi? (...) Anlayacağın burada, bu zengin ama bana soğuk gelen ülkede geçici bir konuk durumundayım. Yıllarım sığınma başvurusunun kabulü için uğraş içinde geçti. Bugün geleli yıllar oldu. Ama yaşadığım her olayın, karşılaştığım her bir tavrın sonunda vatanıma olan bağlarım daha da güçlendi. Bir gün oraya dönecek olmam, buna yürekten inanmam, sürgünün birçok zorluklarını unutturuyor, kendimi adeta yeniden buluyorum. Bir göçmen kuş görüyorum buradaki beni." (s.150)

Birçok siyasi sürgün, senelerce eve/yurda dönebilmek umudunu taşımış, birçoğu sürgünde hayatını kaybetmiş, birçoğu ise ülkeye dönme hakkı verildiğinde uzun yılların ardından yurduna uyum sağlamakta güçlük çektiği için seneler içinde kurduğu düzeni ve güç bela edindiği sosyal hakları düşünerek sürgün topraklarına geri dönmüştür. Sürgün mekâna kendine yabancılaşmadan uyum sağlamak için yıllarca çaba harcayan sürgün kişi, geri dönme imkânı oluşunca gittiği yurtta bir yabancıya dönüştüğünü fark edebilir. Dönülen yer, senelerce hayali kurulan yer olmaktan çoktan çıkmıştır.

Yabancılık/yabancılaşma

Sürgün bireyler için romandaki baskın duygulardan biri de "yabancılık" ve "yabancılaşma"dır. Bu duygu, "yalnızlık" ve "değersizlik"le iç içe gelişir. Bu duyguların kaynağı temelde karşıdaki insan ya da insan gruplarıdır. Dışarıdan kaynaklanarak bireyi sararlar. Yabancı ve değersiz görülen birey, kendine ve topluma yabancılaşarak yalnızlığa itilir. Romanda sürgün bireyler, zaman zaman eski dava arkadaşları ile bir araya gelebilseler de aile fertlerinden ve büyüdükleri, yetiştikleri topraklardan ayrı olmaları; dil konusundaki acziyetleri, onların yalnızlık hislerini perçinler.

"Yüreğine hep bir hüzün ve yalnızlık çökerdi bu kente karanlık indiğinde. Başıboşluğun aldatıcı ve küçültücü etkisine kendisini kaptırmasa da, sokakların ortasında kimsesiz ve sahipsiz biri olduğu duygusu yoklardı sık sık içini." (s.12)

"Tek başınalığını kendisiyle paylaşmak zorunda kaldığı, en yakınının yine kendisi olduğu anlar eksilmiyordu sürgünde."(s.49)

"Günler uzun, günler yalnızdı!" (s.82)

"Bu ülke ona hep yalnızlığını anımsatıyor, yaşam belirtisi gösteren bir varlık göründüğünden kuşkulanıyordu bazı anlar. Düzenli ama soğuk bulduğu evler, sokaklar ve tıpkı onlara benzettiği insanlar. İnsan sesine hasret kaldığını düşünüyordu sokakların." Akşamları yalnızlığını bir anda yok ediveren bir çocuk sesi duymamıştı uzun süre." (s.85)

"Dışarı çıktığında bir yalnızlık duygusu çöktü ansızın içine." (s.94)

"Dehşetli bir yalnızlık duyuyordu kalabalıklar içinde." (s.41)

Kemal'in sevgilisi Sabine'nin ailesinin Kemal'e ve diğer yabancılara yaklaşımı, bir genelleme gibi sunulmasa da roman içerisinde Almanların ve diğer Avrupalı milletlerin sığınmacılara bakışını yansıtmak için önemli verilerdir.

"Almanya'ya sığınmış, her şeyiyle yabancı bir Türk, hiçbir yanıyla sevimli gelmiyordu." (s.19)

"Öyle ki sokaklarda hemen her yerde yalnızca yabancılar çarpıyordu gözüne. Bu ülkede bu kadar çok yabancı olduğunu gördükçe de şaşırıyordu. Bu toprakların işgal edilmiş olduğu kaygısına kapılıyor, ülkenin yarınını pek umutlu görmüyordu."(s.20)

"Ne tuhaf!.. Bizi hor görenler, aşağılayanlar, burada yaşadığımızı sanıyorlar! Demek ki, ancak böyle bir yaşamı yaraşır görüyorlar bize. Öyle ya onların gözünde, vahşi dünyadan gelen, insan kılığına girmiş yaratıklarız biz!.."(s.36)

"Edindiği ana izlenim hep aynıydı: Kapılarına gelmiş dilenciler, acınası durumdaki zavallı yaratıklar gözüyle bakıyorlardı onlara. Ağızlarından çıkan sözler ise çoğu kez onur kırıcı, küçük düşürücüydü."(s.117)

"Çoklarının gözünde birer asalağız zaten. Bu önyargılar kolay değişmiyor. Sürekli iş arasan, en kötü işlerde çalışsan da yine böyle. Doktor, avukat da olsan, yazar, sanatçı olarak kendini kanıtlamış da bulunsan, bir yabancısın. Ne tür bir yabancı olduğun konusunda farklılıklar var yalnızca." (s.164)

Sürgün yabancılar için yukarıda bahsi geçen yargılar, Edward Said'in Entelektüel Sürgün, Marjinal, Yabancı adlı eserinde, "sürgün"ün evrensel görünüşü ile uyum içerisindedir: "Sürgün fikri, bir cüzamlı, toplumsal ve ahlâki anlamda bir parya olmaktan duyulan korku ile bağlantılı olmuştur her zaman."[3] Yabancılık, sürgün bireyin her türlü ontolojik anlamının önüne geçer ve onun dışlanmasına yol açar.

Tabii olarak Almanlar içerisinde yabancıları anlayan, onlara insanî değerini hissettiren kimseler yok değildi; ancak ırkçılık hiç umulmadık yerlerde gün yüzüne çıkabilmektedir:

Nikol, henüz ilkokul sıralarında iken bir Türk'le arkadaşlık ettiği için Matematik öğretmeni tarafından aşağılanmıştır ve bu durum, çocukların şuuraltına çok olumsuz tesir etmektedir: "(Öğretmen) Nikol'ün gözlerinin içine bakarak sırıttı: "Bir Türk'le arkadaşlık yapacak kadar onursuz musun?" (s.38)

"Sürgün devam ettikçe bu yabancılıktan kurtulması olanaklı olmayacaktı" (s.111)

"Hep söylüyorum: Seni sana yabancı kılan, çoluk çocuğunu sana yabancılaştıran bir ülke burası. Köpeğe çocuktan daha fazla ilgi gösteriyorlar gibi.(…) Sanırım, insanın insana yabancılaşmasının bir biçimi de böyle karşımıza çıkıyor. Kanımca bu insanlar özlemini duydukları bir şeyi arıyorlar. İnsan sevgisinin ve insanın insana yakınlığının anlamına uygun yaşanamaması, belki de bu sevgiyi başka yerde ve biçimde yaşamaya itiyor kişileri: Hayvanlara ilgi ve sevgide anlamını aşan boyutlara yükseliyor. Yoksa hayvanlara yakın olan kişilerin insandan uzaklaşması, kaçması nasıl açıklanabilir." (s.135)

"Sanki dünyadan götürülmüş, tek başına bir gezegene atılmıştı." (s.174)

Kemâl ve çevresinin Türkiye'de en korkusuz ve hareketli dava arkadaşları Necmi'nin Paris'in arka mahallelerinde uyuşturucu ticaretine karışması hepsi için büyük hayal kırıklığı oluşturur. Necmi, belki uç bir örnektir; ancak, mevcut değerinin dışında bir anlamla anlamlandırılan kişinin kendi ontolojik anlamını yitirmesi bu şekilde bir sonu ortaya çıkarmıştır. Bu, Necmi'nin kendine yabancılaşmasıdır:

"Öylesine değişmeye başladı ki sonunda kendisine bile yabancılaştı zamanla". (s.158)

"Sonunda onu da yuttu sürgünün kahredici havası.. Yaşam bir gün anlamsız gelmesin insana." (s.159)

"Büyük tutkuların insanlarıydık. Bir anda her şey değişiverdi, inanamayacağımız kadar büyük bir hızla değişti bazı şeyler. Bizim rollerimiz de değişti bu arada: Vatanı kurtaracakken, kendimizi kurtarmanın kaygısına düştük. İçimizde kimilerine daha çok koydu, bu. Necmi de bunlardan biriydi. Yeni rolünü bir türlü benimseyemedi." (s.165)

"Ne olacağız buralarda? der, dururdu. Geriye dönmeyi düşünürdü sık sık. Hatta gitmek için birçok kez girişimde bile bulunmuştu. Olmadı. Ülkede bulunan arkadaşlar, bırak mücadeleyi, kendilerini bile koruyacak durumda değillerdi. Açık söylemeseler de bir de Necmi'yle uğraşmak istemiyorlardı. "dön!" deselerdi kesinlikle dönerdi geriye. Böyle bir ruh hali içindeydi. Zaten buraya gelmesine kendisi de şaşıyordu. Yaşamda korku nedir bilmeyen biri, çekinmeden birçok kez tehlikeye atılmış bir devrimci, nasıl olduğunu anlamadan bir anda ülke dışında bulmuştu kendisini. Yitip gidenin, eskinin yerine bir şeyler koyamama, küçülttükçe küçülttü onu. Böyle bir çaresizliği

---

[3] Edward Said, Entelektüel Sürgün, Marjinal, Yabancı, Ayrıntı Yay., İst.2015, s.59.

kolay kabul edecek tiplerden değildi. İçindeki boşluğu, doyumsuzluğu, ki artık onun hep böyle süreceğine inanmıştı, gidermek için yaptıkları bir yerde son buldu." (s.167)

Necmi, Kemâl ve arkadaşları arasında sürgün oluşun tükettiği en belirgin örnektir. O, artık kayıp bir ferttir. Necmi, sürgün'e yenilmiştir.

Asıl adının Ahmet olduğunu romanın sonlarında öğrendiğimiz (s.148) Kemâl'in kendine yabancılaşmasında, başka adlarla yeni hayat aramasının da etkili olduğunu düşünebiliriz. Ahmet, roman boyunca Kemâl, İsviçre'ye sığınmacı başvurusunda Ali'dir. Necmi, Kemâl'i eski bir tanıdıklarına takdim ederken, eski arkadaşın Kemâl'i Ahmet olarak hatırlaması üzerine "O, oradaydı hemşerim" (s.148). Yeni isim, yeni bir kimlik'tir.

Kendine yönelen suçluluk

Genel olarak göçmen yazınından ziyade "gönüllü sürgün" edebiyatında karşılaşabileceğimiz "suçluluk duygusu", vatanını terk etmekten kaynaklanmaktadır. Her ne kadar kişi, öldürülme, hapse atılma, işkence görme endişelerinden bu yola başvurmak zorunda kalsa da kendisiyle benzer şartlarda olanların vatanda kalıp bu zorlukları göğüslemeleri, kendisinin ise kaçmış olması gerçeğinden hareketle bu duygu yaşanır. Bu, sürgünün iç dünyasında oluşan büyük bir çatışmadır.

Sürgündeki Yabancı romanında sürgün profilini tamamlayan önemli bir duygudur "suçluluk". Kemâl etrafında daha belirgin olarak aktarılan suçluluk duygusunun bir cephesi Kemâl'in sevgilisi Sabine üzerinden yaşadığı suçluluk hissidir. Kemâl, kendisine henüz oturum hakkı bile verilmemişken bu genç kızla niçin beraber olduğunu, ona ümit verdiğini ve bir çocuğun doğmasına neden olduğunu düşünerek kendini hırpalar. Bu durumu dahi vatanını terk etmenin bir cezası olarak görür:

"Sen bir kadını nasıl sevebilirsin? Ne olacağın, nasıl yaşayacağın belli mi? Senin bir kadını kendine bağlama hakkın var mı? Acı, ama gerçek bu! Hiç başlamamalıydı arkadaşlığımız... Onu bir kez bile aramadım aylardır. Her şeyin, sürgündeki tüm kötü günlerin öcünü mü alıyorum ondan böylece?" (s.154)

"Çocuğu anımsadığında ise, bir "suçluluk duygusu" bırakmıyordu yakasını. Böyle bir ortamda onu dünyaya getirmenin büyük bir sorumsuzluk olduğu düşüncesi beynini kemiriyordu. Çocuk, anasına, babasına bu nedenle sövecekti belki de günün birinde. (...) Nerede, nasıl ve ne biçimde birlikte olacakları kafasında bir türlü somutlaşmıyordu. Küçük yavru daha doğumuyla birlikte ondan uzaklaşıyor, yabancılaşıveriyordu. Ne eline dokunabiliyor, ne yüzünü görebiliyordu. Vatanını terk etmenin, bundan daha kötü bir cezası olamayacağını düşünüyor, hep kendisine kızıyordu." (s.83)

"Suçluluk" hissinin bir başka yanı, tüm vatandan kaçanları sarmalayan "utanç" ve "kendine yönelen öfke"dir:

"Değişik ülkelerin, değişik kentlerinde yüzlerce, binlerce kişiydiler. Hepsi de ülkelerini terk ederek başka kapılara sığınmış, yaşamlarını orada burada sürdürmeye çalışıyorlardı. (...) Kim nerede, ne yapıyor biliyorlardı... Yabancı kentin dar, tarihi sokaklarından geçerken, bunları yinelemek, ilgi çekici geliyordu onlara. Birçok kişinin aynı yazgıyı paylaşmak zorunda kalması, yaşadıkları ülkeyi terk etmenin yüzlerde saklı kalan utancını bir ölçüde hafifletiyordu." (s.112)

"Vatanını terk etmesi, orada mücadeleyi bırakması, yıllar sonra bile kanayan bir yara gibi acıtıyordu yüreğini. Nilgün, o son gördüğü anki haliyle canlandı gözlerinin önünde ve kulaklarından hâlâ silinmemiş olan sözlerini anımsadı: "Korkaklık etme, kaçma mücadeleden!" Nilgün'ü anımsaması yine iyiden iyiye geçmişe döndürmüştü Kemâl'i. "Durumum farklıydı ondan, örgüt üyesi olmaktan aranıyordu o yalnızca! O günlerde değil örgüt üyesi olmak, çok basit gerekçeler bile yetiyordu tutuklanmaya, işkencelerden geçmeye. O korkmadı benim gibi, terk etmedi vatanını!. Şimdi içerde. Ama eminim ki benden mutlu, benden özgür yaşıyor tel örgülerin ardında. (…) Uygarlığın beşiği kabul edilen Avrupa'dayım, ama burada sürgünde olmak, kendi vatanımda hapishanede olmaktan daha ağır geliyor. Alışamadığım, yadırgadığım şeyler, daha da sevimsizleştiriyor yaşamı. Kendi ülkemde benzer durumlarla, hatta daha kötüleriyle karşı karşıya kalmak koymayacak bu kadar, ama burada!.. Yaşam, gitgide daha tatsız, tuzsuz bir yemeğe benziyor. Eğer mutlaka birilerine kızmak gerekiyorsa, önce bana kızmalıyım." (s.154)

Sürgün kişinin/yazarın, sürgünlüğünün ilerleyen günlerinde kendisini sürekli sorgulaması gerçeği, kaçınılmazdır. Sürgünlük, bir çatışmadan doğmuştur ve içinde bulunulan hal, iki arzu edilmeyen halin tercihi zorunluluğundan doğan çatışmadır. Yurtta kalındığında hissedilecek fiziksel yoksunluklar ve acılara karşılık, yurttan çıkıldığında duyulacak ruhsal, manevi yoksunluk ve acılar arasında tercih yapılmıştır.

Sınır saplantısı

Sophia McClennen, sürgünlük yazınında yazarın sık sık "sınır" kavramına değindiğine işaret eder. McClennen, sınırların sürgün için asıl problemlerden biri olduğunu belirterek, sürgün için sınırların, mekânın ve hapsedilmiş hissetmenin metaforik simgeleri olduğunu söylemektedir.[4]

"Yakalanmamak için kaçtı durdu aylarca ve o gün onun için de geldi, sınırın öte yakasında buldu kendisini. Daha o an özgürlüğe kavuşamadığını anlamıştı. Kurtulmuştu bir sokak ortasında adsız sansız biri olarak vurulmaktan; bir işkencecinin elinde son nefesini vermeyecekti artık. Ama sevinemiyordu bir türlü! Ülkesinden kaçmak öylesine utanç verici gelmişti ki, başı ağırlaşmış, yüreğinin tam orta yerine bir sancı inmişti. Kaçak, korkak, ülkesine ve vatanına ihanet eden biri olduğu düşüncesi beynini kemirdikçe, içine yer eden utanç, daha da büyüyordu… Sınırın öte yakasındaydı artık… Oradan geriye dönmek, oraya gitmekten daha zordu." (s.13)

Nitekim, Kemâl'in "sınır"la sorunu sadece ülkesinden ayrılmak ve ülkesinin sınırlarına yaklaşamamak noktasında kalmamıştır. Kemâl'in sürgündeki hayatı sınırlar arasında bir hareketliliği, pasaport değişimlerini, Almanya'dan "sınır dışı" edilişini de içerir. İsviçre ve Fransa arasında gidiş gelişleri, başvuruların ülke sınırlarına yakın yerlerde yapılması ve buralarda beklenmesi dikkat çekicidir. Kemâl kendisini ülkesi sınırları dışına çıkardıktan sonra adeta başka sınırlardaki kaderini de belirlemiştir. Roman içerisinde Avrupa'da da hapisliğin devam ettiğinin işaretleri verilir:

"Sürgünde yaşamakla Türkiye'de yaşamak, bir yönden aynı gibi: Burası da bir hapishane. Sen ise bir tutsaksın. Kimi yerde sınır, kimi yerde yabancılar polisinin elindesin."(s.47)

---

[4] Demet Karabulut, Sürgünlük Edebiyatı Bağlamında Refik Halid Karay'ın Yapıtları, İst. Bilgi Üniversitesi (basılmamış) Yüksek Lisans Tezi, İst.2011, s.60.

"Sınır", sürgün kahramanlar için anlamını yitirse de devletler sınır'larını ciddiyetle korumaktadırlar. Sürgün kişi sadece yurdunun sınırlarından geçmeye yasaklı değildir. Kendini teslim ettiğini düşündüğü Avrupa'da da sürekli, sınırlarla çizilmiş bir coğrafyada hiçbir zaman gerçekten onun olmayacak bir mekânı bulmak amacıyla, dolaşmaktadır.

Kimliğe preslenmiş özlem

Yurt özlemi, bütün göçmen yazınına hakim olan başat duygudur. Kişiler, varlıklarının filizlendiği mekânlara karşı bir çekim hissederler ve doğulan ev, büyünen sokak/mahalle, insan oluşu hazırlayan asıl mekân ve insanlardan oluşan çevre kişinin zihin dünyasını kapsar. Sürgün kişinin gittiği yeri uzun yıllar rüyasında göremeyeceği, tüm rüyalarının gelinen yerle ilgili olduğu savı dikkate değerdir.

Sürgündeki Yabancı, romanında yurt özlemini işaret eden en önemli simge "teybe bir türkü kaseti koymak"tır:

"Kent çıkışında bir istasyondan yakıt aldılar, öyle girdiler otoyola. Hemen teybe bir kaset yerleştirdi İbrahim. (…) Türkünün girişindeki sözler bitince, gür sesli bir ozan çıktı ortaya. Otomobilin hızına uyan bir ritimle söylüyor, kıpır kıpır ediyordu insanın içini.(Monika) Hiçbir şeyi anlamasa da etkilenmiş, neredeyse onlar kadar duygulanmıştı. Yüksek, çok yüksek dağlardan kopup gelen, yatağına sığmayan bir ırmak gibi ve öylesine coşkuyla söylüyordu ki ozan, tutsak almıştı sesiyle zamanı..." (s.24)

"Işık söndükten sonra da uzun süre uyumadılar. Konuştular, türkü dinlediler, hüzünlendiler, güldüler güldüler, küfrettiler." (s.47)

"İşine koyulurken, Ümit teybe bir kaset koydu. Hızlı bir ezginin ritimleri doldu kulaklarına. Az öncesinin üzüntü veren anı geride kalmıştı çoktan." (s.64)

"Her şey, yıllar önce terk ettiği kenti andırıyordu... Üst üste yığılı görünümü veren taşıtlar, korna sesleri, fren yankılanmaları... (…) "Bir Arap lokantasında yediler akşam yemeğini. Eve gelmeleri epey zaman aldı yoğun trafikten. Biraz yorgun bir havada girdiler içeri. Daha yerleşmeden yerlerine bir bant koydu teybe Necmi." (s.144)

Sürgünde eski dostlardan biriyle karşılaşmak anlık bir mutluluğu beraberinde getirse de bu mutluluk kısa sürede hüzne ve vatan özleminin pekişmesine yol açmaktadır. Karşılaşılır, coşkuyla sarılınır, ortak tanıdıklar hakkında bilgi alınır, verilir, ülkedeki son durum konuşulur ve başa dönülür.

"Geç saatlere kadar söyleştiler. Hep o ülkeden konuştular." (s.148)

"Bir yerde yakıcı bir özlem doldu kalbine. Gökyüzünün karabasanı andıran kurşuni karanlıkları içinde, ince ince yollar uzanıyordu uzaklara. Yalnız, yapayalnızdı, hiç bitmeyecek bir yolculuğa çıkmış gibiydi o an." (s.51)

Düsseldorf'taki dernek, bilhassa siyasi sığınmacı Türklerin vatan kabul ettikleri, özlemlerini teskin etmeye çalıştıkları bir mekândır:

"Bu kente ilk geldiği günlerde, kendisi gibi insanları ve bu insanların bir araya geldiği yerleri sormuş, sonunda burayı bulmuştu. İşlek bir caddenin üzerindeydi dernek. Burası adeta sürgünde bir vatandı ona; özlerine döndüklerine inandıkları, özlem duydukları şeylerin havasını bir parça da olsa kokladıkları bir yerdi onun gibilerine. Burada bildikleri gibi yaşıyorlar, konuştukları kimseyi rahatsız etmiyordu. Onlara yabancı olduklarını anımsatan bakışlardan da uzaktılar. Orada yalnız acılarını, kederlerini, dertlerini değil, aşklarını da paylaşıyorlardı. Bir umuttu o günler burası; burası, uzak ama çok uzaklarda, öteki uzakların güzelleşmesi için hep bir şeyler yapmaları gerektiğine inananların yeriydi. Bulundukları ülke, kişisel sorunları pek ilgilendirmiyordu onları. İçlerinde az da olsa yerleşik göçmen işçiler de vardı, ama çoğunluğu, buraya gelmiş sığınmacılar oluşturuyordu." (s.40)

Dernek, ilerleyen sayfalarda ideolojik yapısıyla da tasvir edilecektir. Duvarlarda öldürülen devrimci gençlerin posterleri, slogan ifadeler vs.

Yurt özlemini, çeşitli durumlar karşısında çaresizliği hissettiren diğer iki sembol ise "sigara" ile "çay"dır. Bir araya gelen arkadaşlar, yalnızlığı ve özlemi şiddetle hisseden sürgünler, hemen sigaraya sarılır, ya da demlik ocağa konmuştur bile.

Nostaljiye sığınma ya da yaratıcı aşkınlık

"Sürgün edebiyatı tartışmalarında öne sürülen savlardan biri, sürgün edilen yazarların bu durumdan iki açıdan etkilenebileceği üzerinedir; biri, nostaljiye bağlı kalarak, yurtlarına duyulan özlemin, vatan hasretinin baskınlığı ile eserlerinde geçmiş yaşantılarını ve ona duydukları özlemi ön plana çıkarmak, diğeri ise sürgün edilen yazarın yaşamış olduğu yerdeki baskılardan kurtulmanın verdiği özgürlükle yaratıcı yönün gelişmesidir."[5]

Sophia McClennen, bu iki yaklaşımdan birinin tercih edilmesinin yanıltıcı olabileceğini sürgünde yazılan metinlerin her iki durumun örneklerini içerdiğini ve bunların birbiriyle bağlantılı olduklarını ifade eder.[6]

Yazar, romandaki kahramanlarıyla bütünüyle "nostaljiye sığınmak" yerine, yurt özlemini de vererek, kahramanlarının ayakta durmasını, ortama bir an önce adapte olarak ileriye bakmalarını hedeflemiş gibidir. Türkiye ve Avrupa şehirleri arasında kıyaslamalar roman içerisinde önümüze çıksa da çoğunlukla bu durum, Avrupa'nın hayal kırıklığı yaşatan uygulamaları sebebiyle olur. Sürekli ülkesini hatırlayıp oraya yoğunlaşan ruh halleri değil, o andaki acil sorunların üstesinden gelmeye çalışan kahramanlar sunulmuştur romanda. Kemal, sadece bir yerde annesini anımsar. (s.82) Memleketinde büyüdüğü mahalle, evleri, okulu, akraba çevresi, (dava arkadaşları) dışında arkadaşları, Kemâl'in beynini sık sık uyarmazlar. Dolayısıyla roman yazarı bütünüyle "nostaljiye sığınma"yı tercih etmemiştir, diyebiliriz. Yine de yazarın, kahramanlarında, ait oldukları topraklara dönebilmek arzusunu yaşattığını görürüz:

"Akşamın ilerleyen saatlerinde, uzun saydıkları bir sürgün döneme karşın hâlâ netleşmeyen gelecek üzerinde sürüyordu konuşmaları. Avrupa'nın ortasında yaşam savaşı vermeleri onları pek düşündürmüyor, daha çok bu yaşamın onlardan daha neler alacağı, onlara neler vereceği ilgilendiriyordu. Bu sürenin geçici olacağına inanmaları zaman zaman yüreklerindeki iç kırgınlığını dağıtıyor, ait oldukları topraklara dönecekleri umudunda bir hayat, bir güç buluyorlardı." (s.169)

Hayalkırıklığı

"Sürgünler, köklerinden, topraklarından ve geçmişlerinden koparılmıştır. Onlar genellikle peşinden koşsalar da pek ordu veya devletleri yoktur. Bu açıdan sürgün, genellikle kendilerini muzaffer bir ideoloji veya itibarını

---

[5] Demet Karabulut, Sürgünlük Edebiyatı Bağlamında Refik Halid Karay'ın Yapıtları, İst. Bilgi Üniversitesi (basılmamış) Yüksek Lisans Tezi, İst.2011, s.47.
[6] Sophia McClennen, The Dialectics of Exile: Nation, Time, Language, and Space in Hispanic Literature, Indiana, Purdue Uni.2004, s.25.

yeniden kazanmış bir halkın parçaları olarak görmeyi seçerek parçalanmış yaşamlarını yeniden kurmaya yönelik acil bir ihtiyaç hissederler."[7] Yaşanan yahut beklenen güçlüklerin etkisiyle yurttan çıkış başlangıçta gidilecek yerle ilgili ümidi de içinde barındırır. 1980 darbesi sürgünleri de yöneldikleri Avrupa'da -Edward Said'in söylediği gibi-"muzaffer bir ideoloji" görmüşlerdir. Oysa her zaman ümit edilenle karşılaşılamayabilir. 1980 darbesi ardından arzu edilen özgürlük ortamına doğru hareket eden siyasi göçmenler, senelerce özgürlükler ve insan hakları merkezi olarak kabul ettikleri Avrupa'nın gerçek çehresiyle karşılaşmışlardır.

"Sürgünde yaşamakla Türkiye'de yaşamak, bir yönden aynı gibi: Burası da bir hapishane. Sen ise bir tutsaksın. Kimi yerde sınır, kimi yerde yabancılar polisinin elindesin. Sürekli bir korku, gelecek korkusu peşinde. Ne olacaksın? Yıllarca sürecek bilinmezlikler içinde mi yaşayacaksın? (...) Ne ben, ne de düşüncelerim özgür! İnsan hakları, kitaplardaki kadar özgür değil buralarda..." (s.47)

"Sana daha önce de sözünü etmiştim. Kamptaki kötü koşullara karşı, eşimle birlikte protesto eylemi yaptık. Bu eylemden kısa bir süre sonra, Almanya'yı terk etmem bildirildi. Çevrede ilişki kurduğumuz, bize yardım eden insancıl kişiler her seferinde, "Lütfen, problem çıkarmayın resmi dairelerde, ne derlerse sessiz kalın! diyorlar. Rüzgâra karşı işememizi istiyorlar." (s.47)

"Yaşamımız sürekli bizim dışımızdakilerce belirleniyor ve bize yalnızca insan olarak değil de, bir canlı olarak yaşayabileceğimiz kadar olanak tanıyor, değer veriliyorsa, bu gerçek bir özgürlük değildir.(...) Hakkını aradığın zaman, "geldiğin yere git" diyorlar. İş arıyorsun, kapı kapı dolaşıyorsun, kimileri dalga geçiyor, "beş yıl sonra gel" diyor." (s.58)

"Avrupa eskiden bir düştü benim, bizim için, şimdi karabasan oldu, desem yeridir. Kültürel ve politik yönden ileri bir ülkede bulunuyorum, en gelişmiş ülkelerin başında geliyor burası. Bir yandan da, bu nasıl uygarlık, diye soruyorum kendime. İnsanın değerinin etnik kökeniyle ölçüldüğü, yabancı diye aşağılandığı bir yerde gerçek anlamda bir uygarlıktan söz edilebilir mi?" (s.102)

Romanda memurların sığınmacılara kötü davranması, her bölümde vurgulanır. Kemâl'e hastanede sevgilisinin ve çocuğunun gösterilmemesi, sığınma başvurusunu takip eden dairede sürekli aşağılanması ve geri çevrilmesi, Sabine'nin annesinin şikayetleri neticesinde artan baskılarla Kemâl için Düseldorf'ta hayatın iyice yaşanmaz hale gelmesi... İsviçre'ye gittikten sonra Sabine'ye ulaşabilmek için kaçak şekilde Almanya'ya dönen Kemâl, Sabine'nin annesinin şikayetiyle ansızın tutuklanır ve sınır dışı edilir. Kemâl, kendisine insan olarak değil, bir nesne gibi davranılmasıyla yüz yüze kalacaktır :

"Ötekilerin onun duygularından, düşüncelerinden hiç haberleri yoktu; bir insan olduğunu, sevebileceğini, duygular taşıyacağını, kısacası bu tür şeylerle ilgisi olacağını akıllarına bile getirmiyorlardı. Hiç ilgilenmediler onunla, alay etmediler, kızmadılar, onun varlığını dikkate alacak en küçük bir tepki bile göstermediler. Sanki yanlarında bir insan bulunmuyor; bir yük, bir çuval taşıyorlardı!

---

[7] Eward Said, Sürgün Üzerine Düşünceler, Hece Yay., Ank.2015, s.191.

Gece yarısı, bir sınır kapısında öteki ülkenin polisine teslim edildi. İsviçre Devleti'ni kandıran, sahte kimlik kullanan "karanlık bir Türk"tü. Söylenmedik, yakıştırılmadık sıfat bırakılmamıştı." (s.133)

Mecburiyetler neticesinde sığınılan Avrupa'da bir eşya kadar değerleri kalmamıştır.

Dil, zaman, mekân bağı - Ulusaşırılaşma ya da kültürel benlik

Sophia McClannen'in göçmen/sürgün yazınında temel kavramlar olarak irdelediği "dil, zaman, mekân" ile "ulusalcılık ötesi ve kültürel benlik" kavramları, Şakir Bilgin'in romanında şu noktalarda karşılık bulmuştur.

Kemâl'in bir Alman kadar rahat Almanca konuşuyor olması ve Almanya'da Türkiye'den bazı eski arkadaşlarıyla Türkçe konuşup dertleşebiliyor olması, onun dil'e duyulması muhtemel hasretini ortadan kaldırmıştır. Bu durum Şakir Bilgin'in ailesinin de Almanya'da oluşuyla ilk gidişinde göçmenliği kısmen hissetmesi, ikinci gidişinde ise zaten dile hakim oluşun rahatlığını yaşıyor olmasıyla ilişkilendirilebilir. Kemâl'i ilk olarak Fransa'da dil bilmeyişi bunaltır. Üstelik Türklerin yoğun olmadıkları bir bölgede yaşamak zorunda kalması onu ilk başlarda sıkıntıya sokar:

"Alışılmış bir sığınmacı kampından çok değişikti burası. En büyük sorunu, Türkçe ya da Almanca bilen dertleşebileceği bir kişinin bulunmayışıydı. Oradakilerle dil yönünden anlaşamasa da, kendiliğinden oluşmuş bir yakınlık vardı aralarında. Mutfakta yemek yaparken, banyoya girerken, tuvalette bulunurken, bu hemen göze çarpıyordu. Gülmeleri, bakışmaları, çeşitli tepkileriyle birbirlerini, hem de her şeyleriyle anlıyor gibi davranıyorlardı. Mehmet sorduğunda, "Herkes bildiği gibi konuşuyor, ama yine de anlaşıyoruz" demişti Kemâl. Çoğu siyah bu insanlarla yazgısının bir noktada çakışması, dünyanın Avrupa'sında sığınmacı olmak, en azından birbirlerini anlamalarına yetiyordu." (s.151)

Yukarıdaki satırlar onun ulus ötesi şahsiyete yaklaştığını da düşündürür. Bu da sürgün ya da göç neticesinde kişilerde ortaya çıkabilen bir durumdur. Kişinin ulus düşüncesinden yukarı çıkması ve kişileri kendisiyle özdeşleştirerek "sürgün her bir insan" bağlamında millet düşüncesinin farklılıklarını görmezden gelerek algılamaya başlaması durumudur. Kemâl'in Simon ve Claudia ile beraberliğinde onun Türk ya da diğerlerinin Alman olmalarının yahut Jeannette ile yaşamaya karar vermesinde onun Fransız olmasının bir anlam taşımayışı gibi… Bu durum, McClennen'in "ulusalcılık ötesi" kavramına paralel bir yaklaşımdır.

Yazarın Türk ya da Müslüman oluşuyla ilgili değer atfında yoğunluk gözlenmez. Romanda tek bir yerde bir kafede Kemâl, birini Türk zannederek onunla konuşmak ister. (s.155) Sonra kendi kendine kızar: "O adamın Türk'e benziyor olması pek mi önemliydi? Kente ayağını bastığı anda bir güven mi verecekti sanki ona?" der.

Kemâl, düşünce olarak sürekli Türkiye'de Türkiye'yi yaşayan biri değildir. Güne odaklanmıştır. Bu bağlamda "zaman" ve "mekân"ın iki farklı düzlemde sürekliliği yaşanmaz. Paris'te trafik bir kez ona İstanbul'u anımsatır, bir de son sahnede yine Paris'te İstanbul boğazındaki martıları anımsar. Tek bir yerde Düseldorf'taki soğuk, insansız ve çocuksuz sokakların soğukluğu ile Türkiye'de cıvıltılı sokakları ve coşkuyla koşuşturan insanları karşılaştırır. Bu manzaranın başında ise Pazar günü ibadetleri için kiliselere yönelmiş Hıristiyanlardan söz ederken geldiği yerde isteyen istemeyen herkesin dinlemek zorunda kaldığı ezan'a sitem eder gibidir: "Sabah akşam demeden yankılanan ezan seslerini duyar gibi oldu. Tüm topluma yapılan bu çağrıları dinlemek istemeyenlerin, onları dinlememe özgürlüğü olmadığını düşündü." (s.84) Dolayısıyla Kemâl'in Hıristiyan ülkelerde bir müddet yaşamak zorunda kalan birçok Müslüman'ın duymak için özlem hissettiği ezan sesi hususundaki değer atfı da farklıdır. Din, kültürel benliğin kodlarıyla ilgili önemli bir unsurdur. Kemâl "ulus ve din ötesi" bir şahsiyettir. Bunda bağlı bulunduğu ideolojinin etkisine de işaret etmeliyiz.

Tüm bunların yanında romanın hemen başında Kemâl'i sokak ortasında rahatça öpüşen çiftleri yadırgar halde buluruz.

"Geldiği ülkede yaşadıklarıyla oluşan bir koşullanmışlık, belki de alışılmamışlıkları yaşamaktan çekinmesinin yarattığı bir duyguydu bu. Özgürlüğün böylesine sınırsız yaşanacağına inanmıyor, onlar gibi davranırsa küçük tutkularla, anlık duygulara boyun eğen zavallı biri olacağını düşünüyordu." (s.7)

Kemâl, sokak ortasında öpüşme konusunda, geldiği toplumun kültür kodları ile hareket etse de on yedi yaşındaki Sabine ile beraberliğinde yahut bir gecelik ilişki yaşadığı Claudia'da herhangi bir iç sorgulama hissetmez. Burada McClennen'in sürgün bireyin ve sürgün metinlerin içlerinde karşıtlıklar, çelişkiler barındırdığı savını hatırlamakta yarar var.[8]

Sonuç

80'li yıllarda darbe sonrası Türkiye'den Avrupa'ya siyasi sığınmacı göçü, Türk toplumu için önemli bir problem olmuştur. Bu göçle birlikte Türkiye, birçok eğitimli vatandaşını kaybetmiş, birçok aile parçalanmış, birçok kişi vatandaşlıktan çıkarılmıştır. 90'ların sonuna doğru dönüş için hukuki şartlar oluşsa da uzun yıllar Avrupa'nın çeşitli ülkelerinde tutunmaya ve hayat kurmaya çalışmış bu insanlar, döndükleri ülkede ne arkadaşlarını eski hallerinde bulabilmiş, ne de ülkelerini... Onları yeni bir yabancılık ve tutunma süreci karşılamıştır. Aslında sürgün edebiyatının dikkat çekilmesi gereken bir ayağı da "yurduna dönen sürgün" etrafında gelişen metinlere yöneliktir.

Şakir Bilgin'in eseri, sürgünlüğü çevresiyle birlikte yakından tanımış ve yaşamış bir yazar olması bakımından önemlidir. Bu eserle sürgün'den, sürgün alan ülkelerin insanlarının da olumsuz etkilendiklerinin işaretlerini alırız. Bu çalışmamızın sınırlılıkları içerisinde olmasa da Sabine ve dünyaya getirdiği kızının durumu, bilhassa doğan çocuğun durumu önemlidir. Yarı Türk yarı Alman, bu çocuğun kaderi Türkiye'den savrulup gelmiş bir sürgünün kaderiyle şekillenmiş, sonra bu kaderden bütünüyle koparak koruyucu bir ailenin kaderine eklenmiştir. İsmini dahi bilmediğimiz bu çocuk, hem var hem yoktur.

Henüz "sürgün edebiyatı" için, teorik sınırlamalar netleşmiş olmasa da, yapılan çalışmalarda sürgünlüğün kişide bazı ortak tavırları ve duyguları tetiklediğine dair tespitler yapılmış, sürgünlüğü insanlığın ortak problemi olarak görüp, sürgün yazarların eserlerinden hareketle bir sürgün tipolojisi ortaya çıkmaya başlamıştır, denilebilir.

Her bir sürgün yazarın eseri bu tipolojiyi beslemek durumundadır. Her sürgün yazar, kendi sürgünlüğünü anlatırken, evrensel olan sürgünlüğün içinde ama diğer yanıyla kendine has olmayı başarır; yazarın anlatısı hem biriciktir hem de evrenseldir.

---

[8] Sophia McClennen, The Dialectics of Exile: Nation, Time, Language, and Space in Hispanic Literature, Indiana, Purdue Uni.2004, s.38-39.

Sürgündeki Yabancı romanında Kemâl ve çevresindeki sürgün arkadaşları şahsında açığa çıkan "sürgün kimlik", evrensel özelliklere sahip bir hüviyettedir diyebiliriz. Her sürgün gibi, Kemâl de yersiz yurtsuz, yabancı, özlem duygusuna teslim, sınır'larla sorunlu, suçluluk ve hayal kırıklığı içerisindedir. Kemâl, tamamen nostaljiye teslim olmamış, hayatta kalmanın adapte olmak olduğunun farkında, zaman ve mekânı (sürgün zaman ve mekân/ Türkiye'deki zaman ve mekân) zihninde paralel bir çift olarak taşımaktan kaçınmış, ulus düşüncesinden ulus ötesi bağlama geçmiş bir sürgün kişidir.

Kaynakça

Bilgin, Ş. (1998). *Sürgündeki Yabancı.* İstanbul: Pencere Yay.

Çobanlı Erdönmez, I. (2014). "20. Yüzyılın Postmodern Düşünürü Olarak Gilles Deleuze", Marmara Sosyal Araştırmalar Dergisi, Sayı:5, Haziran.

Deleuze, G. (2005,1993). *Kapitalizm ve Şizofreni 1-2,* (1.Ç. Çev.: Özcan Doğan, Ank.; 2.C. Çev. Ali Akay, İstanbul).

Karabulut, D. (2011). *Sürgünlük Edebiyatı Bağlamında Refik Halid Karay'ın Yapıtları.* İst. Bilgi Üniversitesi (basılmamış) Yüksek Lisans Tezi, İstanbul.

McClennen, S. (2004) *The Dialectics of Exile: Nation, Time, Language, and Space in Hispanic Literature.* Indiana: Purdue Uni.

Said, E. (2015). *Sürgün Üzerine Düşünceler.* Ankara: Hece Yay.

Said, E. (2015). *Entelektüel Sürgün, Marjinal, Yabancı.* İstanbul: Ayrıntı Yay.

Bölüm 11.

Edebiyat ve Göç Yanılsaması

Semran Cengiz

Giriş

Mitler çağından beri insanoğlunun yaşamı değiştirip dönüştürme gayretlerinin bir sonucu olarak edebiyat, topluma ve yaşama dair söylenecek sözlerin etkili bir aracı olmuştur. Bu durum edebiyatı giderek ideolojik bir nesneye dönüştürdüğü gibi kimi zaman korkulan kimi zaman da gücünden yararlanılan bir özne olarak, toplumsal dinamiklerin ön safında yer almasını da sağlamıştır. Bu nedenle 19. yüzyılla birlikte dünya düşünce tarihinde boy göstermeye başlayan ideolojiler için edebiyattan daha verimli bir hareket alanı yoktur, denilebilir.

Edebiyat gerçeklik ilişkisi yüzyılları bulan ideolojik bir serüvendir. Edebiyatın gerçeğin bir yansıması mı, bir yaratım süreci mi, yoksa yaşamın yeniden üretimi mi olduğu tartışmaları sarkacında günümüze ulaşan bu serüven, bugün artık estetik merkezli anlayışların lehine sonuçlanmış gibi gözükmektedir. Ancak ister hazlar ülkesinin eğlencesi olarak burjuva salonlarında pudralı ellere teslim edilsin, ister toplumsal bilincin örsünde maden işçilerinin ya da göçmenlerin feryatlarına karışarak biçimlensin edebiyat, her şekilde bir metin üretmekte ve bu metin okurun tüketimine sunulmaktadır. Bu sunumla amaçlanan da sadece yazar açısından bireysel bir tatmin sağlamaktan ziyade birine ya da birilerine bir mesaj iletmektir. Mesajın varlığı da metin aracılığıyla yürütülen bir iletişimin olduğunu ortaya koymaktadır. Peki yazar, görmediği ya da tanımadığı birileriyle metin kanalıyla neden iletişim kurmak ister? Bu sorunun cevabını Ahmet Oktay "Yazınsal iletişim, yazınla ilgilenenler arasında olasıdır. Bireyci olsun, toplumcu olsun, yazar her şeyden önce yazın okuru için üretir. Yazını sevmeyen, onunla uğraşmayan bir işçi de olsa, toplumcu yazarın kitabını hiç mi hiç merak etmeyecektir çünkü. Yazar kendisine benzeyen biriyle iletişim kurabileceğini öncelikle bilir." (Oktay, 1982:10-11) sözleriyle açıklar.

O halde yazar gerçeği dönüştürüp metne aktarırken bir amaca yaslanmakta, bu amaç da onun ideolojisini oluşturmaktadır. İdeoloji sayesinde yazar, metni biçimlendirip okurun hizmetine sunmaktadır. Bu da yazara dolayısiyle de edebiyata dönüştürücü bir rol yüklemektedir. Peki edebiyat toplumu dönüştürücü bir güce sahip olabilir mi gerçekten? Terry Eagleton liberal hümanizmin edebiyata atfettiği bu rolü abartılı bularak "Gelgelelim liberal hümanist tepkinin zayıflığı, edebiyatın dönüştürücü olabileceğini düşünmesinden gelmez. Zayıflığı, bu dönüştürücü gücü çok abartması, onu her türlü belirleyici toplumsal bağlamdan soyutlaması ve 'daha iyi bir insan' derken kastettiği şeyi dar ve soyut terimlerle formüle etmesidir" diyerek açıklar. (Eagleton, 2004:250-251)

Edebiyatın gerçeğin aktarımında aracı olması ve toplumu dönüştüren bir dinamik olması onda bir özgüven yarattığı gibi yararcı bir tavır takınmasına da neden olmuştur. Edebiyat, günümüzde giderek yarar odaklı bir üretime dönüşmekte ve gerçekliğe yaklaşımı da bu bağlamda soyut ve çelişkili olmaktadır. Eagleton bu konuda "Yarar edebiyatçılara saç kurutma makinesi ve kâğıt tutacını çağrıştıran tatsız bir kelimedir. Romantizmin, kapitalizmin yararcı ideolojisine karşı çıkması 'yarar' kelimesini kullanılmaz kılmıştı: Estetikçiler için sanatın yüceliği, onun katıksız yararsızlığındadır. Yine de bugün bile pek azımız şu düşünceyi onaylarız: Bir eserin her okunuşu bir anlamda onun kullanımıdır."(Eagleton, 2004: 252) diyerek edebiyat-yarar ilişkisinin tarihselliğine vurgu yapar.

20. yüzyılın ikinci yarısından itibaren eşik atlayan kapitalizmle beraber edebiyatın yarar anlayışının da aynı ölçüde değişip geliştiği görülmektedir. Bugün modernist anlayışların elinde biçimlenen ve kitle kültürünün önemli bir parçası olan edebiyatın göç algısı, yarar merkezli ve kitlesel beklentilerle uyumlu bir döngüde üretilmektedir. Edebiyat dünyasında kitlelerin beğenilerine göre şekillenmiş ve sadece travma gösterenine odaklanmış göç metinleri de birbirini tekrar eden anlatımlarla bu döngüyü beslemektedir.

18. yüzyıldan beri kendisine yüklenen ahlaki vasfı sürdürdüğünü her fırsatta dile getiren edebiyat dünyasının bu söylemi, özellikle göç konusunda anlamsızlaşmakta ve gerçekte karşılığı olmayan kuru bir ifade olarak kalmaktadır. Kapitalizmin elinde giderek araçsallaşan ve ideolojik bir kimliğe bürünen edebiyatın, göç gibi gerçek bir olguyu sadece sorun ya da travma götereni çerçevesinde ele alması hayli güdük ve bir o kadar da yanılsamalı bir yaklaşımdır. Göç kanonunu oluşturan metinlerde olgu çoğunlukla, tarihselliği olmayan, toplum bilincinde ya da belleğinde üretilmeyen ama alımlanan bir nesne olarak var edilmektedir. Yani göç, edebi metin aracılığıyla sade bir haz aracına dönüştürülüp yozlaştırılmaktadır. Nitekim Türk-Alman yazını yazarlarının yaptığı da bundan ibarettir. Bu yazına mensup yazarların metinlerinde bir göç şablonunun yaratıldığı ve göç gösereninin eksik bir resim olarak okurun bilincine kaydedildiği görülmektedir.

İdeolojik Yanılsama Olarak Edebiyatta Göç

Edebiyat göç ilişkisi, edebiyatın gerçeklikle olan ilişkisi bağlamında ele alınıp değerlendirilmesi gereken bir konudur. Eski ve bir o kadar da çıkmazlarla dolu olan bu ilişkide yazarın ideolojik bakışının esaslı bir rol oynadığı bilinmektedir. Yazar, göç gösereniyle gerçekliği değil onun bir yanılsamasını oluşturarak bir nevi kendi arzusunu tatmin etmektedir. Yani göç, Lacan'ın tabiriyle yazar tarafından bir arzu nesnesine dönüştürülmektedir. (Lacan, 2013:257) Bu da göçü soyut ve bağlamından kopuk kaygan bir zemine taşımaktadır. Dünyanın neresinde olursa olsun göç, yarattığı travmayla edebiyatçıları harekete geçirmekte ve kendi etrafında bir yazının oluşumunu sağlamaktadır. Bu şekilde bütün dünya edebiyatlarında kendisine yer bulmuş olan göç, gerçekliğin yarattığı travmadan ve hüzünden beslenen sanatçının, yaratım sürecine bir izlek olarak dahil olmakta hatta bununla da kalmayıp bu özelliğiyle önemli bir dinamik olarak yazın dünyasına yön verebilmektedir. İdeolojik bir manivela olarak edebiyat, gerçekliği dönüştürürken ona karşı zaman zaman yanıltıcı bir tavır takınabilmekte ve metin gösereniyle bu gerçekliği bütün doğal oluşundan soyutlayarak çarpık bir boyuta taşıyabilmektedir. Edebiyatın bu hareket özgürlüğü ona realiteyi değiştirme hatta bütünlüğünü ortadan kaldırıp yeniden yaratma özgüvenini vermektedir. Bu özgüven, çağları aşan göç gerçekliğine de dokunmakta ve onu istediği biçimde inşa etmektedir. Sanatsal özgürlük olarak vurgulanan ancak dolaylı da olsa egemen bilince hizmet ettiği için bir nevi tutsaklık olan bu tutum, göç gibi tarihsel koşullarla verili, gerçekliği su götürmez bir olguyu ideolojik bir zemine taşıyarak üretim sürecine dahil etmektedir. Hatta bununla da kalmayıp onu tek boyutlu ve dar bir alanın içine sıkıştırarak istediği kalıba girmeye mecbur etmektedir.

Gittikçe zenginleşen bu göç kanonunun şekillenmesinde yukarıda değinildiği gibi 18. yüzyıldan beri edebiyatın üzerinde bir kara bulut gibi dolaşan yararcılığın rolü büyüktür. Yararcılık sayesinde edebiyata ideolojik bir kimlik verilmekte ve göç de bu ideolojinin nesnesi olarak konumlandırılmaktadır. Böylece göç, modernist orta sınıfın 18. yüzyıldan beri dünyaya anons ettiği değerlerin kıskacına alınıp ehlileştirilmekte ve duygulu anlatımların satır aralarında, yürek burkan sözlerin göz yaşartıcı atmosferine kurban verilmektedir. Eagleton edebiyatın bu ideolojik rolünü ironik bir şekilde "Bildiğimiz gibi edebiyat, iç savaşlar, kadınların ezilmesi veya İngiliz köylülerinin mülksüzleştirilmesi gibi önemsiz tarihsel olaylar yerine evrensel insani değerleri pazarladığı için, işçi sınıfının adam gibi yaşayabilme veya kendi hayatları üzerinde daha fazla söz hakkına sahip olma gibi ufak tefek taleplerini kozmik bir perspektife yerleştirebilir, hatta talihi yaver giderse onların ebedi hakikatler ve güzelliklere dalıp giderek bu tür sorunları unutmalarını bile sağlayabilirdi" (Eagleton, 2004:43-44) ifadeleriyle ortaya koymaktadır.

20. yüzyılın ilk yarısında yaşanan savaşların ardından, sahneye kan tazelemiş olarak çıkan kapitalist düzenin bir sonucu olarak, gündemin ilk sıralarına oturan ve küreselleşmeyle birlikte giderek büyüyen göç ve göçmenlik, dün olduğu gibi bugün de edebiyatın yaratıcı ekseni olarak yazarların ilgi odağı olmaya devam etmektedir. Edebiyatçıların kaleminde gerçekliğin travmatik yüzü olarak yeniden inşa edilen göç, ideolojik bir kimliğe büründürülmekte ve maalesef sadece okurun gözünü yaşartan hikayeler olarak kurgulanmaktadır. Nitekim 1960'lı yıllardan beri Almanya'ya göçün bir sonucu olarak doğan ve Türk-Alman yazını olarak adlandırılan yazının birer parçası olarak Fakir Baykurt'tan Aras Ören'e, Güney Dal'dan Habib Bektaş'a, Yade Kara'dan Renan Demirkan'a vb. pek çok yazarın romanlarında temel izlek olarak beliren göçün tam da yukarıda değinildiği gibi sadece göç olgusunun sonuçlarına ve yarattığı travmaya odaklanıp gerçekliği ıskaladığı görülmektedir. Fakir Baykurt'un *Koca Ren* ve *Yarım Ekmek* romanları başta olmak üzere benzer kurgular etrafında şekillenen bu eserlerin büyük bir kısmında göçle gelen uyum sorunları, kimlik bunalımları, kültürel yabancılaşma, yalnızlık, arada kalmışlık vb. olgular öne çıkarılmakta ve göç çoğunlukla bu çerçevede ele alınmaktadır.

Göç olgusuna biçimsel yaklaşan Türk-Alman yazını yazarlarının kullandığı dil de şematik ve okur kitlelerini gözetici bir işaretler sistemidir. Birbirini tekrar eden bu dil sayesinde zihinlere aynı kalıptaki göç hikayeleri kolaylıkla yerleştirilmekte ve böylece egemen ideolojinin kurduğu sisteme aykırı davranılmamaktadır. Metinlerin satır aralarından taşan bu göç hikâyeleri, burjuva modernizminin çizdiği yolda, bir değer iletiminin araçları olarak kitapçı raflarında yer bulmaktadır.

Göç olgusunu en güncel anlamda ele alan romanların başında gelen *Cennetin Arka Bahçesi*, yoksul bir Kürt ve Türk ailenin Avrupa'ya gitmek için Marmaris'te gecekondularda verdikleri yaşam mücadelesini anlatır. Türk-Alman yazınının en önemli isimlerinden biri olan Habib Bektaş'ın 1995 yılında yayımlanan bu romanı, bugün yoğun olarak yaşanan bir gerçekliğin anlatımı olarak hayli ilgi çekicidir. Türkiye'nin güneydoğusunda yaşananlardan dolayı Marmaris'e göç etmek zorunda kalmış olan 7 yaşındaki Çakır'la ailesinin ve komşuları Hüsnü Amcanın göç hikâyesi, 1990'lardan bugüne göç cephesinde hiçbir şeyin değişmediğini çok çarpıcı bir şekilde göstermektedir. Bu insanların Ege Denizi'ndeki Avrupa'ya kaçış hikâyesini fona alan yazarın, göçmek zorunda kalmalarının nedenleri üzerinde okuru hiç düşündürmeden sadece sonuca odaklanması, benzer göç hikâyelerinin daha uzun yıllar anlatılacağının habercisi âdeta. Tekne kiralamak için inşaatlarda gece gündüz demeden çalışan ve büyük bir yoksullukla mücadele eden bu insanların dramı, göçün travması olarak öne çıkarılır. Özellikle romanın sonunda teknenin alabora olmasıyla Çakır'ın 5 yaşındaki kuzeni Dilan'ın denize düşmesi ve sonrasında hastalanıp ölmesi, yazarın yaratmak istediği atmosfere uygun olarak okurun yüreğini parçalar. Göçmen çocukları hâlâ denize düşüp hastalanarak ölmekte ya da boğulup kıyıya vurmaktalar. Hâlâ insanlar lastik botlarla Avrupa'ya "cennete" gitmek için canlarından olmaya devam etmekteler. Edebiyat da buna uygun olarak göç anlatılarını sürdürmekte. Değişen hiçbir şey olmadığı gibi okurlar bu anlatılar sayesinde giderek duyarsızlaştırılmakta ve bu kısır döngünün neden yaşandığı üzerinde düşünmekten alıkonulmaktadır. Böylece edebiyat kendisinden beklenen fazlasıyla yapmakta ve okurun dikkatini sadece sona odaklayarak sebepleri sorgulamasının önüne geçmektedir. Dilan'lar, Alan'lar, Çakır'lar neden göçe maruz bırakılır ve neden cesetleri deniz kıyılarına vurur? Bu soruyu en doğru yerden cevaplaması gereken edebiyatın, kaçamak anlatımların ardına saklanması, kapitalist modernizmin yarattığı bilinç yaralanmasının bariz bir örneğidir. Yazar, bu yürek burkan hikâyeyle âdeta sorumluluğundan kurtulduğunu ve bir katharsis yaşadığını ve yaşattığını düşünmektedir. Oysaki yaşadığı sadece vicdani bir kaçıştır.

"Edebiyat, modern çağın ahlaki ideolojisinin ta kendisidir" (Eagleton, 2004:47) diyen Eagleton'u destekleyen bu yaklaşımların göç üzerinden yarattıkları bilinç yanılsaması, derin ve bir o kadar da etkilidir. Böyle yaparak yazarlar, modern çağın insanına vicdani bir arınma ortamı sağlamakta ve bununla da muhtemelen büyük gurur duymaktalar. "Yazık oldu!", "vah vah!", "çok üzüldüm!" söylemleriyle yatıştırılan vicdanlar, böylece gündelik yaşamlarına kolaylıkla dönebilmekte ve bu çaresiz insanlar için yürekten üzüldüklerini düşünerek bir sonraki romanın yayımlanmasını beklemektedirler. Oysa göç yaşanmaya ve onurları kırılmış insanlar el kapılarında umut dilenmeye devam etmektedir.

Altmış yıla yaklaşan Türk-Alman yazınının varoluş aksı olan göç, benzer anlatım katmanlarının arasına sıkıştırılmış göç mağduru Şito'ların, Fatma'ların, Kezik Acar'ların, Metin'lerin neden yaşamın kıyısına savrulduklarına dair susmayı tercih ederken okuru kör bir ideoloji çukuruna sürüklediğinin farkında değildir çoğu zaman. Ne Dursun Akçam, ne Fakir Baykurt, ne Yüksel Pazarkaya, ne İsmet Elçi ne de diğerleri yazdıklarıyla, evrensellik kazanmış ve artık giderek otoriterleşmiş egemen bilincin değerlerine hizmet ettiklerinin farkında dahi olmadan göçün ne kadar can yakıcı bir sorun olduğunu anlatmakta âdeta yarışırlar. Marx, "Egemen sınıfın düşünceleri, bütün çağlarda egemen düşüncelerdir, başka bir deyişle, toplumun egemen maddi gücü olan sınıf, aynı zamanda egemen zihinsel güçtür. Maddi üretim araçlarını elinde bulunduran sınıf, aynı zamanda, zihinsel üretim araçlarını da emrinde bulundurur. (Marx, 2003:50-51) derken tam da bu yazarların içinde bulunduğu çıkmazı işaret eder.

Modernist edebiyat anlayışları, edebiyatı gerçeğin sınırlarının dışına itmeye çalışırken ona ideolojik bir kılıf üretmekte ve edebiyatı yaşama cevap veremez hale getirmektedirler. Gerçeğin, edebiyat salonlarından kovulmasıyla, edebiyatın topluma rol biçme vasfı önem kazanmış ve bu sayede toplumsal bilinç, derin bir uykuya sevk edilmiştir. Okuru düşünmekten, asıl önemlisi sorgulamaktan alıkoyacak bütün dil oyunlarına, bütün biçim canbazlıklarına estetik yaratım adına başvurulmuş ve bunda da başarılı olunmuştur. Bünyelerde afyon etkisi yaratan edebiyat sayesinde, göç gibi küresel bir sendrom savsaklanmış ve "duyarlılık" adı altında yapılan gösterişin kalabalığına kurban verilmiştir. Böylelikle Aydınlanma döneminden beri siyasi ve ekonomik konumunu sağlamlaştırmak için bütün evrensel ahlaki değerleri gözünü kırpmadan alt üst eden burjuva modernizminin devamlılığı için edebiyat da üstüne düşeni fazlasıyla yerine getirmiştir.

Yazarın kutsiyetinin yerini metnin kutsiyetine bıraktığı postmodernist edebiyat anlayışında, göçün sadece metinlerde yansıyan haliyle algılanması ve yorumlanması doğal olarak okuru kalıpların ve şablonların içerisine hapsetmekte ve istenilen şekilde biçimlenmesini sağlamaktadır. Yazarlar metin aracılığıyla çoğu zaman gerçeği değil, yanılsamasını aktararak toplumsal bilinci yanıltmakta ve bu yanılgının metinden metne taşınmasıyla da âdeta çarpık bir gelenek oluşturmaktadırlar.

Kapitalizmin büyük sofrasında yer bulamayan pek çok insanın yaşam adına çıktığı zorlu yolculuğu sadece keder ve hüzünden ibaret sayan edebi yaklaşımlar, "Kapitalizmin sanata gösterdiği saygı, onu iyi bir yatırım olarak duvara asmanın dışında bütünüyle ikiyüzlüdür" (Eagleton, 2004: 243) diyen Eagleton'u desteklercesine içtenliğin sorgusuna dönüşmektedir. Bireyselliğin dar merkezine hapsedilmiş modern sanat anlayışının edebiyatı, sadece estetik yaratımdan ibaret sayan yalınkat değerlendirmelerinin yol açtığı bu edebi samimiyetsizlik, maalesef daha uzun süreler yaşamsal gerçekliklerin üstünü örtmeye, sanat adına göz ardı edilmiş toplumsal meseleleri geçiştirmeye devam edecek gibi görünüyor. Oysa Avner Ziss, "Sanatçının asıl görevi sadece teşhis değildir, iyiliğe ve kötülüğe uzak duramaz o." (Ziss, 1984:35) diyerek edebiyatçının gerçeğin dışında kalmasının mümkün olamayacağını, teşhisle yetinmesinin onu özden uzaklaştıramayacağını söyler.

Aydınlanma döneminden beri toplumsal bütünü, bireysel parçalara ayırarak daha kolay yönetilebilir bir nesneye dönüştüren burjuva ideolojisinin bu nosyonuna gönülden bağlanmış gibi görünen edebiyat dünyası, 21. yüzyılın ilk çeyreğine yaklaşılırken hâlâ gözünü kapatmakta, hâlâ derin bir körleşme yaşamakta ve yaşatmaktadır. Oysaki edebiyat, tam da bu çatışmaların yarattığı bir dinamiktir. Bu dinamizmi yanılsamalar yaratmak yerine göç gibi giderek derinleşen kitlesel sorunların özüne dönerek oradan yukarıya ya da sonuca ışık tutarak göstermek, edebiyatın dönüştürücü rolünü tartışmasız ortaya çıkaracak ve bu dinamizmle edebiyat baş tacı edilecektir.

Giderek darlaşan bir alanda hareket etmeye zorlanan edebiyatı bu çıkmazdan kurtaracak olan da kendine dönüp sadece kendi gerçekliği içerisinde bir sorgu sistemi oluşturması ve bütün ideolojik hesapların ötesinde gerçeği yakalayıp görmesi ve göstermesidir.

O halde gerçekliğin tam olarak ne olduğunun bilinemeyeceğini, dolayısıyla edebiyatın da gerçekçi bir hüviyete büründürülmek istenmesinin abesle iştigal olduğunu savunan postmodern anlayışın dünyayı taşıdığı noktanın ironik bir eleştirisi olarak göç, bütün çıplaklığıyla hem de gerçekliğin ta kendisi olarak gittikçe edebi üretimin merkezine oturmaktadır. Ancak edebiyatın yarattığı kurgusal alanla gerçek arasına sıkışmış olan göç, ne yazık ki bu yalın gerçeklikten hayli soyutlanmış bir halde edebi üretim sürecine dahil olmaktadır. Artık iyice araçsallaşmış olan edebiyat, göç gibi küresel dünyanın en önemli sorununu sadece işaret etmekte, ona dair asıl gerçekliği görmezden gelmeyi tercih etmektedir.

Edebiyat, göç semptomunu her ne kadar ehlileştirmeye, ne kadar kültürlerarası etkileşimi sağlayan bir etken olarak sağaltmaya çalışsa da her seferinde göç, daha güçlü ve daha etkili olarak geri dönmekte ve bütün çıplaklığıyla toplumların ve onların sözcülüğüne soyunmuş edebiyatların karşısına dikilmeye devam etmektedir. "Semptom, ortaya çıktığında rahatsızlık ve hoşnutsuzluğa neden olur, ama yorumunu hazla kucaklarız." (Žižek, s.89) diyen Sloven düşünür Žižek'i desteklercesine edebiyat, göçe bir semptom olarak yaklaşıp ondan rahatsızlık duymakta ancak metne taşırken yani yorumlarken inanılmaz bir haz duymaktadır. Bir gerçeklik olarak göç, uzak durulan, özüne dair söylemlerden kaçınılan bir sendromken nedense edebiyatçıların ilgisini çekmeye ve edebiyatın temel izleği olmaya devam etmektedir. Âdeta yazarlar göçün "nasırına" yani özüne dokunduklarında sanki kendi kendilerini de yok edeceklermiş gibi bir korku ve kaçış içerisindeler. Dalgalar halinde kitleler göç ettikçe sanki kuytuda bir yerlerde birileri ellerini ovuşturmakta ve edebiyatçılar da bu ellerin değirmenlerine su taşımaktadırlar. Her fırsatta toplumsalın bağlayıcılığından kendisini kurtarıp özgürleştiğini ileri süren edebiyatın, kapitalizmin tüketim kültürünün bir nesnesi olarak giderek tutsaklaştığı gerçeğini görememesi hayli şaşırtıcı ve bir o kadar da düşündürücüdür.

Sonuç

Modernizmin ütopik ahlakçılığının 18. yüzyıldan beri sözcülüğünü yapan edebiyat dünyası, bugün özellikle göç konusunda tosladığı duvarın altında kalmış can çekişmekteyken, özgürleştiği çığlıklarıyla görüntüyü kurtarmaya çalışmaktadır. Kendisini toplumsalın bağlarından koparıp yalnız kendi için var olduğunu dillendiren modernist edebiyat akımlarının rüzgârıyla, sanatın dolayısiyle edebiyatın özgürleştiği iddialarının sade birer hayal ya da avuntu olduğu ayan beyandır. Aydınlanma döneminden bu yana toplumu ahlaki olarak dönüştürebileceği söylemine yaslanan edebiyatın, bugün gelinen noktada sadece modernist ve biçimci sanat anlayışlarının peykinde yol aldığı ve kendisini tüketim kültürünün bir nesnesi olarak kapitalizmin kollarına teslim ettiği aşikardır. Büyük yayınevlerinin, medya kartellerinin, gazete ve dergilerin desteğini almak için yazarlar, göç gibi giderek ağırlaşan ve toplum vicdanında yaralar açan bir sendromu, sadece "sorun" penceresinden görerek ve göstererek gerçeğin ne kadar da uzağına düştüklerinin ve toplumu dönüştürme misyonlarının nasıl da gerçeğin aynasında bir yanılsamaya dönüştüğünün farkında dahi değiller.

Eagleton, sanatın kapitalizmle yaptığı bu anlaşmayı, ironik bir dille "Günümüzde sanat bilişsel, ahlaki ve siyasi alandan özerktir. Öte yandan, böyle bir özerkliğe, paradoksal bir yoldan ulaşılmıştır. Sanat, kapitalist üretim tarzıyla bütünleşmek yoluyla eşi benzeri görülmemiş bir özerkliğe kavuşmuştur. Sanat, bir tüketim nesnesi, bir meta olmaya başladığında, kilise, devlet ve yargı içindeki geleneksel, toplumsal işlevlerinden sıyrılarak, pazarın anonim özgürlüğüne kavuştu. Şimdiki halde sanat, herhangi bir spesifik izleyici için varolmaktan öte; onun değerini anlayabilecek bir beğeniye ve onu satın alabilecek paraya sahip olan herhangi birine seslenmektedir. O halde sanatın, herhangi birisi ya da herhangi bir şey için değil; bizzat kendisi için varolduğu söylenebilir. Sanat, 'bağımsızdır'; çünkü meta üretimince yutulmuş, tüketilmiştir." (Eagleton, 2010:459-460) sözleriyle eleştirir.

Edebiyatın bu sözde özgürlüğü, onun göç gerçekliğine yaklaşımını da belirlemekte ve burjuva ideolojisinin gölgesinde bir kör dövüşü yürütüp en kestirme yoldan sonuca ulaşmasını sağlamaktadır. Göç, yol açtığı sonuçlar kadar nedenleriyle de görülmeli ve gösterilmeliyken, edebiyatçıların sadece sonuca odaklanmaları, aynı anlatım kalıplarına sığınıp kimlik, yabancılaşma, geleneksel toplum-endüstri toplumu ikilemi, kadının her iki toplumdaki konumuna dair karşılaştırmalar vb. üzerinden gerçekleştirdikleri göç anlatımı eksik ve bir o kadar da çarpıktır. Nitekim altmış yıla yaklaşan bir göç külliyatına sahip olan Türk-Alman yazını yazarlarının yaptığı sadece bundan ibarettir. Bu anlamda Feridun Zaimoğlu'yla ya da Alev Tekinay'la ilk dönem yazarlardan Fakir Baykurt, Dursun Akçam, Necati Tosuner arasında hiçbir fark yoktur. Yüzlerce eser ve onlarca yazarın gerçekliği hep aynı yüzden okumaları, aynı biçimsel dilin aktarımında sunmaları ister istemez üç kuşaktır Almanya'da gelişen bir edebiyatın yazarlarını bağlayıcı kılanın ne olduğu sorusunu akıllara getirmektedir? Ancak sorunun cevabı çok açık olarak yukarıda değinildiği gibi edebiyatın özgürleşme adına kendisini ellerine teslim ettiği egemen burjuva ideolojisinin gerçekliğe tepeden bakan ve onu dışlayan tutumudur. Bu sözde özgürleşme adına yazarlar, gerçekliği yalınkat ve biçimsel bir okumaya tabi tutmakta ve kitlelerin beğenilerini esas alıp özden ziyade yanılsamalı anlatımlara yol vermektedirler. Egemen ideolojinin müsaade ettiği oranda gerçeği gören ve duyumsayan edebiyat, bütün popülerliğini kullanarak eksik bir göç gerçekliği yaratmakta ve böylece vicdanlarda yatıştırıcı bir etki yapıp asıl olanın göz ardı edilmesini kolaylaştırmaktadır. Göçü biraz hüzün, birkaç damla gözyaşından ibaretmiş gibi gösteren bu yararcı ve uzaktan bakan anlayış devam ettikçe göç gerçekliği yaşanmaya, insanlar yaşam denizinin kıyısına vurmaya devam edeceklerdir.

Kaynakça

Adorno. T. W. (2003). *Kulturkritik und Gesellschaft*. Frankfurt am Main: Suhrkamp Verlag.

Adorno. T. W. (2012). *Edebiyat Yazıları*. İstanbul: Metis Yayınları.

Barthes. R. (2009). *Yazı ve Yorum*. İstanbul: Metis Yayınları.

Bektaş. H. (1999). *Cennetin Arka Bahçesi*. İstanbul: Can Yayınları.

Belge. M. (1989). *Marksist Estetik*. İstanbul: Birikim Yayınları.

Cengiz. S. (2009). *Almanya'daki Türk Yazarların Romanlarında Kimlik ve Yabancılaşma*. Hacettepe Üniversitesi Sosyal Bilimler Enstitüsü. Yayımlanmamış doktora tezi. Ankara.

Cengiz. S. (Eylül 2015). "Edebiyat ve İdeoloji", *ASOS Journal*, Yıl: 3, Sayı: 15.

Çalışlar. A. (1990). *Marx-Engels-Lenin / Sanat ve Edebiyat Üzerine*. Ankara: Ekim Yayınları.

Eagleton. T. (2004). *Edebiyat Kuramı*. İstanbul: Ayrıntı Yayınları.

Eagleton. T. (2005). *İdeoloji*, İstanbul: Ayrıntı Yayınları.

Eagleton. T. (2009). *Eleştiri ve İdeoloji*. İstanbul: İletişim Yayınları.

Eagleton. T. (2010). *Estetiğin İdeolojisi*. İstanbul: Doruk Yayınları.

Felski. R. (2013). *Edebiyat Ne İşe Yarar?*. İstanbul: Metis Yayınları.

Glucksmann. C. (1977). "Über die Beziehung von Literatur und Ideologien" in: *Ideologie-Literatur-Kritik* (Französische Beiträge zur marxistischen Literaturtheorie), *Akademie-Verlag*, s.115-151, Berlin.

Jameson. F. (2008). *Modernizm İdeolojisi*. İstanbul: Metis Yayınları.

Lacan. J. (2013). *Psikanalizin Dört Temel Kavramı- Seminer /11. Kitap 1964*. İstanbul: Metis Yayınları.

Macherey. P. (1978). *A Theory of Literary Production*, (Fransızcadan Çev. Geoffrey Wall). London, Henley, Boston: Routledge & Kegan Paul Ltd.

Marx. K.; Friedrich Engels. (2003). *Alman İdeolojisi*. İstanbul: Eriş Yayınları.

Oktay. A. (1982). *Yazın-İletişim-İdeoloji*. İstanbul: Adam Yayınları.

Suçkov. B. (1982). *Gerçekçiliğin Tarihi*. İstanbul: Adam Yayınları.

Weber. M.(2014). *Protestan Ahlakı ve Kapitalizmin Ruhu*. Ankara: Tutku Yayınevi.

Ziss. A. (1984). *Gerçekliği Sanatsal Özümsemenin Bilimi: Estetik.* İstanbul: De Yayınevi.

Žižek. S. (2011). *İdeolojinin Yüce Nesnesi.* İstanbul: Metis Yayınları.

Žižek. S. (2003). *Biri Totalitarizm mi Dedi?.* Ankara: Epos Yayınları.

Bölüm 12.

Bulgaristan Türk Göçmenlerinde Dil Değinimi

Sonel Bosnalı & Zehra Şafak

Giriş

Bulgaristan Türkleri ve dilleri üzerinde yapılan çok önemli çalışmalar bulunmakla birlikte (Günşen 2002, Şimşir 2012, Yalınkılıç 2014), Bulgaristan'dan Türkiye'ye göç eden topluluğun toplum-dilsel durumu hakkında henüz özgün bir çalışma mevcut değildir. Oysa hem nüfus, hem de bazı dilsel ve sosyal özellikleri bakımından, Bulgaristan Türk Göçmenlerinin Türkiye'deki toplum-dilsel durumlarının gözlemlenmesi, göç ve dil sorunsalı çerçevesinde ortaya çıkan birçok soruya yanıt bulmak için yararlı veriler sunabilir. Göç sonucu ortaya çıkan çok dillilik nasıl biçimlenir ve nasıl düzenlenmelidir? Göç öncesi toplum-dilsel davranışlar göç ortamında sürdürülebilir mi yoksa yeni koşullara uyarlanır mı? Göç kaynaklı dil değinimi, göçmen topluluğun dil kullanımı ve pratiklerini nasıl ve ne düzeyde etkiler? Yeni toplum-dilsel koşullar, toplum-dilsel davranışları ve dillerin yapısını ne ölçüde etkiler? Dil, kimlik ilişkisi çerçevesinde göçmen toplulukların kültürel aidiyetleri nasıl biçimlenir veya belirlenir? Dil değinimi durumunda dillerden birinin veya bazılarının yok olması kaçınılmaz mıdır? Eğer kaçınılmaz ise, bu dil her zaman göçmenlerin dili mi olur?

Elbette etnoloji, sosyoloji, psikoloji, dilbilimi ve toplumdilbilimi gibi birçok alanla birlikte toplumdilbilimin farklı yaklaşımlarını ilgilendiren bu soruların tamamına yanıt bulmak, tek bir çalışma çerçevesinde mümkün olamaz; böyle bir amacı olan çalışma çok soluklu, çok boyutlu ve çok disiplinli yaklaşımlar gerektirir. Bu çalışmada, konuya sadece toplumdilbilimsel bir açıdan yaklaşılarak, göç ortamında dil pratiklerinin dinamikleri sorunsalı "dil değiştirimi (language shift)" kuramı çerçevesinde ele alınacaktır. Bu çerçevede, 1989 yılında Bulgaristan'dan Türkiye'ye göçen Türklerin yaşadığı en önemli şehirlerden ikisi olan Tekirdağ ve Kırklareli'nde gerçekleştirilen söyleşilerden elde edilen verilerden yola çıkılarak, söz konusu topluluğun dil tutumları ve dil kullanımları değerlendirilip "dil değiştirimi" süreci sorgulanacaktır.

İki ana başlık altında sunulan çalışmanın birinci bölümünde, Bulgaristan Türk göçmenlerinin toplum-dilsel özellikleri değerlendirildikten sonra, "dil değiştirimi" sorunsalının kuramsal boyutu ele alınmaktadır. Çalışmanın inceleme kısmının yer aldığı ikinci bölümde ise, veri toplamak için başvurulan yöntem kısaca tanıtıldıktan sonra, elde edilen bulgular "dilsel kimlik ve aidiyet" ve "dil kullanımı, işlevler ve aktarım" olmak üzere iki alt başlık olarak paylaşılmaktadır.

Bulgaristan Türk Göçmenlerinin Toplum-dilsel Durumu

Bulgaristan'da eski dönemlerden beri Türk unsurlarının varlığı bilinir. Ancak buraya kuzeyden inen Türk boyları büyük oranda Slavlaşmıştır. Günümüz Bulgaristan'ında Gagavuz, Nogay ve Kırım Tatarları da bulunmakla birlikte, bu coğrafyadaki Türk varlığı büyük oranda 14. yüzyılın ortalarından sonra gelen Osmanlı Türklerine dayanmaktadır. Osmanlı döneminde, Bulgaristan'da edinimi ve aktarımı hem aile hem de okul ortamında gerçekleşen Türkçe "üst dil" konumundadır. 1923 yılında Bulgaristan'da bulunan Türk okullarının sayısı da Türklerin ve Türkçenin buradaki önemini göstermektedir. Gerçekten de, bu dönemde sadece 33 Yahudi ve 12 Ermeni okulu varken, 1713 Türk okulu bulunmakta ve bu okullarda 62 000 çocuk öğrenim görmekteydi (Şimşir 2012, s.53). Ancak, 20. Yüzyılın farklı dönemlerinde tekrar eden önemli göç dalgaları nedeniyle nüfusu azalarak önemsiz bir azınlık durumuna dönüşen bu topluluğun dili, uygulanan asimilasyoncu politikalar sonucunda önemli ölçüde konum kaybederek "azınlık dili" niteliğine bürünmüştür. Resmi konumdan yoksun olan Türkçe, topluluk içi iletişim ve kültür aktarma işlevini yerine getirirken, resmi dil konumundaki Bulgarca ise Türklerin zorunlu olarak kullandığı "üst dil" konumuna yerleşmiştir. Özellikle 1980'li yıllardan sonra, Türkçenin yasaklanması bu dilin sadece evlerde konuşulması ve öğrenilmesine neden olmuştur. 2001 yılında yapılan sayıma göre, Bulgaristan'da ana dilinin Türkçe olduğunu beyan edenlerin nüfusu 762 516 kişidir (toplam nüfusun %9,61'i) (Vatansever 2008, s.18). Bununla birlikte, Bulgaristan'da Türk toplumu üzerine yapılan çalışmalar, oldukça yüksek bir etnik-dilsel canlılığa işaret etmektedir (Yalınkılıç 2014).

Diğer taraftan, bu göçler Türkiye'de nüfus olarak hiç de azımsanamayacak büyüklükte bir göçmen topluluğunun, dolayısıyla da ayrı bir "dil topluluğunun" oluşmasına yol açmıştır. 1923-1939 yılları arasında 198 688 (Çanak 2014, s.238), 1950-1951 yıllarında ise 154 393 Türk Türkiye'ye göç etmiştir. Bu sayı 1979 yılında 505 527 kişiye ulaşmıştır (Şimşir 2012, s.459.) 1988 yılında başlayan bir diğer göç akını ile 1992 yılı sonuna kadar toplamda 344 849 kişi Türkiye'ye yerleşmiştir (Atasoy 2010, s.12). Bu son göç, birçok yazınsal yapıta konu olmuştur (Kahraman ve Güneş 2015). Türkiye'nin değişik bölgelerine dağılan göçmenlerin önemli bir bölümü Tekirdağ ve Kırklareli dahil olmak üzere Trakya bölgesinde yerleşmiştir[1]. Yerleştikleri yerlerde kendi mahallelerini oluşturup güçlü bir sosyal bağ temelinde örf ve adetlerini yaşamaya çalışmışlardır. Bütün bunlar Bulgaristan'dan getirdikleri dillerini unutmamalarını sağlıyordu.

Osmanlı Türklerinin bakiyesi olan Bulgaristan Türklerinin dili, her ne kadar Türkiye Türkçesi çerçevesinde değerlendirilse de, özellikle standart Türkçeden farklılaşan bazı önemli özellikler taşımaktadır. Bu topluluğun konuştuğu dil, Türkiye Türkçesinin yedi ağzından biri olan Rumeli Türk ağızları içerisinde değerlendirilir (Banguoğlu 1977, s.133). Bununla birlikte, Rumeli ağızlarının sınıflandırılması, yapılan önemli çalışmalara karşın, henüz tam olarak belirlenmiş değildir (Günşen 2002, ss.111-112). Bu ağızları bazıları iki (Németh 1981, s.115), bazıları üç (Mollova 1996, s.174), bazıları dört (Caferoğlu 1960, s.66), hatta bazıları altı farklı grupta (Driga 2009, s.194) sınıflandırmaktadır. Türkiye'de birçok Türkolog'un temel aldığı Németh'in sınıflandırmasına göre, Rumeli ağızları batı ve doğu olmak üzere iki ana kola ayrılmaktadır. Doğu Rumeli ağızları, Bulgaristan'ın Lom-Sofya-Samokov-Köstendil-Ege denizi sahiline kadar uzanan hattın doğu ve güneyinde, Batı Rumeli ağızları da bu hattın batı ve kuzeyinde bulunan bölgede konuşulmaktadır. Boyev'in (1968, s.176) Batı Bulgaristan, Kuzeydoğu Bulgaristan, Doğu Rodoplar ve Gerlovo olmak üzere üç gruba ayırdığı Bulgaristan Türkçesi, bu durumda Türkiye sınırları içinde kalan ve daha çok İstanbul ağzına yakınlık gösteren Doğu Trakya ağızlarıyla birlikte Doğu Rumeli ağızlarına dâhil olmalıdır.

---

[1] 1989 yılında gelenlerin büyük bir bölümü, daha önce gelen akraba ve tanıdıklarının yaşadığı bölgelere, bir bölümü de 14 il merkezi ve 23 ilçe ve beldeye yerleşmişlerdir. Ancak Bursa, İstanbul, İzmir ve Tekirdağ ilk dört sırayı almaktadır (Şimşir, 2012, ss. 456,463).

Bu ağzın belli başlı özellikleri arasında, kelime içi ve sonunda d, ğ, h, k, n, r, v, y ünsüzlerinin düşmesi ve bunun sonucunda öndeki ünlünün uzaması dikkat çekmektedir. Ayrıca, vurgusuz orta hece ünlüsünün düşmesi ve öndeki ünlünün uzaması önemli bir hadisedir. Diğer taraftan, şimdiki zaman –yor ekinin büyük ses uyumu (kalın/ince) ve küçük ses uyumu bakımından düzleşme eğilimi göze çarpmaktadır (Salimehmed 2006). Bununla birlikte, her ne kadar benzer özellikler Doğu Trakya ağızlarında da görülse de, artık günümüzde böyle bir ağzın varlığı tartışma konusudur (Günşen 2008, ss.464-465). Gerçekten de, birçok araştırmacı Doğu Trakya yerli ağzından artık söz edilemeyeceği konusunda uzun zamandan beri görüş belirtmektedir. Doğu Trakya'da 'Gacallar' ve 'Dağlılar' olarak adlandırılan yerli halkın; Bulgaristan, Yunanistan, Yugoslavya ve Romanya'dan çeşitli tarihlerde gelip yerleşen Göçmen (Muhacir/Macır) kitleler içerisinde neredeyse eridiği dile getirilmektedir. Mansuroğlu daha 1960 yılında, bölgedeki yerli ağzın sönmek üzere olduğunu, yakın bir gelecekte göçmen ağızları ile karışarak yerini yeni bir ağza bırakacağını dile getirmiştir (Mansuroğlu 1960, s.181). Günşen de bugün "Doğu Trakya yerli ağzı" diye özgün bir ağız bölgesinden söz etmenin imkânsız olduğu görüşündedir. Daha çok "karma" bir Doğu Trakya ağzından söz edilmesinin daha doğru olduğunu savunan Günşen, "yerli ağzın mı göçmen ağızları içinde eridiği, yoksa göçmen ağızlarının mı yerli ağzın içinde eridiği konusunda çok kesin bir şey söylemenin mümkün olmamakla birlikte, kanaatini ikinci ihtimalden yana kullanmaktadır. Benzer bir diğer görüş, Doğan ve Tosun tarafından ileri sürülmektedir. Bu son araştırmacılar, Mansuroğlu'nun işaret ettiği durumun neredeyse ortaya çıkmak üzere olduğunu belirtmektedir. Göçmenlerin çoğunlukla yerli unsurlardan farklı köylere yerleştirilmiş olmalarına karşın, evlilik şehir merkezlerine iç göç, okuryazarlık seviyesinin artması ve kitle iletişim araçlarının hızlandırıcı etkisiyle öncelikle ortak bir Doğu Trakya ağzına ve sonrasında standart Türkçeye doğru bir yönelişin söz konusu olduğunu ileri sürmektedirler.

Bulgaristan Türk göçmenlerinin göç ortamında şekillenen toplum-dilsel durumları ve dilsel davranışları konusunda bazı sorular kendini dayatmaktadır. Öncelikle, çok dilliliğin nasıl biçimlendiği ve düzenlendiği önemli bir soru oluşturmaktadır. Göç öncesi toplum-dilsel davranışların göç ortamında sürdürülüp sürdürülmediği, bunların yeni koşullara göre nasıl uyarlandığının sorgulanması önem arz etmektedir. Bu kapsamda, göç kaynaklı dil değiniminin göçmen topluluğunun dil kullanımı ve pratiklerini nasıl ve ne düzeyde etkilediği araştırılması gereken önemli konulardan bir diğeridir. Bu çerçevede, dil ve kimlik ilişkisi açısından göçmen toplulukların kültürel aidiyetlerinin nasıl biçimlendiğinin belirlenmesi ve değinim durumunda dillerinin sürdürülüp sürdürülmediği sorusuna yanıtlar aranmalıdır.

Göç Ortamında Dil Değinimi

Toplulukların ekonomik, sosyal ve kültürel bakımdan değişimini tetikleyen göçün, etkisini en çabuk, en derin ve en belirgin biçimde hissettirdiği alanlardan biri şüphesiz dildir. Gerçekten de, tarih boyunca gerçekleşen zorunlu veya gönüllü göçlerin diller üzerinde yol açtığı etkiler arasında; çok sayıda ve çok çeşitli toplum-dilsel hadiseler bulunmaktadır. Göç nedeniyle ortaya çıkan bu olguların temelinde aslında, "iki veya daha fazla dilin eşzamanlı varlığının bireyin dilsel davranışlarını etkilediği her türlü durum" olarak tanımlanan "dil değinimi" (Weinreich 1953) olgusu yatmaktadır. Gerçekten, kısa veya uzun süreli dil değinimine yol açan göç, göçmen toplulukların dil pratiklerini önemli düzeyde etkiler. Basit düzeyde ödünçlemelerin yanında, iki dilli kullanımlar, diller arası geçişler, diller arası girişiklik ve bunların neticesinde karışık dillerin ortaya çıkması ve hatta kısa veya uzun bir dil değiştirme süreci sonunda dillerin yok olmasına kadar uzanan, hem dillerin yapısı hem de konumlarıyla ilgili her türlü toplumdilsel etkiler, toplumdilbilimin en önemli araştırma konularını oluşturur (Féral vd. 2014). Sonuçları açısından dil değiniminin üç farklı tipolojisi vardır: "dil sürdürümü", "dil değiştirimi" ve "dil değişimi/yeni dil oluşması".

Dil sürdürümünde, ana dili diğer temas dilinden yaptığı kopyalamalar ve ödünçlemeler nedeniyle küçük çapta değişime uğrasa da, hem temel işlevlerini hem de temel yapısal özelliklerini (ses dizgesi, biçimbilgisel özellikler, sözdizimi yapı, temel söz varlığı) korur. Dolayısıyla, ödünçleme ve düzenek kaydırımı hadiselerini dil sürdürümü çerçevesinde değerlendirmek gerekir.

Ödünçleme, A diline ait bir sözcüğün, biçimsel ve dizimsel özellikleriyle bütünleşerek B dilinde kullanılmasıdır. Düzenek kaydırımı (code switching), aynı sözcede iki farklı dil düzeneğinin dönüşümlü olarak kullanımı veya "aynı konuşma içerisinde iki farklı dil sisteminin ardı ardına konulması ve birinden diğerine geçiştir". Düzenek kaydırımının üç farklı biçimi vardır. Tümce içi kaydırım (intraphrastique), aynı tümce içerisinde iki farklı dile ait sözdizimsel öbeklerin bir arada bulunmasıdır. Tümce arası kaydırımda (interphrastique), tek bir konuşurun üretiminde veya iki farklı konuşur arasındaki konuşmada, bir dilden diğer dile geçişlerin söylemin bir parçası veya tümce gibi daha uzun birimler düzeyinde gerçekleştiği kaydırımlardır. Tümce dışı kaydırımda (extraphrastique) söz konusu olan ise, bir dilden diğer dile geçişler, özdeyiş ve atasözleri düzeyindedir.

Dil değiştirimi, tamamen dil kullanımı ve aktarımıyla ilgilidir. Çok dilli veya iki dilli konuşurlar, çok dilli dil pratiklerini sürdürebilecekleri gibi, tek dilli dil pratiğine geçmeyi de tercih edebilirler. Bu da sahip oldukları dillerden birinin terk edilmesi anlamına gelir. Söz konusu dil konuşurun ana dili olabileceği gibi ikinci dili de olabilir. Dil değiştirimi olarak adlandırılan bu olgunun çeşitli nedenleri olmakla birlikte temel neden sosyoekonomiktir. Kullanımından vazgeçilen dilin hangisi olacağına karar verecek olan konuşurun kendisi değildir; bunu belirleyen, Bourdieu'nün "dil pazarıdır"; daha doğrusu dillerin bu pazarda sahip oldukları değerdir. Veya her zaman "büyük balık küçük balığı yutar" da denilebilir. Dolayısıyla, bu dil genellikle "azınlık dili" veya "göçmenlerin dili" olmuştur. Şayet, bununla eş zamanlı olarak, söz konusu dilin gelecek kuşaklara aktarımı da durdurulursa, bu dil belirli bir süre sonra ölü dil haline gelecektir (Fishman 1991, Dorian 1973, 1981, 1989, Hoffman vd. 1972, Gal 1978).

Aynı coğrafyada yaşamak durumunda olan farklı dil toplulukları, iletişim ihtiyaçlarını karşılamak için, içinde bulundukları çok dilli ortamın koşullarına göre, bazen farklı bir yola başvurabilirler. Bu da dil değiniminin bir üçüncü modelini oluşturan "değişim/yeni dil oluşturma" durumudur. Farklı iki veya daha fazla dil düzeneği arasındaki etkileşim" olarak tanımlanan dil/düzenek karışımının (code mixing) boyutları ileri düzeylere erişince, dillerden birinin baskın özellikleri etrafında, diğer dilin yapısı ileri derecede değişerek ortaya yeni bir dil veya diller çıkabilir (Winford 2003, ss.11-22). Pidjin veya Kreol dilleri, iki farklı dili konuşan toplulukların iletişim ihtiyacını karşılamak için yaratılan/oluşturulan yeni dillerdir (Blanc 1997, s.207). Thomason (2001, s.12)'na göre, bu da bir tür dil ölümüdür.

İnceleme

Bulgaristan'dan 1989 yılında Türkiye'ye göç eden Türklerin dil kullanımları ve tutumları üzerine veri toplamak için, on Bulgaristan göçmeni ile söyleşi gerçekleştirilmiştir. Bulgaristan'ın farklı bölgelerinden Tekirdağ ve Kırklareli'ne göç eden bu deneklerle dil tutumları ve dil pratikleri üzerine yapılan söyleşiler, bize Bulgaristan Türklerinin toplum-dilsel durumları hakkında makro düzeyde önemli veriler sunmaktadır.

	Yaş	Köken	İkamet	Eğitim	Meslek	Medeni hal
1	37	Şumnu	Tekirdağ	Doktora	Öğr. Üy.	Evli
2	58	Haskovo	Kırklareli (Kayn.)	Ortaokul	Emekli	Evli
3	31	Kırcaali	Kırklareli	Lise	Serbest	Bekar
4	64	Burgas	Kırklareli (Üskü.)	Ortaokul terk	Çiftçi	Evli
5	36	Şumnu	Kırklareli	Lisans	Muhasebeci	Evli
6	37	Varna	Kırklareli	Lise terk	Serbest	Evli
7	42	Razgrad	Kırklareli	Y. Lisans	Öğretmen	Evli
8	36	Şumnu	Tekirdağ	Lisans	Memur	Evli
9	64	Kırcaali	Tekirdağ	Lisans	Uzman memur	Evli
10	56	Şumnu	Kırklareli	Lise	Kantinci	Evli

Dilsel Kimlik ve Aidiyet

Bulgaristan Türk göçmenlerinin, çok dilli bir özellik taşıyan ayrı bir dil topluluğu oluşturdukları, deneklerin dil repertuarlarından hemen anlaşılmaktadır.

	Çok dillilik	Dil yetisi			Dil/ Kimlik/ Aidiyet	T/BT Farkı	Farklılığa karşı tutumlar (Dilsel dışlama)
		T	BT	B			
1	T+BT+B (A+İ+J)	Çİ	Çİ	BA	T	+	-
2	T+BT+B	Çİ	İ	BA	T	+	-
3	T+BT+b	Çİ	İ	BA	T/BT	-	+
4	T+BT+b	İ	Çİ	A	T	+	-
5	T+BT+b	Çİ	İ	BA	T	+	+/-
6	T+BT+B	İ	Çİ	BA	BT	+	+
7	T+BT+B (R+A+F+İ)	Çİ	Çİ	Çİ	BT	+	-
8	T+BT+B (R+İ)	Çİ	Çİ	BA	T	+	-
9	T+BT+B (A)	İ	İ	Çİ	T	+/-	+
10	T+BT+B (R)	Çİ	Çİ	Çİ	T	+	+
S	T+BT+B	Çİ/İ	Çİ/İ	İ/BA	T/BT	+	+/-

Gerçekten, eğitim seviyesi ve yaş durumu ne olursa olsun, topluluğun tamamı en az üç dil bilmektedir: Türkiye Türkçesi (TT), Bulgaristan Türkçesi (BT) ve Bulgarca (B). Özellikle Bulgaristan'da öğrenim görmüş deneklerde, Rusça (R) bilinen dördüncü dil olarak karşımıza çıkmaktadır. Bunun yanında eğitim seviyesine göre bu dillerin sayısı yediye kadar çıkmaktadır. Türkçe ve Bulgaristan Türkçesinde dil yetileri "çok iyi" (Çİ) veya "iyi" (İ) düzeyedir. Bulgarca da ise, dil yetilerinin daha düşük düzeyde olduğu anlaşılmaktadır: "çok iyi" bilenler olsa da, önemli bir bölüm "biraz" (BA) bildiğini beyan etmektedir. Hatta sadece anlayabildiğini (A) ileri sürenler bile mevcuttur.

Ana dilleri olan Bulgaristan Türkçesi ile Türkiye Türkçesi arasında bir fark var mıdır ve göçmenlerin bu farkın bilincinde olup olmadığı konusunda da ilginç bulgular elde edilmiştir. Her ne kadar bu iki dil arasında karşılıklı anlaşabilirlik düzeyi oldukça yüksek olsa da, deneklerin neredeyse tamamı, bu iki dil arasında bazı farklılıkların olduğunun bilincedir (+). Buna paralel olarak, deneklerin neredeyse yarısı dilsel nedenlerle (aksanları farklı olması dolayısıyla), özellikle ilk zamanlar, Türkiyeli vatandaşları tarafından (alay etme, gülme gibi) ufak tefek dışlayıcı davranışlara maruz kaldıklarını (-) dile getirmektedirler.

Peki, bu dillerden hangisi göçmenlerin kimliğinde daha belirgin rol oynamaktadır? Diğer bir değişle, göçmenler kendilerini hangi dil grubuna ait hissetmektedir? Her ne kadar denekler çok dilli bir özelliğe sahip olsalar da, bir kişi dışında, hiçbiri kimliklerinde çok dilliliğe vurgu yapmamıştır. Kimlik oluşumunda tek dil temel alınmaktadır. Bazıları için Bulgaristan Türkçesi hala kimliklerini belirleyen dil olma özelliğini korumaktaysa da, büyük çoğunluk için bu dil artık Türkiye Türkçesidir. Bulgarca ise kimlik algısında hiçbir rol oynamamaktadır.

Dil kullanımı, işlevler ve aktarım

Sahip oldukları her üç dilin kullanım sıklığına bakıldığında, "her zaman" (+++) kullanılan dilin Türkiye Türkçesi olduğu anlaşılmaktadır. Bununla birlikte, her ne kadar bazı denekler, Bulgaristan Türkçesini de her zaman kullandıklarını beyan etseler de, bu dil daha çok "bazen" veya "ara sıra" (++)kullanılan dildir. Bulgarca ise, "hiç" (-) kullanılmayan veya "nadiren" (+) kullanılan bir dildir.

	Kullanım Sıklığı			Kullanım Alanı		
	T	BT	B	T	BT	B
1	+++	++	+	İşte Evde	Göçmenlerin bulunduğu ortamda	Otobüste
2	+++	++	+	Günlük hayatta	Göçmenlerin bulunduğu ortamda	Bulgaristan'da
3	+++	++	+	İşte	Evde Göçmen derneğinde	Bulgaristan'da
4	+++	+++	-	Komşularda	Aile içinde Göçmenler	-
5	+++	++	-	İşte Evde	Baba evinde Göçmen derneğinde	-
6	+++	+++	-	İşte	Aile Göçmenlerin bulunduğu ortamda	-
7	+++	++	+	İşte Evde	Baba evi Göçmenlerin bulunduğu ortamda	Bulgaristan'da
8	+++	++	+	Aile içinde	Baba evi Göçmenlerin bulunduğu ortamda	Göçmenlerin bulunduğu ortamda
9	+++	+	-	Aile içinde	Baba evi Göçmenlerin bulunduğu ortamda	Göçmenlerin bulunduğu ortamda
10	++	+++	++	İşte Evde	Baba evinde Göçmen derneğinde Komşularda	Evde
S	+++	++	+/-	Vehiküler Vernaküler	Vernaküler	+/- özel dil

Her zaman kullanıldığı ifade edilen Türkiye Türkçesinin daha ziyade "işte" kullanıldığı anlaşılsa da, artık aile içi iletişim işlevinde evde de sıklıkla kullanıldığı görülmektedir. Bulgaristan Türkçesi ise, grup içi dil işlevini yerine getirmektedir. Zira daha çok göçmenlerin bulunduğu ortamda (Göçmen derneklerinde) kullanılmaktadır.

Burada ilgi çekici verilerden biri de, deneklerin önemli bir kısmının bu dili "baba evinde" konuştuklarını beyan etmesidir. Buradaki "baba evi", bu dilin bir önceki kuşaktan göçmenler tarafından aile içi iletişimde evde hala kullanılmakta olduğunu işaret etmektedir. Daha genç kuşaktan göçmenler, ailelerinin evinde bu dili konuşmaktadır. Bulgarca ise, göçmenler için artık sadece Bulgaristan ziyareti sırasında kullanılan "yabancı dil" konumundadır. Bununla birlikte, bazen göçmenler bir araya gelince, bu dilin de kullanıldığı dile getirilmektedir. Diğer taraftan, "başkaları ne söylediğimizi anlamasın diye bazen Bulgarca konuşuruz" diyen denek, bu dilin "gizli/özel dil" işlevine işaret etmektedir.

	Muhatap			Aktarım		
	T	BT	B	T	BT	B
1	İş arkadaşları Aile	Baba evi Akrabalar	Arkadaş	+	-	-
2	Aile Komşular	Göçmenler	Bulgarlar	+	-	-
3	İş arkadaşları	Aile/ sohbet	Bulgarlar	+	-	-
4	Komşular Sokak	Aile Göçmenler	-	+	-	-
5	İş arkadaşları Aile	Göçmenler	-	+	-	-
6	İş arkadaşları	Aile, baba evi Akrabalar	Arkadaş	+	+	-
7	Aile İş arkadaşları	Göçmenler Aile Baba evi	Bulgarlar	+	+	-
8	Aile	Baba evi Göçmenler	Arkadaş (Dış çevre anlamasın diye)	+	+	+/-
9	Aile	Göçmenler	Bulgarlar	+	-	-
10	İş arkadaşları	Aile, akraba, komşu, göç derneğinde	Torun	+	+	+/-
S	Sokak/iş yeri/ komşu/aile	Aile/baba evi/göçmenler/akraba	Bulgar/arkadaş	+	-/+	

Türkiye Türkçesinin ev ve grup içi iletişimde giderek daha fazla işlevsel olduğunu gösteren önemli veriler bulunmaktadır. Gerçekten, "iş arkadaşları", "komşular" ve "sokaktaki kişiler" ile iletişimde bu dil, araç dil işlevine sahip olmakla birlikte, aile bireyleri arasındaki iletişimde de sıklıkla başvurulan dildir. Bulgaristan Türkçesinin kimlerle konuşulduğu söz konusu olduğunda, yine göçmenlerin ilk sıradaki muhataplar arasında yerini almaktadır. Bunun yanında, akraba, aile ve baba evindeki kişiler Bulgaristan Türkçesinin konuşulduğu muhataplar arasındadır. Bulgarca ise, Bulgarlar ve kendileri gibi Bulgaristan göçmeni olan yakın arkadaşlarla iletişimde kullanılmaktadır.

Deneklerden biri, torunun Bulgarca öğrenmesini istediği için kendisiyle bazen Bulgarca konuştuğunu dile getirmiştir. Bu da, Bulgarcanın aktarımının bu dil topluluğu içerisinde hala sürdürülüp sürdürülmediği sorusunu akla getirmektedir. Bu konuyla ilgili veriler, çocuklara aktarılan dilin Türkiye Türkçesi olduğunu açıkça göstermektedir. Bulgaristan Türkçesinin aktarımının kısmen sürdürüldüğü görülmekle birlikte, önemli ölçüde durduğu aşikârdır. Bulgarcanın aktarımı ise, birkaç bireysel girişimin dışında, neredeyse tamamen durmuştur.

Sonuç

Bulgaristan Türk göçmenleri, çok dilli özellikleriyle yaşadıkları bölgede farklı bir dil topluluğu oluşturmaktadır. Bu çok dillilik Türkiye Türkçesi, Bulgaristan Türkçesi ve Bulgarcadan oluşmaktadır. Bununla birlikte, Bulgarcada dil yetisi kaybının başladığı görülmektedir.

Anadillerinin Türkiye Türkçesinden farklı olduğu, hem kendileri hem de diğerleri tarafından kabul edilmekle birlikte, bu dil topluluğu, kültürel kimlik bakımından kendini daha çok Türkiye Türkçesi içerisinde konumlandırmaktadır. Bulgarca ise tamamen dışarıda kalmış durumdadır.

Kullanım açısından, Türkiye Türkçesi her zaman kullanılıyorken, Bulgaristan Türkçesi bazen, Bulgarca ise hiç kullanılmayan veya nadiren kullanılan bir dil durumundadır. Kullanım alanları ve muhataba göre dil seçimine bakıldığında, Türkiye Türkçesinin iş yerinde, günlük hayatta ve sokakta kullanılan bir dil olarak "araç dili işlevini" yerine getirdiği görülmektedir. Ancak, aynı zamanda aile içinde ve evde kullanım olanağı bulması, bu dilin giderek "ev içi ve grup içi iletişim dili işlevinde" Bulgaristan Türkçesinin yerini almaya başladığını göstermektedir. Bulgaristan Türkçesi ise, bu işlevini neredeyse kaybetmiş; sadece daha yaşlı olan anne babalarla ve göçmen topluluğu içerisinde iletişim için kullanılan "özel dil" konumundadır. Bulgarca, doğal olarak eski araç dili işlevini tamamen kaybetmiş, sadece Bulgaristan'a gidildiği zaman kullanılan "yabancı dil" konumundadır. Bazen de "gizli dil" işlevinde kullanılmaktadır.

En çarpıcı bulgular, aktarımla ilgili verilerdir. Türkiye Türkçesi tam olarak aktarılırken, Bulgaristan Türkçesinin aktarımının azalmaya başladığı, Bulgarcanın ise aktarımının neredeyse tamamen kesildiği görülmektedir.

Bu veriler, Bulgaristan Türk göçmen topluluğunun dil değinimi durumunun "değiştirim" tiplojisine girdiğini göstermektedir. İki dilli bir yapıdan (BT+B), göç sonucu, önce üç dilli bir yapıya (BT-B-TT) dönüşen topluluk, bir sonraki aşamada Türkiye Türkçesinin daha baskın olduğu, Bulgaristan Türkçesinin işlevlerinin önemli ölçüde daraldığı ve Bulgarcanın neredeyse işlevsiz kaldığı bir yapıya (bt+b+TT) bürünmüştür. Bu sürecin aynı yönde ilerlemesi durumunda, topluluğun yakın gelecekte tek dilli bir yapıya (TT) evrileceği öngörülebilir.

Kaynakça

Atabay, M. (2012). "Çingene Sorunu ve 1950-1951 Yıllarında Bulgaristan'dan Çanakkale'ye Göçler", *Çanakkale Araştırmaları Türk Yıllığı,* Yıl: 10, Güz 2012, Sayı: 13, ss. 59-72.

Atasoy, E. (2010). Siyasi Coğrafya Işığında Bulgaristan Türklerinin 1989 Yılındaki Zorunlu Göçü, *İstanbul Üniversitesi Edebiyat Fakültesi Coğrafya Bölümü Coğrafya Dergisi,* Sayı 21, 1-17.

Blanc, M. (1997). "Mélange de codes", in M.L. Moreau, *Sociolinguistique, Concepts des base,* Mardaga, 207-210.

Bostancı, G. Ç. (2014). "Amerika'daki Birinci ve İkinci Kuşak Türklerin Dil Tercihleri, Sürdürümleri, Tutumları ve Etnik Dilsel Canlılıkları", *Bilig,* Yaz 2014 / Sayı 70, 105-130.

Çanak, E. (2014). "Bulgaristan'dan Seyhan'a Türk Göçü (1950-1951)", *Turkish Studies - International Periodical For The Languages, Literature and History of Turkish or Turkic,* Volume 9/4 Spring 2014, 235-253.

Deprez, C. (2005). « Langues et migrations: dynamiques en cours », *La linguistique* 2005/2 (Vol. 41), ss. 9-22.

Dallı, H. (1991). Kuzeydoğu Bulgaristan Türk Ağızları Üzerine Araştırmalar, Ankara: TDK Yay.

Doğan, L., Tosun, İ. (2008). "Doğu Trakya Ağızlarında İstek Kipi", *Turkish Studies International Periodical For the Languages, Literature and History of Turkish or Turkic*, Volume 3/3 Spring 2008, ss. 292-318.

Dryga, I. (2009). "Türkçenin Rumeli Ağızlarının Lengüistik Statüsü ve Sınıflandırılmasına Dair", Türkiye Türkçesi Ağız Araştırmaları Çalıştayı (25-30 Mart 2008 Şanlıurfa, Ankara: TDK Yay., ss. 193-202.

Eckmann, J. (2004). "Edirne Ağzı" (çev.: Oğuzhan Durmuş), *İlmî Araştırmalar*, Sayı: 18, İstanbul: Gökkubbe Yay., ss. 135-150.

Féral, C. (2004). « Français et langues en contact chez les jeunes en milieu urbain: vers de nouvelles identités », *Penser la Francophonie - Concepts, actions et outils linguistiques*, Paris, E.A.C.-AUF, ss. 583-597.

Lhomme-Rigaud, C., Désir, P. (2005). « Langue et migration », *Recherches en psychanalyse* 2005/2 (no 4), ss. 89-101.

Günşen, A. (2002). "Balkan Türk Ağızlarının Tasnifleri Üzerine Bir Değerlendirme", *Turkish Studies - International Periodical For The Languages, Literature and History of Turkish or Turkic*, Volume 7/4, Fall 2012, ss. 111-129.

Günşen, A. (2008). "Doğu Trakya Ağızlarının Şekil Bilgisini Belirleyen Temel Özellikler", *Turkish Studies (International Periodical For the Languages, Literature and History of Turkish or Turkic)*, Volume 3/3, Spring 2008: ss. 402-470.

Hazai, G. (1960). "Rodop Türk Ağızları", *VIII. Türk Dil Kurultayında Okunan Bilimsel Bildiriler 1957*. Ankara: TDK Yay., ss. 127-130.

Kahraman, C., İlhan, G.(2015), "Tuna Dergisi ve Göç Edebiyatına Bir Bakış – Yazar ve Şair Zahit Güney'in Göç ile İlgili Yazıları Üzerine", *Turkish Migration Conference 2015 Selected Proceedings*, ed. Güven Şeker vd., ss. 527-533.

Mansuroğlu, M. (1988). "Edirne Ağzında Yapı, Anlam, Deyim ve Söz Dizimi Özellikleri", *TDAY Belleten 1960*, Ankara: TDK Yay., ss. 181-187.

Memişoğlu, H. (2002). *Geçmişten Günümüze Bulgaristan'da Türk Eğitim Tarihi*. Ankara: Kültür ve Turizm Bakanlığı Yay.

Moreau, M. L. (1997). *Sociolinguistique, Concepts des base*. Mardaga, Hayen.

Mollova, M. (1999). "Balkanlarda Türk Ağızlarının Tasnifi", *TDAY Belleten 1996*, Ankara: TDK Yay., ss. 167-176.

Mutlu, E., ve Suzan Kavanoz (2010). "Mother Tongue Education of Turkish Minority in Bulgaria". *Uluslararası Sosyal Araştırmalar Dergisi* 3 (14): 363-384.

Németh, G. (1983). "Bulgaristan Türk Ağızlarının Sınıflandırılması Üzerine", *TDAY Belleten 1980-1981*, Ankara: TDK Yay., ss. 113-167.

Olcay, S. (1995). *Doğu Trakya Yerli Ağzı*, Ankara: TDK Yay.

Salimehmed, N. (2006). *Kırcaali Türkçesi*, Yüksek Lisans Tezi, Trakya Üniversitesi.

Şimşir, B. N. (2012). *Bulgaristan Türkleri*. Ankara: Bilgi Yayınevi.

Vatansever Erhan (2008). *Osmanlı İdaresinden Sonra Bulgaristan Türklerinin Sosyo-Kültürel Hayatı*. Yüksek Lisans Tezi, Trakya Üniversitesi Sosyal Bilimler Enstitüsü, Edirne.

Yalınkılıç, K. (2014). "Kırcaali Örneğinden Hareketle Bulgaristan'da Türkçenin Etnikdilsel Canlılığı", *Bilig,* Yaz 2014 / Sayı 70, ss. 259-282.

Bölüm 13.

Araf'taki Edebiyat

Şahbender Çoraklı

Giriş

Sonuçları önceden hesap edilmemiş olsa da, tarihleriyle, kültürleriyle, değerleriyle; kısaca kendilerine özgü dünyalarıyla; ailelerinden uzakta, sıla özlemi çeken, yalnız, dışlanmış, birçok sorunları olan bir topluluk meydana gelmiştir. İsviçreli yazar *Max Frisch* bu gerçeğe, "İş gücü istenmişti, insanlar geldi,"(Frisch, 1991: 14) diyerek dikkat çekmiştir. Zafer Şenocak da, "İş gücü demek, yedek parça demek değil. Onlar birer insan. Geçmiş bir tarihleri, kendilerine özgü bir dünyaları ve kültürleri var,"(Şenocak, 1986: 65-70) demiştir.

Tüm yerleşik düzenlerde olduğu gibi, Türkiye kökenli insanlarımız, Almanya'daki kalıcılık eğilimleri arttıkça kendi kültürel altyapılarını oluşturmaya ve bu alt yapıya dayalı olarak kültürel, sanatsal ve yazınsal ürünlerini vermeye başlamışlardır. Bu süreçten itibaren artık bir *Edebiyat*tan da söz etmek gerekecekti.1960'lı yıllardan başlayarak günümüze kadar uzanan süreçte Almanya sınırları içinde gelişmekte olan bu Türk Diaspora Edebiyatı günümüze kadar çok çeşitli tanım ve adlandırma süreci yaşamış, hala da yaşamaktadır.

Almanya'da yaşayan ve Almanca yazan Türk kökenli yazarlarımızın edebi ürünlerinin nasıl sınıflandırılacakları ve hangi edebiyata dahil edilecekleri konusu Türk ve Alman edebiyat bilimcilerini meşgul etmiştir. Bugüne kadar genellikle "göçmen edebiyatı" kullanılmasına karşın, herkesin üzerinde uzlaştığı bir tanımlama hâlâ yapılamamıştır.

Kuşaklar Edebiyatı

Yaşadıkları ülkenin dilinde roman, öykü, şiir, tiyatro gibi alanlarda eserler veren, yarattıkları eserlerle birçok ödül alarak dikkatleri üzerine çeken, en çok satan kitaplar listesine girebilen ve sayıları gün geçtikçe artan Türk yazarları, çok önemli bir konuma gelmiş ve kendilerinden söz ettirir olmuşlardır.

İlk kuşak yazarlar, kendi sorunlarını en iyi şekilde dile getirebilen nesri seçti. Böylece onların ana konularını, Alman toplumunda karşılaştıkları her türden güçlükler, çektikleri acılar, yabancı dil sorunu, vatan hasreti, yalnızlık, uyumsuzluk, topluma uyum, toplumdan dışlanma ve bunların beraberinde getirdiği sorunlar oluşturmuştur. Aşırı bir duyarlılıkla karmaşık iç dünyalarını günlük yaşamdan kesitlerle yansıtmaya çalışmışlardır. Yazmalarının en önemli amacı, Almanlara seslenmek, onlara içini dökmek, seslerini ve dertlerini duyurmaktı (Baypınar, 1992: 358).

Bu nedenle bu yazarlara göçmenliğin kronistleri (Aytaç, 1995: 238) deniyordu. Yazdıkları kitapların başlıca okuyucuları ise, yabancı işçilerin çocuklarını okutan öğretmenler, iş çevreleri ve sosyologlardı. İkinci Dünya Savaşından sonra, 1955 yılından itibaren emek göçü, emekçi göçü bağlamında, İtalya'dan, İspanya'dan Portekiz'den, Yugoslavya'dan ve Yunanistan'dan işçiler, esasen çok kültürlü Edebiyatın müstakbel yazarları, Alman Edebiyatının Anavatanına gelmeye başlamışlardı. Almanca konuşulan sahada oluşmaya başlayan, 20. Yüzyılın bu çok kültürlü dediğimiz Edebiyatı, ilk etapta Misafir İşçi Edebiyatı (*Gastarbeiterliteratur*) olarak adlandırılmıştı. *Misafir İşçi Edebiyatı* kavramı, 1970'li ve 80'li yıllarda yabancı yazarların Almanya, Avusturya ve İsviçrede oluşturdukları edebiyatın adıydı. Bu terim, 1955 yılından itibaren Almanca konuşulan ülkelere çok sayıda göçmen işçi alındığı ve bu işçilere misafir işçi denildiği gerçeğinden hareketle dillendirilmişti.

İlk olarak İtalyan yazar Franko Biondi ve Suriyeli yazar Rafik Schami'nin kullandıkları 'Misafir İşçi Edebiyatı' (Gastarbeiter Literatur) terimi, hem geçici bir süre için giden misafirler oldukları için, hem de yazarları işçi olduğu için bu aşamada yerinde bir terim olarak görülmüştür. Ortaya çıkan yapıtlarda sıla özlemi ve köklerini arama, iki temel konuyu oluşturuyordu. Franko Biondi, bu konulardan hareketle bu edebiyatı *"Acı çekenlerin edebiyatı"* (literatur der Betroffenheit) olarak da adlandırıyordu (Aytaç, 1995: 19). Türkolog Wolfgang Rieman, 1960'lı yıllarda oluşmaya başlayan bu edebiyat içerisinde Türkiyeli yazarların öncüleri olarak; 1958 yılında Almanya'ya giden ve hala orada yaşamakta ve edebiyat hayatına devam etmekte olan **Yüksel Pazarkaya**'yı, 1965 yılında yayınlanan "Almanya Almanya" adlı öyküsüyle **Nevzat Üstün**'ü ve 1962–66 yılları arasında Almanya'da yaşamış ve oradaki insanımızın sorunlarını kaleme almış olan **Bekir Yıldız**'ı göstermektedir (Kuruyazıcı, 2001: 17).

Nevzat Üstün, 1965'te yazdığı 1969'da Almancaya da çevrilen "Almanya Almanya" adlı öyküsüyle Almanya'ya göçü konu alan ilk örneği vermiştir. (Kuruyazıcı, 2001:3-24). Bu Yazarlardan başka Almanya'ya işçi olarak gitmiş ve yine aynı yıllarda edebiyat hayatına başlamış olanlar da vardır. Almanya'ya işçi olarak giden ve 70'li yıllarda yazınsal ürün vermeye başlayan yazarlarımızdan **Habib Bektaş**, **Şinasi Dikmen** ve **Fethi Savaşçı** için yazmak, Yalnızlık, Dışlanmışlık, Sıla özlemi, Yabancılaşma, Uyum güçlükleri ve Ekonomik sorunlar demektir.

1969 ve 1972 yıllarında Almanya'ya ekonomik sebeplerden dolayı göç eden **Aras Ören** ve **Güney Dal** da bu işçi yazarlarımıza katılmışlardır. Ekonomik koşullar sebebiyle gidenlerin yanı sıra, bir de politik sebeplerden dolayı giden ve aralarında **Fakir Baykurt, Aysel Özakın** ve **Orhon Murat Arıburnu**'nun da bulunduğu yazarlar eklenmişti. Bu aşamadan sonra kullanılmaya başlanılan *"Emigranten Literatur* (Siyasi sebeplerden dolayı göç edenler Edebiyatı)" (Göçmen Edebiyatı) terimi, yazarların göç sebepleri göz önüne alındığında haklı görülse de, oluşmakta olan edebiyata katkı açısından bakıldığında pek haklı görülmemiştir. Bunun sebebi ise, bu sözünü ettiğimiz yazarların (Fakir Baykurt, Aysel Özakın ve Orhon Murat Arıburnu) Türkiye'den zaten belli bir edebiyat geleneğine sahip, isim yapmış yazarlar olarak Almanya'ya gittiklerinden, burada oluşan edebiyat hayatına pek katkıda bulunamadıklarıdır. Bazıları ya hiç üretemez oldular ya da kendilerinden beklenilen performansı gösteremediler. Bu yazarlar arasında **Mahmut Makal**'ı, Yusuf **Ziya Bahadınlı**'yı ve **Servet Ziya Çoraklı**'yı da sayabiliriz. Dolayısıyla Almanya'da oluşmakta olan bu edebiyata, siyasi sebeplerden dolayı Almanya'ya gitmiş olan yazarlardan hareketle isim verilmesi uygun olmayacaktı. Bu açıdan bakıldığında *"Emigranten Literatur"* terimi pek yerinde görülmemiştir.

Sözünü ettiğimiz edebiyatla ilgili ilk başlardaki algı şöyleydi: dilleri ve kendileri yabancı olan bir yazarlar grubu var ve bu yazarlar kendileri için yabancı olan almancada eserler üreterek bir edebiyat oluşturmaya başladıkları yönündeydi. Ayrıca bu edebiyat, sözünü ettiğimiz yazarların kendi dillerinde yazmış oldukları eserlerin Almancaya çevrilmesiyle ve çeşitli ülkelerdeki azınlıklardan göçe tabi tutulmuş, anadilleri almanca olan kişilerin eserlerinden oluşmaktaydı. Ama daha sonra yukarıda sözünü ettiğimiz yazarlar devreye girince durum özel bir hal almakta ve sürgünlük terimi devreye girmektedir. Sürgün yazarlar üzerinde oluşmuş olan, gelinen ülkenin bıraktığı etkiyi gözardı edemeyiz. Bazan da bu eserler gelinmiş olan ülkeden tamamen bağımsız bir şekilde, sırf geldikleri ülkenin etkileriyle, sürgünün etkisiyle şekillenmiş eserler de vardı, bu eserleri de göz önüne alırsak kesinlikle ilk başlarda çok kültürlülükten bahsetmek pek isabetli olmayacak, dolayısıyla bu eserler ve yazarları çok kültürlü edebiyata dahil edilemeyeceklerdi.

Sonraları Almanya'daki yazarlarımıza, Dr. Hartwig Scheinhardt'la evlenerek 17 yaşında Almanya'ya giden **Saliha Scheinhardt**, Almanya'ya yüksek öğrenim görmek için giden **Alev Tekinay**, bebek yaşta gidip, öğrenim yaşamına Almanya'da başlayan **Levent Aktoprak**, Almanya'ya işçi çocuğu olarak giden **Zehra Çırak** ve **Zafer Şenocak** da eklenmişlerdir. Alev Tekinay ve Zehra Çırak ilk kez 1983 yılında Irmgard Ackermann'ın çıkardığı antolojilerde (Ackermann, 1983) de yer alarak kendilerini göstermişlerdir.

Saliha Scheinhardt'ın öncüsü olduğu ve 'ikinci kuşak' diye adlandırdığımız yazarların da eklenmesiyle, oluşmaya başlayan *edebiyat*, Almanca eserler verilmeye başlandığı için iyiden iyiye kabuk değiştirmeye başlıyordu. Almancaya çok iyi hakim olan bu kuşakta yeni bir duyarlılık kendini hissettirir. Bir sızlanma edebiyatının yerini, kimlik sorunsalının, bireyselliğin, yabancı düşmanlığının ve insan olmadan kaynaklanan sorunların ele alındığı eserler yer alır. Mecazlar, imajlar ve dil oyunları, bu yazarların hem Almancaya olan hakimiyetlerini ve hem de edebî düzeylerini ortaya koymaktadır.

Ne Edebiyatı?

Almanya'da oluşan Türkiye kökenli edebiyat ordusu gittikçe çoğalıyor ve artık edebiyat bilimciler bu edebiyata verecek ad bulmakta zorlanıyorlardı. Birinci kuşağın nesirci olmasına karşılık, ikinci kuşak şiire de yönelme cesareti göstermiştir. Bu aşamadan sonra oluşan edebiyata '*Misafir işçi edebiyatı*' (Gastarbeiter Literatur) veya '*Göç Edebiyatı*' (Migration-Emigration Literatur) denilmesi yanlış olacaktı. Araştırmacı Irmgard Ackermann, 1982 yılında '*Misafir Edebiyatı*' (*Gastliteratur*) dediği bu edebiyata, 1984 yılında '*yabancılar edebiyatı*'(*Ausländerliteratur*) demeye başlamıştır.

Bir *edebiyat*ın sınıflandırılıp 'çekmecelere' yerleştirilmesine en başından karşı çıkan Yüksel **Pazarkaya**, sırf ele alınan konulardan hareketle bu *edebiyat*a '*Migrantenliteratur*' (Göçmen Edebiyatı) denilmesine karşı bu fikrini, "Göçmenlerin geldikleri ülkelerdeki yazarlar, göçmen sorunlarını ele alsalardı, onlar da mı göçmen edebiyatına dahil edileceklerdi?" (Pazarkaya , 1986: 59-65), diyerek savunmaktaydı.

90'lı yıllara gelindiğinde, *Göçmen edebiyatı, Göç Edebiyatı, Azınlıklar Edebiyatı* terimleri yerine; *Yabancı Edebiyatı, (Literatur der Fremde), Kültürlerarası Edebiyat (Interkulturelle Literatur)* gibi yeni terimler kullanılmaya başlanmıştı. Artık yeni bir *edebiyat* oluşmuş ve bu *edebiyat*ın Alman *Edebiyatı* içerisine mi, yoksa Türk *Edebiyatı* içerisine mi dahil edilmesi gerektiği tartışmaları başlamıştı. Verilen isimlerden de anlaşılacağı gibi, Araştırmacı-bilim adamları bu *edebiyat*ı sınıflandırmakta zorlanıyorlardı. Almanya'ya geliş sebepleri mi, yazarların milliyetleri mi, kökenleri mi, yoksa kullandıkları dil mi temel alınacaktı? Bu *edebiyat*, Milliyet temel alınacaksa *Türk Edebiyatı*na, dil temel alınacaksa, özellikle 80'li yıllardan sonra oluşan edebiyat Almanca yazıldığı için *Alman Edebiyatı*na dahil edilecekti, ancak bu o kadar da kolay olmayacaktı.

Ş. Çoraklı

80'li yıllarda ikinci kuşak olarak da adlandırdığımız yeni yazarlar kuşağı, Almanya'ya kişilikleri oluşmadan çocuk yaşta gittikleri için, önceki kuşağın duyduğu sıla özlemini duymuyorlardı. Kendilerini ne tam anlamıyla Almanya'ya ait, ne de kendi istemleri dışı ayrıldıkları anavatanlarına ait hissediyorlardı. Nilüfer Kuruyazıcı'nın dediği gibi, "iki arada olmaları, onları hep bir kimlik arayışına götürecekti (Kuruyazıcı, 2001: 3-24).

Yabancı olan ülkede kök salmak, kökleri yerinden sökülmüş olmak, köklerini yitirmek gibi imgeler bu yazarlarımızın yapıtlarında karşımıza çıkmaktadır. Bu imgeler bir noktadan sonra *vatan arayışı* ile de birleşmektedirler.

Vatan arayışı içinde olan ve Alev Tekinay'ın da aralarında bulunduğu bu ikinci yazarlar kuşağı için Almanya ikinci vatan olmuş gibi görülse de, arada kalmışlık, **Araf**'ta oluş hali ağır basmaktadır.

1980'den sonra Almanya'da yaşayan Orhon Murat Arıburnu, ikiye bölünmüşlüğü şöyle dile getiriyordu:

"Bir yürek, ikiye bölünmüş umarsız, Yurdunda,
Anadolu'da kaldı bir yarısı, Öbür yarısı Almanyalı Anadolu'da"

Alev Tekinay ise yaşadığı duygularını, artık Alev Tekinay denilince akla gelen; *Acı Ağacı* adlı şiirinden şu dizelerle dile getirmektedir.

"Bir ağacım ben
Kökleri Anadolu toprağında
Çiçekleri Almanya'da" (Alev Tekinay-Acı Ağacı)

ve **"Arada"** adlı şiirinde ise;

"Değişiyorsam yine de aynı kalarak
Ve bilmiyorum artık kim olduğumu
garderobla bavul arası,
işte benim dünyam orası" (Alev Tekinay-Arada) demektedir.

"Arada oluş" farkında olmasalar da o kadar ruhlarına işlemiş olmalı ki, şiirlerinde, kitap adlarında ve söyleşilerinde bunu dile getirmektedirler. Nevhel Cumart'ın, *İki Dünya Arasında,* adlı kitabı gibi.

80'li yıllarda Monika Frederking, *bu edebiyat ne "gerçek" Alman Edebiyatı ne de Türk Edebiyatı, aksine Alman dilinden ve Edebiyatından ve değişik göç etmenlerinden etkilenmiş ve bu etkiyi işleyen edebiyattan başka bir şey değildir* (Frederking, 1985: 41) , diyerek bu Edebiyatı Türk-Alman Edebiyatı arasında, sınırları belli olmayan bir yere oturtmaktadır. Bu sınıflandırmasında haksız da sayılmazdı. İkinci kuşak yazarlarımız Almanca yazıyorlardı, ancak Türk Kültüründen besleniyorlardı; Yazılan dil Almanca olmasına karşın, tınısı faklıydı, Türkçe kokan bir Almancaydı, çoğu kez Türkçe düşünülüp Almanca yazılıyordu, öyle ki çocukların pamuk teyzeleri "Baumwolltante"; anadil ise "Mutterzunge" olmuştu. Bunlardan başka örneklere de rastlamak mümkündür:

• Ağır ağır çıkacaksın bu merdivenleri: *Langsam, langsam wirst du steigen auf diese Treppen...*

• Başınız sağ olsun: Ihr eigener Kopf soll gesund bleiben.

• Tatlı yiyelim tatlı konuşalım: Wir müssen süss essen, süss reden.

Bu tür Türkçe kalıpları tercüme ederek kullanmaları onları Alman Edebiyatından, Alman yazarlarından farklılaştırıyordu; bu sözcükler, Türklerin kültürlerini, değerlerini, düşünce yapılarını tanıtmaya yönelik yeni ufuklar açan birer pencere oluyordu Almanların karşısında.

90'lı yıllarda, *Üç Şekerli Demli Çay*'la **Renan Demirkan** ve *Hayat bir Kervansaray* adlı romanıyla Ingeborg Bachmann ödülünü alan ve bugüne kadar edebiyat hayatına yaptığı katkılarıyla 2004 yılı kasım ayında Almanya'nın en büyük edebiyat ödüllerinden birisi olan Heinrich-von-Kleist ödülüne layık görülen **Emine Sevgi Özdamar**, edebiyat hayatlarına başlamışlardır. 1995 yılında ilk kitabı "Kanak Sprak" la kült yazar haline gelen, Almanya'daki Türklerin Malcolm X'i olarak anılan Feridun **Zaimoğlu** da bu yazarlar ordusuna katılmıştır.

Türkiye sınırları dışında Almanya'da oluşan bu edebiyat, artık kültürler arasında köprü olmak için çabalamayan, "diaspora kimliği" denilen yeni bir kimlik kazanmış gençlerin ürettiği bir edebiyat haline gelmiş, bu yeni edebiyatın konuları da değişiklik göstermiştir; Örneğin Türkiye'de doğup Almanya'da yetişen İkinci kuşak yazarların ele aldığı kimlik sorunu, aile içi çatışma, Türkiye'ye geri dönüşte yeniden uyum sorunları ile Almanlarla uyum gibi konuların yerine Almanya'da doğmuş olan üçüncü kuşak yazarlar, çevre kirliliği, savaş, bilim, gerçeklik gibi global sorunları ele almaktadırlar. Kaldı ki birinci kuşak yazarlarımızın kullandığı göç sorunu, sıla özlemi gibi sorunlar artık dünden gelen esintiler olmaktan başka hiç bir şey değildir.

Özellikle ikinci kuşaktan yazarların da yavaş yavaş seslerini duyurmaya başlamalarıyla yazdıkları Almanların dikkatini çekmeye başlar. Almanya'da yaşayan ve Alman okur kitlesi için yazan 10 farklı ülkeden 16 yazar, 1985 yılında Bad Homburg'da Alman yazarlarla, eleştirmenlerle, edebiyatbilimcilerle, bu "sadece Almanların olmayan edebiyat"ı (Eine nicht nur deutsche Literatur. Zur Standortbestimmung der "Ausländerliteratur") tartışmak, konumunu ve geleceğini saptamak üzere bir kolokyumda biraraya gelirler (Ackermann; Weinrich: 1986). Kolokyumda yabancıların yaratmış oldukları bu edebiyat, "misafir işçi edebiyatı" (Gastarbeiterliteratur) olarak nitelendirilir. Bu nitelendirmeye karşı çıkanların başında Türk yazarlar gelir. Örneğin "Edebiyat edebiyattır" başlıklı yazısında Yüksel Pazarkaya, kendisinin misafir işçi yazarı olmadığını ve metinlerinin de kesinlikle misafir işçi edebiyatına dahil edilemeyeceğini kesin bir ifadeyle dile getirir (Ackermann; Weinrich, 1986: 60).

Farklı ortamlarda ve bağlamlarda da olsa birçok yazar benzer düşünceleri savunur. Aysel Özakın da misafir işçi edebiyatı/göçmen işçi edebiyatına dahil edilmeyi kabul etmez. Türkiye'yi terk etmeden önce yazar olduğunu ve ele aldığı konular bakımından bu alana dahil edilemeyeceğini belirtir (Wierschke , 1997:181).

Araştırmacı Irmgard Ackermann, 1982 yılında *"Misafir Edebiyatı"* (*Gastliteratur*) dediği bu edebiyata, 1984 yılında *"yabancılar edebiyatı"* (*Auslaenderliteratur*) demeye başlamıştır.

Bu adlar dışında ayrıca bu edebiyata 80'li yıllarda; *Migrantenliteratur* (**Göçmen Edebiyatı**) *Migrationliteratur* (*Göç Edebiyatı*) *Minoritätenliteratur* (**Azınlıklar edebiyatı**) gibi isimler verilmiştir. Ancak "Göçmen Edebiyatı" terimine bizzat yazarların kendisi de karşı çıkmaktaydı.

Araf'taki Edebiyat

Yazarlarımızın ele aldıkları önemli konulardan birisi de, iki farklı dünya ve iki farklı kültür arasında sıkışıp kalan gençlerimizin kimlik arayışlarıdır. Bu çocukların ve gençlerin iki ayrı kültür dünyası arasında yaşamalarından kaynaklanan kimlik arayışları sonunda onları neredeyse kendi köklerinden kopmaya kadar götürmektedir. Zira iki kültürlü ve iki dilli yaşamları, bu çocukların sağlam ve sağlıklı bir kimlik oluşturmalarını da engeller. Ne Türk ne Almandır onlar. Yukarda da değindiğimiz gibi, evde Türk dışarıda ise Alman olmak zorundadırlar. Bu durum gençlerde kimlik bunalımına, hatta kimlik kaybına bile neden olmaktadır. Yazarlar, örneğin Livaneli'nin 1978 yılında yazdığı ve *Arafatta Bir Çocuk* (Livaneli, 1978) olarak adlandırdığı, 1985 yılında Almancaya, *Ein Kind im Fegefeuer* (Livaneli: 1985) olarak çevrilen kitabında da görüldüğü üzere, bu iki dil ve iki kültürlü yetişen çocuklarda, kendilerini hiç bir yerde vatanında hissetmeyen bir kimlik oluştuğunu ve bu çocukların gün geçtikçe anne ve babalarına, vatanlarına ve kültürlerine yabancı kaldıklarını gerçekçi bir biçimde ortaya koymaktadırlar (Özyer, 2001: 83-93).

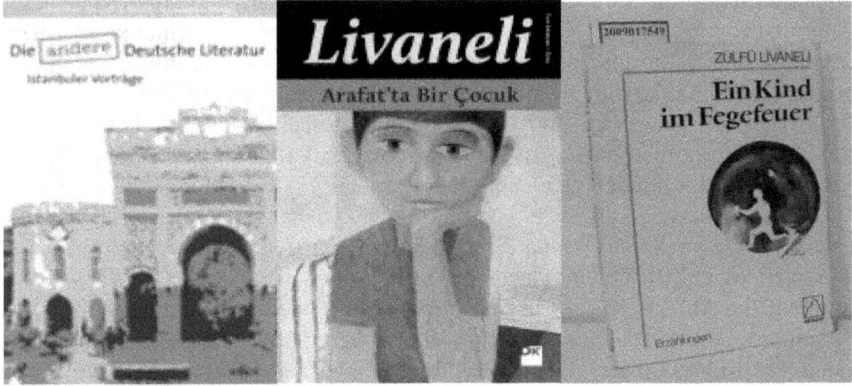

Artık yeni bir edebiyat oluşmuş ve bu edebiyatı Alman Edebiyatı içerisine mi, yoksa Türk Edebiyatı içerisine mi dahil edilmesi gerektiği tartışmaları başlamıştı. Verilen isimlerden de anlaşılacağı gibi, Araştırmacı-bilim adamları bu edebiyatı sınıflandırmakta zorlanıyorlardı. Almanya'ya geliş sebepleri mi, yazarların milliyetleri ya da kökenleri mi baz alınacak, yoksa kullandıkları dil mi? Bu edebiyat milliyet baz alınacaksa *Türk Edebiyatı*na, dil baz alınacaksa, özellikle 80'li yıllardan sonra oluşan edebiyat Almanca yazıldığı için *Alman edebiyatı*na dahil edilecekti, ancak bu o kadar kolay olmayacaktı. Zira Alman Edebiyatına dahil etmeyi, ya da öyle adlandırmayı kimse düşünmemiştir, akıllarından geçmemiştir, en iyi ihtimalle, Manfred Durzak ve Nilüfer Kuruyazıcı İstanbul'da sunulan bildirileri topladıkları kitaba verdikleri isimde, öteki Alman Edebiyatı terimini kullanmışlardır ki, bizce bu da rencide edicidir. Son zamanlarda *Türk-Alman* ya da *Alman-Türk* terimleri nadiren de olsa görülmeye başlamıştır.

Bu konudaki bir başka çıkmaz ise, Türk yazarların yazdığı eserler, Alman edebiyat eleştirmenlerince pek ele alınıp yeterince tanıtılmamasıdır. Alman edebiyatı uzmanlarınca bu eserlere, sanat düzeyleri, biçim ve üslûp değerleri yönünden değil, daha çok içerdikleri konular açısından bakılmaktadır. Bunların, Alman edebiyat ürünlerinin estetik beklentilerini gerçekleştiremedikleri ve edebî haz sunmaktan uzak oldukları ve "edebî değer" bağlamında Alman edebiyatı ile organik bağdan yoksun oldukları ve kültürel sembiozu gerçekleştiremedikleri kanısı hakimdir. Dolayısıyla Almanca yazan Türklerin Alman edebiyat geleneğini iyice sindirdikten sonra, diğer bir anlatımla ancak birkaç kuşak sonra Alman edebiyatına mal olabilecekleri düşüncesi vardır (Zengin, 2000:103-128).

Akademik gözle baktığımızda, Almanca yazan Türkler konusunda araştırma yapan Alman edebiyatından uzmanların sayısı arzu edilen seviyede değildir. Adı geçen uzmanlar arasında başta İrmgard Ackermann ve Harald Weînrich olmak üzere Monika Frederking, Walter Raitz, Riemann, Peter Seibert gibi isimler ilk anda sıralanabilir (Öztürk, 1995: 85).

Türkiye'de açısından bakıldığında, sözünü ettiğimiz bu edebiyat, Türkiye germanistlerinin dikkatini çekmiş, çekmeye de devam etmektedir ve yapılan çalışmalara verilen isimlerle olsun, ya da özel çalışmalarla olsun bu edebiyatı isimlendirme çalışmaları devam etmektedir (Ekiz : 2007)

Bir de bu edebiyatın mensuplarının ödül sorunu vardır. Alman kökenli olmayıp, Almanca eser veren yazarların *Edebiyat*a yaptıkları önemli hizmetleri için 1985 yılından beri verilmekte olan ve adını Fransa kökenli olup Almanca yazan, ancak şu anda Almanya'da yazarlık hayatlarına devam eden yazarlarımızdan daha şanslı olduğu kabul edilen, daha yaşarken alman Edebiyatçısı olarak kabul edilmiş olan (Stratthaus, 2005) *Adalbert Chamisso*'dan alan ödülle yabancı kökenli yazarlar tanıtılıyor ve teşvik ediliyorlardı. Vakıf bu ödülün amacını, *Almanlarla yabancıların bir arada yaşamalarına verdikleri desteğe yeni bir soluk kazandırmak* (Kuruyazıcı, 2001: 14) olarak açıklıyordu. ancak bu ödülün sadece Almanca yazan yabancı yazarlara veriliyor olması, onların Alman *edebiyat*ından sayılmadıkları anlamını taşıyordu. Bu açıdan bakıldığında verilen bu ödül dikkat çekicidir. Bu ödülü alan yazar, ödülü almakla yabancı olduğunu kabul etmekteydi ve bize göre artık istese de Alman edebiyatından sayılmayacaktı. Bu durum adeta yazarların Alman edebiyatından sayılmamaları için yapılan gizli bir antlaşma niteliği taşıyordu.

Sonuç

Günümüz Türk Diaspora yazarları her ne kadar global sorunları işliyor olsalar da, ne Alman ne de Türk Edebiyatı içinde yer bulamamakta. Bir taraftan aldıkları Chamisso ödülleriyle Almanlara, Almanya'ya yabancı, diğer taraftan Türkiye de tanınmadıkları ve dolayısıyla Türk Edebiyatından sayılmadıkları için yine yabancı olarak değerlendirilmektedirler. Dolayısıyla da oluşturdukları bu Edebiyat, bizce şimdilik Araf'taki Edebiyat'tır.

Ancak kanımızca *Emine Sevgi Özdamar* gibi, *Feridun Zaimoğlu* gibi, *Selam Berlin* adlı ilk romanıyla Büyük alman roman ödülünü alan *Yade Kara* gibi yazarlarımız, büyük isimler arasına girmeye devam ettikleri müddetçe en kısa zamanda Araf'ta olmaktan da kurtaracaklardır. Benim acizane isteğim, bu yazarlara sahip çıkarak bunları olabilecekse Araf'ın beri tarafına, Türkiye tarafına çekmektir. Bunu yaparken onları Almanya'da yapıldığı gibi (Ilija: 2000) ötekileştirmeden (Durzak; Kuruyazici: 2004), bizden birileri olduğunu, onları okuyarak, onları tanıyarak, onları kabul ederek yapmalıyız. Almanca yazan Türklerin eserleri son zamanlarda Türk Alman Edebiyatı, bazen de en yeni Alman-Türk Edebiyatı (Tuschick: 2000) adı altında toplanmıştır. Türk yazarlarla ilgili araştırma yapan Irmgard Ackermann, bu terimden pek memnun olmadığını belirtmekte ve yayımladığı seçkiye Alman Dilindeki Türkler (Türken Deutscher Sprache) terimini kullanmıştır (Aytaç 1995:237).

Kaynakça

Ackermann, I. (1983), In zwei Sprachen leben (Hrsg.), Dtv Verlag.

Ackermann, I.(1986). HaraldWeinrich: Einenicht nur deutscheLiteratur. Zur Standort bestimmung der "Ausländerliteratur". München: Piper.

Aytaç, G. (1995). "Almanca Yazan Türklerin Artıları, Eksileri", in *Edebiyat Yazıları III*, Ankara:Gündoğan.

Baypınar, Y. (1992). "Türk Şairleri Türkçeye Çevirmek", Littera Edebiyat Yazıları, cilt 3.

Durzak, M. und Kuruyazıcı, N. (Hrsg.) (2004), Istanbuler Vorträge.

Ekiz, T.(2007) Avrupa Türk Edebiyatı ve bir temsilcisi: Emine Sevgi Özdamar, Ankara: Çankaya Üniversitesi Fen-Edebiyat Fakültesi, Journal of Arts and Sciences Sayı: 7.

Frederking, M. (1985) Schreiben gegen Vorurteile-Literatur türkischer Migranten in der BRD Berlin: Express Edition.

Frisch, M. (1991). Yabancının Baskısı, Hürriyet Gösteri Max Frisch eki.

Ilija, T. (Hg.) (2000) Döner in Walhalla. Texte aus einer anderen deutschen Literatur. (Köln: Kiepenheuer & Witsch)

Kuruyazıcı, N. (2001) Almanya'da oluşan yeni bir edebiyatın tartışılması, Gurbeti Vatan Edenler, Ankara : Kültür bakanlığı yayınları, Kültür Eserleri.

Livaneli, Z. (1978) Arafatta Bir Çocuk, Doğan kitap.

Livaneli, Z. (1985). Ein Kind im Fegefeuer, Berlin: Ararat Verlag.

Öztürk, K.(1995). Der Beitrag der Emigrantenliteratur zur interkulturellen Gesmanistik. Eskişehir: Tagungsbeitrage des V. türkischen Germanistık Symposiums.

Özyer, N. (2001) Türk Yazarlarının Alman Çocuk ve Gençlik Edebiyatına katkısı. Gurbeti Vatan Edenler, Ankara : Kültür bakanlığı yayınları, Kültür Eserleri.

Pazarkaya, Y. (1986). Literatur ist Literatur, Eine nicht nur deutsche Literatur, Irmgard Ackermann ve Harald Weinrich(yay.) München: Pieper.

Stratthaus, B. (2005) Was heißt „interkulturelle Literatur"? Essen: Duisburg-Essen Üniversitesinde sunulmuş doktora tezi.

Şenocak, Z. (1986). Plädoyer für eine Brückenliteratur, Eine nicht nur deutsche Literatur, Irmgard Ackermann ve Weinrich, Harald (yay.) München: Pieper.

Tuschick, J. (Hg.) (2000): Morgen Land. Neueste deutsche Literatur. Frankfurt/Main: Fischer Taschenbuch.

Wierschke, A. (1997) Auf den Schnittstellen kultureller Grenzen tanzend : Aysel Özakin und Emine Sevgi Özdamar. Tübingen: Stauffenburg-Verlag.

Sabine F. (1997). Moray Mc Gowan (Hrsg.) Denn du tanzt auf einem Seil: Positionen deutschsprachiger MigrantInnenliteratur. Tübingen: Stauffenburg Verlag,

Zengin, D. (2000). Göçmen Edebiyatı'nda Yeni Bir Yazar. Mehmet Kılıç ve "Fühle Dich Wie Zu Hause" Adlı Romanı. Ankara: Ankara Üniversitesi Dil ve Tarih-Coğrafya Fakültesi Dergisi 40.

www.ingramcontent.com/pod-product-compliance
Lightning Source LLC
Chambersburg PA
CBHW070243290326
41929CB00046B/2434